KARIN GREINER | DR. ANGELIKA WEBER

Zimmer-pflanzen

Die 200 schönsten Arten für jeden
Standort und jeden Wohnstil

KARIN GREINER | DR. ANGELIKA WEBER

Zimmer-
pflanzen

Die 200 schönsten Arten für jeden
Standort und jeden Wohnstil

Mit Fotos von Annette Hempfling, Michael Eder, Friedrich Strauß,
Manfred Jahreiß und Eva Wunderlich

INHALT

Zimmer-
pflanzen

... Beruhigendes Blattgrün und farbige Blüten sind unverzichtbar für eine behagliche Wohnatmosphäre und setzen prägnante Akzente im individuellen Wohnstil. Die Freude daran wächst, wenn man ihre Standortansprüche kennt und berücksichtigt.

DIE GU-QUALITÄTS-GARANTIE

Wir möchten Ihnen mit den Informationen und Anregungen in diesem Buch das Leben erleichtern und Sie inspirieren, Neues auszuprobieren. Bei jedem unserer Produkte achten wir auf Aktualität und stellen höchste Ansprüche an Inhalt, Optik und Ausstattung. Alle Informationen werden von unseren Autoren und unserer Fachredaktion sorgfältig ausgewählt und mehrfach geprüft. Deshalb bieten wir Ihnen eine 100%ige Qualitätsgarantie.

Darauf können Sie sich verlassen:
Wir legen Wert auf einen nachhaltigen Umgang mit der Natur im eigenen Garten. Wir garantieren, dass:
- alle Anleitungen und Tipps von Experten in der Praxis geprüft und
- durch klar verständliche Texte und Illustrationen einfach umsetzbar sind.

Wir möchten für Sie immer besser werden:
Sollten wir mit diesem Buch Ihre Erwartungen nicht erfüllen, lassen Sie es uns bitte wissen! Wir tauschen Ihr Buch jederzeit gegen ein gleichwertiges zum gleichen oder ähnlichen Thema um. Nehmen Sie einfach Kontakt zu unserem Leserservice auf. Die Kontaktdaten unseres Leserservice finden Sie am Ende dieses Buches.

GRÄFE UND UNZER VERLAG
Der erste Ratgeberverlag – seit 1722.

Standort und Pflege 6

Der geeignete Standort 8
Wo Zimmerpflanzen herkommen – Heimatliches Wohlgefühl 10
Licht, Luft, Temperatur: Der Standort ist entscheidend 12
Der richtige Platz: Pflanzen in Szene setzen 14

Pflanzenschmuck für jeden Raum 16

Hege & Pflege 30
Pflegeansprüche erkennen: Was die Blätter verraten 32
Die richtige Auswahl: Langes Leben oder kurzes Glück? 34

Das 1 × 1 der Topfkultur 36
Gefäße und Substrate – Was eignet sich wofür? 38
Praxis: Richtig ein- und umtopfen 40
Pflanzen in Tongranulat und Hydrokultur 42

Basics für gesundes Wachstum 44
Praxis: Gießen & einsprühen 46
Praxis: Mit Nährstoffen versorgen 48
Praxis: Formen & pflegen 50
Praxis: Erfolgreich vermehren 52
Praxis: Zimmerpflanzen gesund halten 54
▶ DIAGNOSETAFEL: PFLEGEFEHLER 56
▶ DIAGNOSETAFEL: SCHÄDLINGE 58
▶ DIAGNOSETAFEL: KRANKHEITEN 60

Zimmerpflanzen im Porträt 62

Einblick ins Familienleben 64

Blütenpflanzen 66
▶ BLUMIGE TISCHDEKO 78
Orchideen 94
Bromelien 98
▶ FLEISCHFRESSENDE PFLANZEN 102

Grünpflanzen 104
▶ PFLANZEN IN FORM BRINGEN 116
Palmen 134
Farne und Gräser 140

Kakteen und andere Sukkulenten 146
▶ PRAXIS-PLANER 158

Erklärung der Fachausdrücke 159
Adressen & Literatur 160
Artenregister 161
▶ **Tabelle Giftige Zimmerpflanzen** **166**
Impressum, Dank und Bildnachweis 168

Standort und Pflege

1. Der geeignete Standort **Seite *8–15***

2. Pflanzenschmuck für jeden Raum **Seite *16–29***

3. Hege & Pflege **Seite *30–35***

4. Das 1 × 1 der Topfkultur **Seite *36–43***

5. Basics für gesundes Wachstum **Seite *44–61***

Der geeignete Standort

• • • Zimmerpflanzen kommen aus aller Herren Länder.
Sie stammen aus den entlegensten Regionen der Erde
und stellen naturgemäß sehr unterschiedliche
Ansprüche an einen „kultivierten" Standort.

Kakteen stammen
aus der Neuen Welt.
• • •

DIE GESCHICHTE der Zimmerpflanzen lässt sich viele Jahrtausende zurückverfolgen. Bereits im alten China und in Ägypten wurden Gewächse aus fernen Ländern in Gefäßen gezogen. Man vermutet, dass sie damals weniger der Zierde und Dekoration als vielmehr kultischen Ritualen und medizinischen Zwecken dienten. Im Laufe der Zeit aber entdeckten die Menschen auch die kulinarischen Vorzüge und den optischen Reiz.

Mit den Seefahrern und Forschungsreisenden gingen auch immer mehr Botaniker auf Entdeckungsreisen in die Neue Welt, um die exotischen Gewächse zu erkunden. Bald gehörte es zum guten Ton privilegierter Schichten, das Heim mit extravaganten Pflanzen zu schmücken. Wahre Sammelwut und nicht zuletzt Profitgier trieben den blühenden Handel mit exotischen Gewächsen an. Leider überstanden nur wenige Exemplare bei mangelnder Versorgung die langen Seereisen in dunklen Behältnissen und stickigen Laderäumen. Erst um 1830, als die nach ihrem Erfinder benannten Ward'schen Glaskästen eingeführt wurden, war ein schonender und sicherer Transport der empfindlichen Pflanzen möglich.

Es zeigte sich, dass die Pflanzen in Kultur nur weiter gut gediehen, wenn die Standortgegebenheiten den natürlichen Bedingungen weitgehend entsprachen. Im Laufe der Zeit wurden diese Erfahrungswerte immer mehr vertieft. Auch heute noch ist es sehr hilfreich, die verschiedenen Ansprüche an Temperatur-, Licht- und Bodenverhältnisse zu kennen und zu berücksichtigen, will man lange Freude an den grünen Zimmergenossen haben.

• • •
Am richtigen Standort
kann sich die Fischschwanzpalme optimal entwickeln.

Der geeignete Standort

DER GEEIGNETE STANDORT

Wo Zimmerpflanzen herkommen – Heimatliches Wohlgefühl

• • • Die Lebensbedingungen der Zimmerpflanzen sind so vielfältig wie ihre geografischen Herkunftsgebiete.

• • •
Unerschöpflich ist das Wachstum im tropischen Regenwald, auch wenn man nur Baumgast ist wie diese Bromelien.

Das Klima stellt einen wesentlichen Wachstumsfaktor für die Pflanzen dar. Während in unseren Breiten der Lebenszyklus der Gewächse durch den Winter unterbrochen wird, herrschen in anderen Regionen das ganze Jahr über nahezu gleich bleibende Bedingungen.

Von tropisch warm bis arktisch kühl

Die Erde lässt sich grob in drei große Klimazonen gliedern, die auffällig den jeweiligen geografischen Breitengraden entsprechen.
➤ Die Tropen erstrecken sich beiderseits des Äquators bis zu den Wendekreisen. Sie zeichnen sich übers Jahr durch annähernd gleich bleibende Tageslängen, hohe Luftfeuchtigkeit und ganzjährig relativ warme Temperaturen aus, die nie unter 18 °C fallen.
➤ Nördlich und südlich schließen sich an die Tropen die gemäßigten Zonen an. Diese werden wiederum unterteilt in die Subtropen und die eigentlichen gemäßigten Zonen, zu denen auch Mitteleuropa zählt. In den Subtropen herrschen höhere Durchschnittstemperaturen und weniger ausgeprägte Jahreszeitenwechsel als in den gemäßigten Zonen. Auch die Niederschlagsmengen sind meist deutlich geringer als in den Tropen und den gemäßigten Zonen. In den Subtropen liegen z. B. Trockengebiete wie Südkalifornien, die Sahara oder das Landesinnere von Australien.
➤ Auf die eigentlichen gemäßigten Zonen folgen schließlich die Polarzonen mit niedrigen Temperaturen bis hin zum Dauerfrost. Die widrigen Klimabedingungen erlauben ähnlich wie im Hochbegirge nur ein eingeschränktes Wachstum spezialisierter Arten.
Die meisten unserer Zimmerpflanzen stammen aus den tropischen und subtropischen Regionen. Das liegt zum einen am üppigen Wachstum und der großen Attraktivität exotischer Arten und zum anderen daran, dass kaum eine unserer einheimischen Pflanzen ganzjährig im Haus gehalten werden kann oder die ganze Saison hindurch blüht. Aus den gemäßigten Zonen werden deshalb nur sehr wenige Arten fürs Zimmer gezogen, wie etwa Efeu (*Hedera helix*) oder Hirschzungenfarn (*Phyllitis scolopendrium*). Aus den Polarzonen dagegen eignen sich schließlich gar keine Pflanzen mehr für die Gefäßkultur im Haus.

➤ *Praxisinfo*

HERKUNFT UND PFLEGE

✗ **Tropischer Regenwald:** ganzjährig warm und feucht, keine direkte Sonne

✗ **Regengrüner Tropenwald:** warm und feucht, Winterruhe kühler und trocken

✗ **Tropischer Bergwald:** sehr hell und feucht, keine direkte Sonne, durchlässiges Substrat, wenig düngen

✗ **Grasländer und Wüsten:** sonnig und trocken, in der Ruhezeit kühl und trocken

✗ **Hartlaubwälder:** im Sommer sonnig, warm; draußen; im Winter kühl, kaum gießen

✗ **Feuchttemperierte Wälder:** feucht und hell, aber nicht sonnig, Winterruhe kühl und luftfeucht

Gemeinschaft macht stark

Innerhalb der Klimazonen haben sich verschiedene Vegetationsgebiete mit charakteristischen Pflanzengemeinschaften entwickelt.

Tropische Verhältnisse

Die Urwälder der Tropen machen nahezu die Hälfte des weltweiten Waldbestandes aus und gelten als grüne Lungen der Erde. Je nach Höhenlage und geografischer Breite sind drei verschiedene Formen ausgeprägt:

➤ Tropische oder immergrüne Regenwälder prägt das sogenannte Tageszeitenklima mit starken Temperaturunterschieden zwischen Tag und Nacht. Im Jahreslauf gibt es kaum Unterschiede, sodass es weder zu deutlichen Blühphasen noch zu jahreszeitlichem Laubfall kommt. Unter dem dichten Blätterdach der hohen Bäume herrscht ein feuchtwarmes Treibhausklima mit diffusem Licht. Pfeilblatt oder Anthurien stammen z. B. von hier.

➤ Tropische Berg- oder Nebelwälder bilden sich in Lagen über 800 m Höhe mit ausgeprägtem Tageszeitenklima. Jahreszeitliche Schwankungen gibt es dagegen kaum. Der Regen fällt gleichmäßig übers Jahr verteilt. Da durch die zunehmende Abkühlung am Abend die Feuchtigkeit kondensiert, kommt es zu starker Nebel- und Wolkenbildung, die Sonne scheint deshalb oft nur diffus. Hier finden sich viele Farne, epiphytische Orchideen und Bromelien.

➤ Regengrüne oder halbimmergrüne Tropenwälder bilden die Randzonen des Tropengürtels mit ausgeprägten Regenzeiten im Sommer und kühleren, trockenen Wintern. Viele Pflanzen werfen in der Trockenzeit zum Schutz ihr Laub ab, beispielsweise der Jasmin-Nachtschatten oder die Gewürzrinde.

Von der Sonne verwöhnt

➤ Tropische und subtropische Grasländer, Savannen und Steppen bilden sich dort, wo es nur geringe und seltene Regenfälle gibt, wobei es auch hier je nach Länge der Trockenzeit unterschiedliche Typen gibt. Starke Sonneneinstrahlung und beträchtliche tageszeitliche Temperaturunterschiede prägen das Klima. Sukkulenten, Knollen-, Zwiebelgewächse und einige Sommerblumen sind hier beheimatet.

➤ Halbwüsten und Wüsten sind vom Äquator bis in die gemäßigten Zonen weltweit verbreitet. Extreme Temperaturschwankungen und seltene, unregelmäßige Niederschläge sind die Regel. Kakteen, andere Sukkulenten und Pflanzen mit reduziertem Laub sind typisch.

➤ Hartlaubwälder finden sich im Übergang zu den gemäßigten Zonen, beispielsweise im Mittelmeerraum, am Kap oder in Australien. Die Sommer sind hier heiß und trocken, die Winter mild und feucht. Die Blätter sind derb, hart, oft ledrig oder behaart wie bei der Südseemyrte oder der Kängurublume.

In kühleren Regionen

➤ Wälder mit feuchtem, temperiertem Klima gibt es vorwiegend in Ostasien. Die Winter in diesen Regionen sind kühl, aber meist frostfrei, die Sommer warm und oft schwül. Es überwiegen hier die immergrünen Gehölze.

Die gemäßigten Zonen, z. B. in Mitteleuropa, zeichnen sich durch mäßig kalte Winter und mäßig warme Sommer aus. Sommergrüne Wälder bilden die natürliche Vegetation.

In Trockengebieten wachsen oft skurrile Gestalten wie diese Flaschenbäume in Namibia.

DER GEEIGNETE STANDORT

1 WÜSTENSOHN
Der Trockenheit gewöhnte Elefantenfuß nutzt seinen knollenartig verdickten Fuß als Wasserreservoir.

2 SCHATTENKÜNSTLER
Viele Farne wie dieser Knopffarn mögen keine direkte Sonne.

3 LICHTGESTALT
Die Zimmertanne braucht für einen gleichmäßigen Wuchs Licht von allen Seiten.

4 SONNENANBETER
Der Christusdorn liebt einen sonnigen Platz.

Licht, Luft, Temperatur: Der Standort ist entscheidend

... Diese drei Faktoren beeinflussen das Wachsen und Gedeihen von Pflanzen in ganz erheblichem Maße.

PFLANZEN WACHSEN in freier Natur nur dort, wo ihnen die Standortbedingungen zusagen. In Kultur dagegen müssen die Gewächse oft mit ungünstigen Faktoren zurechtkommen, was sich häufig in Mangelerscheinungen, Schadbildern und kümmerhaftem Wuchs äußert. Für gutes Gedeihen sind Zimmerpflanzen daher auf die pflegende und kundige Hand des Gärtners angewiesen.

Ins rechte Licht setzen

Grüne Pflanzen bauen das Kohlendioxid aus der Luft und Wasser aus dem Boden in Zucker um. Die Energie dazu liefert ihnen das Sonnenlicht. Diesen Vorgang bezeichnet man als Photosynthese. Er läuft vorwiegend in den Blättern ab. Der Zucker wird weiterverarbeitet in all die Stoffe, die die Pflanze zum Wachsen und Leben braucht. Sozusagen als Abfallprodukt entsteht dabei Sauerstoff, die Lebensgrundlage von Mensch und Tier.
An ihrem Naturstandort ist jede Pflanze an die jeweils dort herrschenden Lichtverhältnisse angepasst. Wahre Sonnenanbeter sind z. B. Arten aus Wüsten, Steppen, Savannen und ähnlichen Gebieten. Dagegen sind solche Pflanzen, die in dichten Wäldern gedeihen, zum Teil echte Schattenkünstler.

Licht, Luft, Temperatur

Licht ins Dunkel

Im Zimmer wird es den Pflanzen rasch zu dunkel, vor allem im Winter. Während direkt am Fenster die Lichtintensität nahezu 100 % beträgt, sind es in 1 m Abstand nur noch etwa 50–80 %, nach 1,5 m ca. 25–50 % und nach 2 m nur noch 10–25 %. Die Lichtstärke wird in Lux (Lx) ausgedrückt und kann mit einem Luxmesser bestimmt werden. Für Schattenpflanzen genügen noch ca. 500 Lx, sonnenliebende brauchen dagegen mindestens 3000 Lx. Lichtmangel kann man mit speziellen Pflanzenleuchten beheben (→ Praxisinfo). Es gibt sie in unterschiedlichen Ausführungen als Decken-, Wand- oder Stehleuchten.

Richtig einnebeln

Die Luftfeuchtigkeit spielt ebenfalls eine wichtige Rolle für das Gedeihen der Zimmerpflanzen. In unseren Breiten beträgt die relative Luftfeuchte im Durchschnitt ca. 80 %. Im Zimmer ist sie jedoch in der Regel geringer, gerade im Winter, wenn wenig gelüftet und zudem noch geheizt wird. Die Luftfeuchtigkeit sinkt dadurch auf Werte von 30–40 %, was vor allem Arten aus Regenwäldern Schwierigkeiten bereitet. Bei geringer Luftfeuchtigkeit verdunsten die Blätter der meisten Gewächse nämlich mehr Wasser, als die Wurzeln nachliefern können, und dies umso mehr, je höher die Temperatur ist. Braune, trockene Blattspitzen sind ein sicherer Hinweis darauf. Die meisten Zimmerpflanzen benötigen eine mittlere Luftfeuchte von 50–60 %. Robuste Sukkulenten und andere Pflanzen aus Trockengebieten kommen auch noch mit 40 % zurecht, während tropische Arten wie die Korbmarante sogar 80 % brauchen. Die Luftfeuchtigkeit wird mit einem Hygrometer gemessen. Ist sie zu gering, kann man sie auf verschiedene Weise erhöhen, wobei die Wirksamkeit dabei recht unterschiedlich ist:

➤ Sprühen wirkt nur unmittelbar bei der Pflanze, ebenso Pflanzwannen und Verdunsterschalen, die neben der Pflanze bzw. über der Heizung aufgestellt werden.
➤ Elektrische Luftbefeuchter reichern die gesamte Raumluft mit Feuchtigkeit an.
➤ Zimmerbrunnen sind zwar nicht so wirkungsvoll wie elektrische Befeuchter, lassen sich aber hübsch bepflanzen.

Gut temperiert

Je nach Herkunftsgebiet hat jede Pflanzenart einen Temperaturbereich, in dem sie optimal wächst. Manche Arten sind dabei ausgesprochen heikel, andere toleranter. Die verschiedenen Ansprüche gilt es nach Möglichkeit zu berücksichtigen, was im Zimmer natürlich oft schwierig ist. Vor allem die Temperaturen im Winter sind dabei von Bedeutung. Pflanzen aus dem Mittelmeerraum wie Zitrusgewächse brauchen z. B. 5–10 °C, Arten aus eher kühl temperierten Zonen wie Efeu 10–15 °C, solche aus warmen, gemäßigten wie die Drehfrucht 15–20 °C und Tropengewächse, etwa manche Orchidee, über 20 und bis zu 30 °C.

Spezielle Pflanzenlampen ermöglichen auch einen Standplatz abseits des Fensters.

> *Praxisinfo*

ZUSATZBELEUCHTUNG

✗ Verwenden Sie nur spezielle Pflanzenleuchten, da ihr Lichtspektrum anders zusammengesetzt ist. Normale Lampen haben einen zu geringen Blauanteil.

✗ Energiespar- und Leuchtstoffröhren, besonders Natriumdampf-Hochdrucklampen, strahlen das Licht gleichmäßig ab und sind für die Ausleuchtung größerer Flächen geeignet.

✗ Moderne LED-Lampen, die speziell auf Pflanzenbedürfnisse ausgerichtet sind, sparen besonders viel Energie und entwickeln nur minimal Wärme.

DER GEEIGNETE STANDORT

Der richtige Platz: Pflanzen in Szene setzen

••• Aus dem reichhaltigen Angebot der Natur lässt sich für jede Situation im Haus der passende Pflanzenschmuck finden.

WIE SCHON ERWÄHNT, haben die verschiedenen Pflanzen je nach Herkunftsgebiet Ansprüche an den Standort, die es so weit wie möglich zu berücksichtigen gilt. Die Gegebenheiten sowohl innerhalb einer Wohnung als auch eines Raumes sind sehr unterschiedlich, vor allem was die Lichtverhältnisse anbetrifft.

Wichtig ist auch die dort herrschende Temperatur. Während Wohn- und Essräume oder Arbeitszimmer vergleichsweise warm sind, weisen Schlafräume in der Regel eine niedrigere Temperatur auf. Badezimmer sind meist relativ feucht, in der Küche wechseln die Bedingungen oftmals rasch. Überlegen Sie sich also vor dem Kauf, welche Bedingungen an dem vorgesehenen Standort herrschen.

Auf der Fensterbank

Dies ist sicher der Platz, an dem Zimmerpflanzen am häufigsten aufgestellt werden, nicht nur aus optischen Gründen, sondern weil sie dort am meisten Licht erhalten. Allerdings gilt es hier einige Dinge zu beachten:
➤ Je größer das Fenster ist, desto mehr Licht fällt natürlich hinein.
➤ Dachflächenfenster oder rundum verglaste Gauben sind gut geeignet.
➤ Bäume vor dem Fenster, nahe stehende Häuser und dergleichen nehmen Licht weg.
➤ Gardinen schlucken ebenfalls viel Licht, auch wenn sie noch so durchsichtig sind.
➤ Zugluftritzen lassen sich mit einem brennenden Streichholz aufspüren und sollten entsprechend abgedichtet werden.
➤ Heizkörper unter dem Fensterbrett verursachen im Winter trockene Luft, in dieser Zeit muss daher öfters gesprüht werden.
➤ Fenster sollten sich trotz der Pflanzen zum Lüften öffnen lassen; bei Kälte die Pflanzen aber lieber vom geöffneten Fenster wegstellen.

•••
Azaleen mögen keine volle Sonne und stehen deshalb am West- oder Ostfenster gut.

Der richtige Platz

Die Fensterbank sollte so breit sein, dass die Pflanzen genügend Raum haben und keine Triebe oder Blätter an die Scheibe gedrückt werden. Am besten geeignet sind Fensterbänke aus Holz. Stein ist eher ungünstig, da sich die Gewächse dort leicht „kalte Füße" holen, was bei empfindlichen Arten zu Wachstumsstörungen, Blütenabwurf und dergleichen führen kann. Am besten stellt man solche Exemplare auf ein Stück Styropor. Berücksichtigen sollte man auch die Himmelsrichtung des Fensters:

➤ Südfenster erhalten das meiste Licht, allerdings kann sich vor allem im Sommer die Luft hinter der Scheibe stark aufheizen. Entweder wählt man nur sonnenverträgliche Arten oder man sorgt an besonders sonnigen Tagen mittags mit einer Jalousie oder einem Papierschirm für Schatten am Fenster.

➤ Ost- und Westfenster bieten am Morgen bzw. am Abend Sonne. In der Regel ist es dort ausreichend hell, viele Pflanzen fühlen sich bei diesen Himmelsrichtungen wohl.

➤ Nordfenster besitzen die geringste Lichtintensität, da dort keine Sonne einfällt. Trotzdem eignen sich auch sie für viele Pflanzen, denn etliche Arten sind schattenverträglich und kommen mit wenig Licht aus.

Im Innern des Raums

Höhere, ausladende Pflanzen, vor allem Zimmerbäume, lassen sich natürlich nicht mehr auf dem Fensterbrett unterbringen. Für solche Gewächse sind am besten Plätze in der Nähe großer Glasfronten oder Balkontüren geeignet, die Licht bis zum Boden bieten. Stehen die Exemplare direkt auf dem Boden, empfiehlt sich ein rollbarer Untersatz, denn damit kann man sie problemlos von der Stelle rücken, beispielsweise wenn es in Fensternähe zu heiß ist oder während des Lüftens. Selbstverständlich können die Pflanzen auch auf stabilen Säulen, Blumenbänken und dergleichen dekorativ in Szene gesetzt werden. Wenn Sie aus Platzgründen oder gestalterischen Gesichtspunkten in Erwägung ziehen, die Pflanzen nicht in Fensternähe unterzubringen, sondern sie mitten im Raum zu platzieren, können Sie sich mit einer speziellen Zusatzbeleuchtung behelfen (→ Seite 12/13), die das nötige Lichtspektrum aufweist.

... Auf unterschiedlichen Ebenen arrangiert, lassen sich Pflanzen wie diese Kakteen und Blattsukkulenten hervorragend ins rechte Licht rücken.

Am Blumenfenster

Früher war es üblich, geeignete Standortbedingungen durch Einbau spezieller Pflanzen- und Blumenfenster im Haus zu schaffen, und mancher Pflanzenfreund tut es auch heute noch. Häufig sind sie als Erker angelegt mit Licht von drei Seiten. Technische Finessen wie Heizung, Beleuchtung und Belüftung sorgen hier für optimale Wachstumsbedingungen besonders empfindlicher Exoten.

➤ *Praxisinfo*

MÖBEL FÜR ZIMMERPFLANZEN

✗ Säulen sind wie geschaffen für dekorative Solisten, die in Einzelstellung auf diese Weise am besten ins Rampenlicht gesetzt werden können.

✗ Mit Ampeln und „hanging baskets" lässt sich wunderbar die dritte Dimension im Zimmer nutzen, z. B. für Pflanzen mit überhängenden Trieben. Auch als „grüner Vorhang" kommen sie so wunderbar zur Geltung.

✗ Blumenbänke in verschiedenen Höhen bieten Platz für mehrere kleinere Pflanzen nebeneinander.

✗ Auf Etageren lassen sich Pflanzen gleich auf mehreren Ebenen ins rechte Licht rücken.

✗ Niedrige Hocker oder Podeste verleihen größeren Pflanzen, die für den Stand am Boden noch zu klein sind, etwas mehr Höhe.

Pflanzenschmuck für jeden Raum

Pflanzenschmuck für jeden Raum

••• Durch die unterschiedliche Nutzung der Zimmer bietet eine Wohnung auch recht ungleiche Pflanzenstandorte. Zum einen variiert je nach Wohnbereich die Art der Einrichtung, zum andern herrschen jeweils verschiedene Licht- und Raumklimaverhältnisse vor.

Sicherlich gibt es nicht „das" typische Wohnzimmer oder „die" typische Küche, zumal neben den sehr variablen Wohnungszuschnitten ja auch unterschiedliche Lebens- und Einrichtungsstile eine Rolle spielen. Doch grundsätzlich werden die unterschiedlichen Wohnbereiche jeweils durch Möbel mit einer bestimmten Funktion geprägt und, soweit möglich, den Räumen meist nach ähnlichen Kriterien zugeordnet. So bevorzugt man in der Regel große, helle Räume als Wohn- oder Esszimmer, wogegen z. B. das Schlafzimmer nicht unbedingt weitläufig und lichtdurchflutet sein muss. In den Räumen, in denen man hauptsächlich verweilt, wird am meisten Wert auf Pflanzenschmuck gelegt. Dort ist es üblicherweise auch durchgehend warm und zugleich trocken, sodass die Gewächse mit ganz anderen Bedingungen zurechtkommen müssen als etwa im kühlen Treppenhaus.

Standort- und Praxisfragen

Lichtverhältnisse, Wärme – vor allem auch die Wintertemperaturen – und Luftfeuchtigkeit sind die wichtigsten Kriterien, die entscheiden, was in einem Zimmer gedeiht (→ Seite 12/13). Vor allen gestalterischen Überlegungen steht

•••

Große Glasfronten sorgen für genügend Lichteinfall, damit sich Langblättriger Feigenbaum (am Fenster) und Fensterblatt (vorne rechts) wohlfühlen.

die Frage nach den Standortbedingungen an erster Stelle. Sie lässt sich oft nicht einheitlich für einen ganzen Raum beantworten. Da gibt es hellere und dunklere Ecken, bodenwarme, aber auch besonders lufttrockene Plätze direkt über dem Heizkörper und kühlere, vielleicht auch zugige Stellen in Türnähe.

Die Art der Raumnutzung grenzt nicht nur die Standortverhältnisse ein, sie hat noch einen anderen, sehr menschlichen Aspekt: Pflanzen an selten frequentierten Stellen, etwa im Gästezimmer oder am Treppenaufgang zum Speicher, werden in der Hektik des Alltags häufig vergessen. Gegen Trockenheit oder andere Versäumnisse empfindliche Arten sind deshalb an solchen Plätzen schlecht aufgehoben. Ein anderer, nicht unwesentlicher Gesichtspunkt ist die Größe des Raums und zugleich die von der Nutzung abhängende Betriebsamkeit, die dort herrscht. Große, stattliche Pflanzen beispielsweise wirken in kleinen Zimmern häufig nicht nur überproportioniert, sie sind oft auch ganz praktisch gesehen im Weg. In der Küche oder einem engen Flur macht sich dies besonders störend bemerkbar. Ähnliches gilt auch für kleinere Gewächse, die auf zu engem Raum zusammenstehen.

Tatsächlich zeigt sich häufig selbst unter großzügigen Verhältnissen, dass weniger mehr ist: Allzu viele attraktive Pflanzen und auffällige Accessoires auf einem Fleck stehen sich leicht gegenseitig die Show und wirken überladen. Die Schönheit der einzelnen Arten kommt dann gar nicht mehr zur Geltung. Ein übersichtliches Arrangement oder eine einzelne Pflanze können dagegen eine viel größere Wirkung entfalten (→ Seite 12/13).

•••

Prächtige Exemplare wie dieser Frauenhaarfarn stehen am besten allein, so kommt ihre Schönheit ausgezeichnet zur Geltung.

17

PFLANZENSCHMUCK FÜR JEDEN RAUM

Wohnräume: Leben im grünen Bereich

••• Häufig sind Wohn- oder Esszimmer die größten Räume und bieten ausreichend Platz für harmonische Pflanzengestaltungen.

DAS WOHN- UND ESSZIMMER oder eine große Wohnküche sind in der Regel die gemütlichsten Räume in einer Wohnung. Hier kann man entspannen, lesen, fernsehen, hier sitzt man mit der Familie, dem Partner oder mit Freunden zusammen. In der Einrichtung möchte man sich in erster Linie wohlfühlen; sie repräsentiert oft mehr noch als in anderen Räumen den individuellen Geschmack und den bevorzugten Wohnstil. In diesen Räumen umgibt man sich auch besonders gern mit Pflanzen, nicht nur, weil sie für angenehme Behaglichkeit sorgen, sondern weil man sich in wohnlicher Umgebung besonders gern aufhält und die grüne Pracht so ausgiebig genießen kann.

Ein Platz an der Sonne

Oft sind Wohnungen schon von vornherein so konzipiert, dass das Wohnzimmer nicht nur am größten ist, sondern auch am meisten Licht bekommt. Große Fenster, teils auch Balkon- oder Terrassentüren und natürlich auch eine mehr oder weniger sonnige Lage tragen dem Rechnung. Das kommt vielen Pflanzen sehr entgegen, denn die überwiegende Mehrzahl mag es hell. An schönen Tagen ist pralle Sonne am Südfenster jedoch selbst für lichtbedürftige Pflanzen geradezu Gift, und zwar gleichermaßen im Sommer wie an klaren Wintertagen. Hier sollten Sie in der Mittagszeit regelmäßig für Schatten sorgen, z. B. mit Rollos, Markisen oder einem Papierschirm. Oder Sie reservieren solche Plätze von vornherein nur für sehr sonnenhungrige Gewächse.

Die Größe vieler Wohnräume bringt es mit sich, dass die Lichtverhältnisse an verschiedenen Stellen im Zimmer sehr unterschiedlich sind. In meterweit vom Fenster entfernten, eventuell noch durch große Möbel verdunkelten Ecken können nur noch sehr schattenverträgliche Arten gedeihen, sofern Sie nicht für zusätzliche Beleuchtung sorgen (→ S. 12/13). Spezielle Pflanzenleuchten mit einem den jeweiligen Bedürfnissen der Pflanzen entsprechenden Lichtspektrum sind auch für Arten geeignet, die beispielsweise im Winter unter Lichtmangel leiden. Auf diese Weise ins Rampenlicht gesetzt, kommen die angestrahlten Schönheiten selbst an dunklen Plätzen noch hübsch zur Geltung.

Für Luftfeuchtigkeit sorgen

Da insbesondere Wohnräume in der kalten Jahreszeit ausreichend beheizt werden, sollten sensible Arten wie die Klivie (*Clivia miniata*), die eine kühle Ruhephase brauchen, an einem anderen Ort überwintern. Das Gleiche gilt beispielsweise auch für Kakteen. Für Dauerwärme

Schmeichler für die Relax-Ecke: Durchs Fenster fällt genügend Licht, damit die Orchidee ihre Schönheit entfaltet.
•••

Wohnräume: Leben im grünen Bereich

Ein Arrangement aus plakativen Pflanzen, etwa verschiedene *Ficus*-Arten oder Drachenbaum, gliedert den Raum in mehrere Bereiche.

dagegen eignen sich vor allem tropische und subtropische Pflanzen (→ Tabelle). Sie reagieren jedoch oft sehr empfindlich auf Lufttrockenheit, sodass man unbedingt Luftbefeuchter aufstellen oder die Pflanzen zumindest regelmäßig einsprühen sollte (→ Seite 46/47).

Situationen im Raum

Repräsentative Solitärpflanzen, also solche, die aufgrund ihrer Größe oder ihrer eindrucksvollen Wuchsform gut allein stehen, lassen sich im geräumigen Wohn- oder Esszimmer besonders wirkungsvoll einsetzen: etwa in einer freien Ecke neben einem Fenster, als „Türsteher" neben dem Ausgang zur Terrasse oder dem Durchgang zur Küche, als grüne Kulisse für die Sitzgruppe, als Spalier beidseits des Sofas oder – bei besonders großzügigen Platzverhältnissen – auch mal mitten im Zimmer.

Selbst etwas kleinere, aber nicht weniger markante Schönheiten, z. B. Pfeilblatt (*Alocasia*), können so postiert werden, gleichfalls als Solisten auf einem Beistelltisch oder mit passenden Begleitern auf einer Blumenbank. Fensterbretter, Kommoden und niedrige Regale sind wie geschaffen für hübsch arrangierte Pflanzengruppen. Mini-Ensembles aus kleinen, buschigen Pflanzen wie Bubiköpfchen (*Soleirolia soleirolii*) oder der Karpatenglockenblume (*Campanula carpatica*) lassen sich auf dem Esstisch zu einladenden Tischdekorationen zusammenstellen. Sie sorgen nicht nur beim Essen für gute Laune, sondern schmücken die Tischfläche auch in der übrigen Zeit.

Grüne Kulissen

Weitläufige Zimmer werden gern mit einem Raumteiler untergliedert, der etwa die Sitzgruppe vom Essbereich abtrennt. Wo genügend Platz ist, gibt es kaum Schöneres als einen grünen, lebenden Paravent. Dafür eignet sich eine Parade aus Grünpflanzen wie Drachenbaum (*Dracaena*) und Bergpalme (*Chamaedorea*). Wenn die Pflanzen dabei auf einem treppenartigen Regal stehen, lassen sich auch Gewächse unterschiedlicher Höhe sehr gut in die Gestaltung einbeziehen. Eine weitere Variante des grünen Raumteilers ist ein Kletterspalier mit Kastanienwein (*Tetrastigma*), Efeu (*Hedera*) und Chilenischem Jasmin (*Mandevilla*). Praktisch sind auch Spaliere, in denen die Pflanzwanne gleich integriert ist. Manchmal genügt auch schon, eine optische Andeutung, um einen Raum zu untergliedern oder schützende Rückendeckung zu geben – zumal dichte Pflanzenwände oft einen Teil des Zimmers stark verdunkeln. Herabhängende Ampel- und Kletterpflanzen, wie beispielsweise Katzenschwanz (*Acalypha*) und Klimme (*Cissus*), bilden einen angenehm luftigen und trotzdem effektiven grünen Vorhang.

PFLANZEN FÜR WARME, HELLE STANDORTE

Bogenhanf
Sansevieria trifasciata

Christusdorn
Euphorbia milii

Cymbidie
Cymbidium-Hybriden

Flammendes Käthchen
Kalanchoe blossfeldiana

Kokospalme
Cocos nucifera

Leuchterblume
Ceropegia linearis

Madagaskarpalme
Pachypodium lamerei

Edel-Pelargonie
Pelargonium-Grandiflorum-Gruppe

Zypergras
Cyperus-Arten

PFLANZENSCHMUCK FÜR JEDEN RAUM

Pflanzen im Schlafzimmer: Ruhig & behaglich

• • • Entspannen, träumen und Energie auftanken – wo geht das besser als in einem harmonisch gestalteten Umfeld mit Pflanzen?

EIN PRUNKVOLLES SCHLAFGEMACH war in früheren Zeiten reiner Luxus und nur in vornehmen Herrschaftshäusern üblich. Sonst regierte eher karge Funktionalität: Betten, Nachttische, Kleiderschrank, Spiegelkommode und eine sparsame Dekoration mussten dort genügen, wo ausschließlich die Nachtruhe verbracht wurde. Heute dagegen darf das Schlafzimmer auch wohnlich sein und als besonderer Raum der Entspannung und als Rückzugsort dienen. Eine ansprechende Einrichtung, eine kleine Sitzgruppe, ein Lesesessel oder eine Couch, Bilder, Spiegel und freundliche Accessoires – und natürlich hübsche Pflanzen machen die Erholung perfekt.

Zwischen Grün gebettet

Hartnäckig hält sich das Gerücht, Pflanzen würden dem Menschen nachts den Sauerstoff rauben und die Luft übermäßig mit Kohlendioxid anreichern. Tatsächlich aber fallen die Sauerstoffmengen, die Gewächse im Dunkeln veratmen, selbst bei dichter Bepflanzung nicht ins Gewicht, ebenso wenig die Kohlendioxidabgabe. Der normale Gasaustausch in einem Zimmer gleicht solche geringfügigen Schwankungen schnell aus, eine gesundheitliche Gefährdung ist nicht zu befürchten.
Verzichten sollte man in Schlafräumen aber auf stark duftende Blütenpflanzen wie Gardenie (*Gardenia augusta*) und Jasmin (*Jasminum*), die bei empfindlichen Menschen Kopfschmerzen verursachen können. Und bei einer Schimmelallergie sollte man Pflanzen zuallererst aus dem Schlafzimmer verbannen, da feuchtes Substrat im Blumentopf das Auftreten von Pilzsporen begünstigt.

Cool bleiben

Selbst wenn das Schlafzimmer öfter auch als Wohnraum genutzt wird, wird es selten durchgehend beheizt. Nachts schläft es sich im Küh-

Unkompliziert und doch kapriziös: Eine Glocken-Kalanchoe (*Kalanchoe* 'Magic Bells')

• • •

MANCHE MÖGEN'S KÜHL

Azalee, Rhododendron
Rhododendron-Hybriden

Efeuaralie
Fatshedera lizei

Hortensie
Hydrangea-Hybriden

Kamelie
Camellia japonica

Palmfarn
Cycas revoluta

Silbereiche
Grevillea robusta

Zimmeraralie
Fatsia japonica

Zimmerlinde
Sparrmannia africana

Pflanzen im Schlafzimmer

len am besten, und auch tagsüber sinken die Temperaturen im Winter häufig unter 18 °C. Niedrige Temperaturen bewirken eine höhere relative Luftfeuchtigkeit, was zahlreiche Pflanzen zu schätzen wissen (→ Tabelle).
Eine kühle winterliche Ruhephase legen ohnehin viele Gewächse ein, bei Kussmäulchen (*Nematanthus*) oder Klivien (*Clivia miniata*) z. B. ist dies zudem Voraussetzung für reiche Blütenpracht. Alpenveilchen (*Cyclamen persicum*) blühen bei kühlerem Stand am schönsten, Fruchtschmuckpflanzen wie Korallenbeere (*Nertera granadensis*) behalten dabei ihre Beeren am längsten. Auch Orchideen wie Cattleya (*Cattleya*), Hohlnarbe (*Coelogyne*) und Miltonie (*Miltonia*) finden im Schlafzimmer oft sehr günstige Verhältnisse vor, da die kühleren Nächte und niedrigeren Wintertemperaturen ihrem natürlichen Rhythmus entsprechen und daher gut bekommen.
An attraktiven Pflanzen für das Schlafzimmer herrscht also kein Mangel. Allerdings können die Lichtverhältnisse die Auswahl einschränken. Häufig ist der Raum nach Norden oder Osten ausgerichtet und somit nicht allzu hell. Das sanfte, oft nur indirekt einfallende Licht genügt allerdings vielen Gewächsen, sofern sie nicht ausgesprochen hellen oder gar sonnigen Stand benötigen. Bei relativ kleinen Fenstern oder anderweitig gemindertem Lichteinfall gibt man jedoch besser schattenverträglichen Arten wie Schusterpalme (*Aspidistra elatior*) oder Hirschzungenfarn (*Asplenium scolopendrium*) den Vorzug oder muss die fehlende Lichtmenge durch spezielle Pflanzenleuchten ausgleichen (→ Seite 12/13).

Augenweiden und Farbtupfer

Eindrucksvolle Grünpflanzen und üppige Blüher geben im Schlafzimmer sehr hübsche, aber nicht allzu raumgreifende Solitäre ab. Eine einzeln neben dem Fenster, auf der Kommode, dem Nachttisch, als Begleiter eines Sessels oder einer Stehlampe drapierte Pflanze ist stets eine stimmige Lösung im meist doch nicht allzu großen Schlafzimmer.
Da hier die Beleuchtung ohnehin eine besondere Rolle spielt, lassen sich die oben bereits erwähnten Pflanzenleuchten sehr stimmungsvoll integrieren. Durch Anstrahlen der Pflanzen, etwa von unten, werden ihre vorteilhaften Formen und Strukturen besonders schön betont – das entstehende Schattenspiel an Wand und Decke trägt zusätzlich zu einer heimeligen Wohnatmosphäre bei.

Kleiderschränke, hohe Kommoden und Regale bieten sich als Stellplätze für Kletter- und Hängepflanzen geradezu an und werden von den lang herabhängenden Trieben hübsch umspielt. Bevorzugt kommen hierfür Efeu (*Hedera*) und Russischer Wein (*Cissus antarctica*) infrage, die sich als Schattenliebhaber auch von dunklen Ecken nicht abschrecken lassen. Hübsche, nicht allzu große Blütenpflanzen wie beispielsweise Kussmäulchen (*Hypocyrta*), Alpenveilchen (*Cyclamen*), Primeln oder Drehfrucht (*Streptocarpus*) können – farblich auf Vorhänge und Tagesdecke abgestimmt – die Fensterbank zieren, ebenso den Nacht- oder Schminktisch. Auch verschiedene Orchideen kommen dafür infrage. Mit Glockenblumen (*Campanula*) in Ampeln oder Töpfen lassen sich überall hübsche Farbtupfer in zartem, beruhigendem Blau dazwischensetzen.

• • •

Wer genügend Abstellfläche hat, kann sich ein Rosettendickblatt als hübschen Guten-Morgen-Gruß neben das Bett stellen; damit fällt das Aufstehen gleich viel leichter.

PFLANZENSCHMUCK FÜR JEDEN RAUM

Zypergras und Erbsenpflanze sind ideal für Kinder. Ungeheuer interessant, unempfindlich gegen Rempler und vor allem: ungefährlich.

Pflanzen im Kinderzimmer: Unkompliziert & fröhlich

Auch Kinder mögen Pflanzen – vor allem, wenn sie peppig sind, nur wenig krummnehmen und für eine blühende Fantasie sorgen.

KLEINE KINDER erkunden ihre Umgebung gern mit dem Mund: Blätter, Blüten, ja sogar Blumenerde wecken die kindliche Neugier und werden mit Vorliebe einem Geschmackstest unterzogen. Selbst bei ungiftigen Pflanzen kann das zuweilen gefährlich werden. Deshalb sollte man bei Kleinkindern auf Pflanzenschmuck im Kinderzimmer ganz verzichten, zumal hier auch schnell einmal ein Topf zu Bruch gehen kann oder Triebe und Blüten spielerisch abgerupft werden. Es versteht sich von selbst, dass Kinder, gleich welchen Alters, keinerlei Zugang zu Pflanzenschutz- und Pflegemitteln haben dürfen. Diese gehören stets in einen für sie unerreichbaren, verschlossenen Schrank. Auch Pflanzendünger sollten Sie nie herumstehen lassen, solange Ihre Kinder noch klein sind und alles probieren, was sie in die Finger bekommen.

Ungiftig, robust und bunt

Gern stellt man Kindern helle und geräumige Zimmer zur Verfügung, doch solch ideale Verhältnisse kann man sich nicht immer aussuchen. Typisch für das Kinderzimmer ist ein ausgeprägter Wechsel zwischen Tag- und Nachttemperaturen: Tagsüber mögen es die

Pflanzen im Kinderzimmer

Kinder warm, doch schon früh am Abend wird die Heizung abgedreht und häufig gelüftet, da das Zimmer meist auch als Schlafraum dient. Die Pflanzen sollten deshalb die nächtliche Abkühlung vertragen. Ein paar weitere wichtige Punkte verdienen Beachtung:

➤ Stellen Sie im Kinderzimmer generell nur ungiftige Pflanzen auf. Auch wenn Ihre eigenen Kinder schon alt genug sind, bekommen sie vielleicht mal Besuch von kleinen Kindern, die noch nicht so vernünftig sind. Die Gifthinweise im Porträtteil helfen Ihnen, gefährliche Arten bei der Auswahl gleich auszuschließen.

➤ Meiden Sie Gewächse mit Stacheln und Dornen wie etwa Kakteen sowie hautreizende oder allergieauslösende Pflanzen.

➤ Besonders empfindliche Schönheiten eignen sich nicht für das Kinderzimmer. Beim Spielen fällt schnell mal ein Topf um, ein paar Sprosse werden aus Versehen geknickt, oder es wird im wohlgemeinten Übereifer eine Pflanze völlig unter Wasser gesetzt. Robuste, gutmütige Arten wie der Zimmerhafer (*Billbergia nutans*) sind hier erste Wahl.

➤ Halb- und mittelhohe Stellplätze, etwa auf dem Fensterbrett, einer Blumenbank oder Kommode, eignen sich am besten. Die Bodenfläche nutzen die Kinder meist vollständig zum Spielen – was ebenerdig steht, kommt da leicht in die Quere. Andererseits können hoch auf Schränken oder Regalen platzierte Gewächse zu riskanten Klettereien verleiten. Wenn ein schwerer Tontopf von dort herunterfällt, kann das ganz schön gefährlich werden.

➤ Kräftige Farben, große Blüten und warme Töne sprechen die meisten Kinder an. Besonders bunte Pflanzen findet man häufig unter den kurzlebigen Blühern und Saisonpflanzen wie Gerbera, Blaues Lieschen (*Exacum affine*) oder Pantoffelblume (*Calceolaria integrifolia*). Kinder haben oft auch eine ausgeprägte Lieblingsfarbe, die man durch Auswahl passender Sorten berücksichtigen kann.

Mit Pflanzen lernen

Das Pflanzenreich bietet allerlei kleine Sensationen, die Kindern viel Freude machen: etwa das Brutblatt (*Bryophyllum pinnatum*) mit den winzigen Tochterpflänzchen am Blattrand oder die sich bei Berührung schließende Venusfliegefalle (*Dionaea muscipula*). Besondere Wuchsformen und daraus abgeleitete lustige Namen wie bei Affenschaukel (*Sedum morganianum*), Erbsen am Bande (*Senecio rowleyanus*) oder Henne mit Küken (*Tolmiea menziesii*) regen die Fantasie an und die Kinder entwickeln Interesse, den Pflanzen besondere Aufmerksamkeit zu widmen.

Tierfiguren, Blumenstecker mit fröhlichen Motiven, bunte Schmuckbändchen an der Pflanze oder am Topf – solche Accessoires machen die Gewächse noch interessanter und gliedern sie schön in das Spielzimmer ein. Auch die Gefäße lassen sich mit lustigen Motiven verzieren. Es gibt eine ganze Reihe schöner Bastelideen rund um den Pflanzentopf, die auch Kinder schon beherrschen – vom Bemalen in bunten Farben über Kartoffeldruck bis zur Serviettentechnik. Mit einer eigenen kleinen Gießkanne schließlich können ältere Kinder ihre ersten Erfahrungen als Zimmergärtner machen und übernehmen dann gern auch die Verantwortung für ihre Pfleglinge.

Glockenblumen sind hübsch, völlig ungefährlich und halten schon mal aus, wenn sie beim Spielen umfunktioniert werden.

KINDERLEICHT & TOLERANT

Brutblatt
Bryophyllum pinnatum

Grünlilie, Grüner Heinrich
Chlorophytum comosum

Flammendes Käthchen
Kalanchoe blossfeldiana

Gerbera
Gerbera-Hybriden

Weihnachtskaktus
Schlumbergera-Hybriden

Henne mit Küken
Tolmiea menziesii

Hüllenklaue, Punktblume
Hypoestes phyllostachya

Usambaraveilchen
Saintpaulia ionantha

Zimmerhafer
Billbergia nutans

Zypergras
Cyperus-Arten

PFLANZENSCHMUCK FÜR JEDEN RAUM

Im Arbeitszimmer: Grünes gegen Stress

• • • Wo Konzentration und Kreativität gefragt sind, wirkt sich beruhigendes Grün vorteilhaft und sehr inspirierend aus.

• • •
Sukkulente Pflanzen wie diese Kugelkakteen eignen sich gut für Büroräume, denn sie nehmen nicht übel, wenn man das Gießen mal vergisst.

IN DER REGEL sind Büroräume nüchtern und funktional eingerichtet. Bücherregale und Aktenschränke reihen sich aneinander, Computer, Monitor, Faxgerät und Kopierer machen sich auf dem Schreibtisch breit. Trotzdem kann zwischen all der Technik das Umfeld durchaus ansprechend und wohnlich werden. Pflanzenschmuck sorgt am Arbeitsplatz immer für eine entspannte Atmosphäre.

Grau raus – Grün rein

Jeder wünscht sich zum Arbeiten einen möglichst hellen, freundlichen Raum mit Platz für Regale, Ablageflächen, Rollschränke und einen großen Schreibtisch. Doch nicht selten muss man mit einer kleinen, dunklen Kammer vorlieb nehmen oder gar in den Keller ausweichen und sich mit Kunstlicht behelfen. Bei der Pflanzenauswahl wird man sich also in erster Linie nach den im Arbeitszimmer vorgegebenen Lichtverhältnissen richten.

Wo regelmäßig gearbeitet wird, sind die Räume meist gut beheizt und somit lufttrocken. Am Wochenende und im Urlaub wird die Heizung gedrosselt, und der Raum kühlt aus. Starke Temperaturunterschiede sind eine Belastungsprobe für die Pflanzen. Dazu kommt, dass im Arbeitsstress manchmal auch das Gießen und Düngen vergessen wird. Gerade deshalb hat sich im Arbeitszimmer die Hydrokultur bestens bewährt (→ Seite 42/43).

Als „Büroflora" sind prinzipiell pflegeleichte, unempfindliche Pflanzen mit markanter Wirkung zu empfehlen: Zu den Favoriten gehören Drachenbaum (*Dracaena*), Gummibaum (*Ficus elastica*) und Fensterblatt (*Monstera deliciosa*). Sukkulenten wie der Christusdorn (*Eu-*

▶ *Praxisinfo*

BESSERE LUFT MIT PFLANZEN

- ✗ Je größer die Blattoberfläche der Pflanze ist, desto wirksamer ist die Luftverbesserung.
- ✗ Pflanzen, die dicht mit zahlreichen kleinen Blättern besetzt sind, bringen mehr als großlaubige, aber spärlich beblätterte Arten.
- ✗ Pflanzen in Hydrokultur befeuchten die Raumluft am besten.
- ✗ Arten mit hohem Wasserbedarf tragen am meisten zur Luftbefeuchtung bei, z. B. Zypergras und Zimmerbambus.
- ✗ Als besonders effektive Schadstofffilter und Luftreiniger gelten Pflanzen wie Grünlilie, Efeutute, Einblatt, Efeu und der Kolbenfaden.
- ✗ Nur gesunde, gepflegte Pflanzen sind effektive Luftverbesserer.

Im Arbeitszimmer

phorbia milii) passen ebenfalls gut ins Bild. Bogenhanf (*Sansevieria trifasciata*) und Philodendron-Arten gedeihen auch bei weniger Licht. Dieffenbachie (*Dieffenbachia*) und Schusterpalme (*Aspidistra elatior*) schmücken selbst dunkle Büroecken.

Diese mehr oder weniger stattlichen Solitäre lassen sich durch unverwüstliche kleinere Pflanzen wie die Grünlilie (*Chlorophytum comosum*) ergänzen. Sie kommt besonders auf einem Regal oder Schrank zur Geltung, von dem ihre dicht mit Tochterpflanzen (Kindeln) besetzten Triebe herabbaumeln. Auch Harfenstrauch (*Plectranthus fruticosus*) oder Efeu (*Hedera*) lockern mit ihrem Hängewuchs eine monotone Regalwand sehr schön auf oder bilden vor einem großen Fenster in einer Blumenampel einen hübschen grünen Vorhang. Die auffälligen Blüten von Einblatt (*Spathiphyllum*) und Zimmerhafer (*Billbergia*), beide anspruchslos und gut für die Hydrokultur geeignet, sorgen für Abwechslung und gute Laune. Je nach Standortverhältnissen können Sie für die richtige Motivation natürlich auch Ihre Lieblingspflanzen ins Blickfeld rücken.

Prima Raumklima

Beim langen, konzentrierten Sitzen am Schreibtisch macht einem oft die trockene Heizungsluft besonders zu schaffen. Da Pflanzen beständig Wasser über ihre Blätter verdunsten, tragen sie mit zur Luftbefeuchtung bei. Angenehm bemerkbar macht sich z. B. ein großer, dichtlaubiger Zimmerbambus (*Pogonatherum paniceum*) direkt neben dem Arbeitsplatz. Doch überschätzen sollte man diesen Effekt nicht: Nur ausgesprochen durstige Arten und große Hydrokulturpflanzen sind in der Lage, die Luftfeuchtigkeit im Raum merklich zu erhöhen – andernfalls müssten Sie Ihr Büro schon in einen Urwald verwandeln. Ein kleiner Zimmerbrunnen, bepflanzt mit geeigneten Arten wie Bubiköpfchen (*Soleirolia soleirolii*) oder Kletterphilodendron (*Philodendron scandens*), ist wesentlich wirkungsvoller und zudem ausgesprochen attraktiv.

Von der reinigenden Wirkung, die manchen Pflanzen in Bezug auf die Raumluft zugesprochen wird, sollten Sie sich ebenfalls nicht zu viel versprechen. Einige wenige Exemplare können bei stark belasteter Luft, etwa durch reichlich Zigarettenqualm oder andere Schadstoffquellen, kaum etwas ausrichten. Doch grundsätzlich sind bestimmte Arten, z. B. die Efeutute (*Epipremnum pinnatum*), durchaus in der Lage, Substanzen wie Formaldehyd oder Benzol aus der Luft zu filtern (→ Praxisinfo). Zudem nehmen alle Pflanzen tagsüber Kohlendioxid aus der Raumluft auf und tragen so zum „Aufatmen" bei.

• • •

Zypergräser brauchen viel Feuchtigkeit und tragen so zu einem angenehmen Raumklima bei.

PFLANZENSCHMUCK FÜR JEDEN RAUM

In Küche und Bad: Pflanzen unter Dampf

... Viele Gewächse fühlen sich in feuchtwarmer Umgebung wohl. Als Spezialisten meistern sie die extremen Bedingungen.

Küche und Badezimmer sind die wichtigsten Nutzräume der Wohnung und sollen vor allem praktisch sein. Mit Ausnahme großer Wohnküchen und geräumiger Wellness-Oasen steht dieser Anspruch meist in krassem Gegensatz zur Raumgröße und Ausstattung. Ausreichende Bewegungsfreiheit und ein großes Fenster sind nicht immer selbstverständlich. Zimmerpflanzen tun sich in solcher Umgebung nicht ganz leicht. Auch wenn sie die hohe Luftfeuchtigkeit schätzen, sind viele dem fettigen Küchendunst und hohen Temperaturschwankungen nicht gewachsen. Mit ein paar „abgebrühten" Arten lässt sich in Küche und Bad aber trotzdem Atmosphäre schaffen.

Im Dunstkreis der Küche

Küchen gibt es in vielen Varianten. Je nachdem, ob es sich um eine abgeschlossene, funktionale Küche handelt oder um eine Wohnküche mit Essbereich, gelten für den Pflanzenschmuck verschiedene Voraussetzungen.
➤ Besonders in kleinen, abgeschlossenen Küchen müssen die Pflanzen mit extrem wechselnden Verhältnissen zurechtkommen. Beim Kochen und Spülen steigen Temperatur und Luftfeuchtigkeit schnell an, nach beendeter Arbeit wird es dann wieder für viele Stunden kühl. Dazu kommt, dass der intensive Koch-

... Warum nicht mal an die Decke hängen? Kopfüber gepflanzt stehen Zimmerpflanzen nicht im Weg.

In Küche und Bad

Efeutute und Buntblatt kommen mit dem feuchtwarmen Klima im Bad bestens zurecht.

dunst die Blätter bald mit einem Fettfilm überzieht. Das machen auf Dauer nur sehr robuste Gewächse mit. Schusterpalme (*Aspidistra*), Zierspargel (*Asparagus*), Grünlilie (*Chlorophytum*), Efeutute (*Epipremnum*), Bogenhanf (*Sansevieria*) oder Kokospälmchen (*Lytocaryum*) sind in dieser Hinsicht zwar sehr tolerant, aber auch sie brauchen intensive Blattpflege in Form häufiger Reinigung (→ Seite 50/51).

➤ In großzügigen Wohnküchen hat man mehr Gestaltungsspielraum. Pflanzen sind hier, wenn Sie nicht gerade im direkten Kochumfeld stehen, weniger ungünstigen Bedingungen wie Zugluft oder Kochschwaden ausgesetzt und können besser im Raum verteilt werden. Schön und Platz sparend kann man Gewächse in der Küche z. B. auf Wandregalen und Konsolen postieren. Ein hübscher Blickfang, der zudem gut ins Ambiente passt, sind Fruchtschmuckpflanzen wie Zierpfeffer (*Capsicum*). Die Fensterbretter können je nach Helligkeit mit verschiedenen Blütenpflanzen bestückt werden, etwa mit Browallie (*Browallia*), Fleißigem Lieschen (*Impatiens*) und Usambaraveilchen (*Saintpaulia*). Dort konkurrieren sie jedoch mit einer hübschen und zugleich praktischen Alternative: Petersilie und Schnittlauch, aber auch viele mediterrane Kräuter lassen sich gut in Töpfen ziehen und liefern schnell erreichbar frische Würze.

Hübsche Übertöpfe oder auch ausgediente Küchengefäße in fröhlichen Farben, mit Küchenmotiven verziert oder dezent auf die Einrichtung abgestimmt, runden den Gesamteindruck ab. Auf einem Tablett arrangiert, lassen sie sich schnell beiseiteräumen, wenn sie der Küchenarbeit im Weg stehen.

Tropisches am Wannenrand

Im Badezimmer herrschen meist angenehme Wärme und hohe Luftfeuchtigkeit. Diese Bedingungen sind wie geschaffen für Pflanzen aus tropischen Gefilden. In ihren Lichtansprüchen sollten sie eher bescheiden sein, denn die Räume sind häufig nach Norden oder Osten ausgerichtet und haben eher kleine Fenster. Bei wenig Licht zeigen Farne ihre besondere Stärke, etwa Frauenhaarfarn (*Adiantum*) oder Nestfarn (*Asplenium*). Betelnusspalme (*Areca*) oder Fischschwanzpalme (*Caryota*) verwandeln geräumige Bäder in richtige Oasen. Doch auch auf kleinerem Raum sorgen Pflanzen für paradiesische Zustände (→ Tabelle). *Vriesea* und andere Bromelien beispielsweise fühlen sich in feuchtwarmem Raumklima wohl. Die Malaienblume schätzt ähnlich wie weitere Orchideenarten niedrigere Wintertemperaturen bei hoher Luftfeuchtigkeit. Auch Losbaum (*Clerodendrum*), Saumfarn (*Pteris*) oder Klimme (*Cissus*) kommen nur für Bäder infrage, die nicht durchgehend beheizt werden.

Keramik- oder glasierte Tongefäße wirken im Bad sehr ansprechend, wenn sie die Farbe der Fliesen aufgreifen oder für effektvolle Kontraste sorgen. Ein paar bunte Glassteine oder Kiesel auf der Blumenerde schrecken Trauermücken ab und verhindern Schimmelpilze. Die Wirkung von Spiegeln können Sie im Badezimmer übrigens besonders effektvoll nutzen: Direkt davor platzierte Pflanzen werden durch die Spiegelung optisch vergrößert.

FÜR EXOTISCHES BADEFLAIR

Blattbegonie
Begonia-Hybriden

Bubiköpfchen
Soleirolia soleirolii

Einblatt
Spathiphyllum-Hybriden

Flamingoblume
Anthurium-Hybriden

Kanonierblume
Pilea-Arten

Kolbenfaden
Aglaonema-Arten

Malaienblume
Phalaenopsis-Hybriden

Marante
Maranta leuconeura

Vriesea
Vriesea-Hybriden

PFLANZENSCHMUCK FÜR JEDEN RAUM

Ein Frauenhaarfarn als ornamentaler Fenstersteher in der Diele.

Pflanzen in Flur & Treppenhaus: Robust & anspruchslos

Für freundlichen Empfang stehen Pflanzen im Eingangsbereich und geben grünes Geleit an Treppen und in Fluren.

Nicht nur auf Besucher wirken Pflanzen im Entree einladend. Auch sich selbst bereitet man damit beim Heimkommen eine Freude. Der Auftakt kann schon vor der Wohnung beginnen, etwa mit zwei Buchsbäumchen (*Buxus sempervirens*) als Türspalier oder einer Wandampel neben der Klingel, die eine hängende Fuchsie (*Fuchsia*) beherbergt. Lichtdurchflutet, groß und hell – so stellt man sich den idealen Eingangsbereich vor. Die Wirklichkeit sieht leider oft anders aus: Schmale, enge Durchgänge oder Treppenhäuser ohne natürliches Licht lassen kaum Platz für belebendes Grün. Oft sind sie zudem kühl und zugig – kein Fall also für empfindliche Pflanzen. Deshalb müssen sie aber nicht gleich ganz auf Pflanzenschmuck verzichten. Es gibt genügend robuste Arten, die Zugluft und Dunkelheit nicht gleich krummnehmen.

Achten Sie bei Arrangements im Flur und auf Treppenabsätzen stets darauf, dass Sie noch gut um die Pflanzen herumgehen und diese nicht von Stufen oder Podesten herunterfallen können. Notfalls kann man sie mit Draht oder speziellen Topfhaltern befestigen.

Kein Verzicht aufs Licht

Nicht überdachte Eingangsbereiche mit großen Glasfronten nutzen das einfallende Licht natürlich am besten aus. Manche erinnern schon fast an Wintergärten. In geräumigen

Pflanzen in Flur & Treppenhaus

Fluren können den Besucher hier durchaus Palmen willkommen heißen, sofern sie mit kühlen Herbst- und Wintertemperaturen zurechtkommen, wie etwa Hesperidenpalme (*Brahea*), Sabalpalme (*Sabal*) oder Zwergpalme (*Chamaerops humilis*). Doch mit den Jahren wachsen sie oft ausladend in die Breite und schränken die Bewegungsfreiheit zu sehr ein. Drachenbaum (*Dracaena*) und Palmlilie (*Yucca*) wirken ähnlich repräsentativ und bleiben etwas schmäler. Als Begleiter kann man solchen grünen Türstehern kleine Saisonblüher dazugesellen – entweder direkt auf dem Boden oder auf kleinen Blumenbänken. Wenn es eine Nummer kleiner sein soll, eignen sich Zimmerlinde (*Sparrmannia africana*), Geldbaum (*Crassula ovata*), Bogenhanf (*Sansevieria trifasciata*) oder Klivie (*Clivia miniata*). Auf einem Hocker oder einer breiten Pflanzensäule postiert, sorgen sie ebenfalls für einen freundlichen Empfang. Etwas eleganter muten Efeu- und Fiederaralie (× *Fatshedera lizei*, *Fatsia japonica*) an, die auch mit schattigen Plätzen vorlieb nehmen. Fensterplätze im Treppenhaus sind vor allem bei Gewächsen aus geheizten Wohnräumen und Kübelpflanzen von der Terrasse beliebt, die ab Herbst eine kühlere Ruhephase brauchen.
Helle bis halbschattige Treppenfenster und -absätze sowie Kommoden oder Schuhschränke im Flur können zudem mit Blütenschmuck verschönert werden, z. B. mit Kussmäulchen (*Nematanthus*), Drehfrucht (*Streptocarpus*) oder Glockenblume (*Campanula*). Mit Saisonblühern wie Alpenveilchen (*Cyclamen persicum*), Primel (*Primula*) und Herbstchrysantheme (*Chrysanthemum* × *grandiflorum*) blüht es hier sogar rund ums Jahr.

Gut munkeln im Dunkeln

Auch wenn in Eingangsbereich und Flur nur wenig Licht fällt, kann man mit größeren Solisten freundlich einladende Akzente setzen. Strahlenaralie (*Schefflera*), Steckenpalme (*Rhapis*) und ähnliche Schattenkünstler (→ Tabelle) brauchen sich vor ihren sonnenverwöhnten Kollegen nicht zu verstecken. Die Efeuaralie oder auch Azaleen (*Rhododendron*-Hybriden) entwickeln selbst noch im Halbschatten prächtige Blüten. Und Fleißige Lieschen (*Impatiens walleriana*) machen hier ihrem Namen ohnehin mit nicht enden wollender Blütenpracht alle Ehre.
Im kühlen Treppenhaus oder Flur kann man durchaus auch Versuche mit anderen schattenverträglichen Balkonblühern wie Fuchsien, Topfastilben (*Astilbe*) und Knollenbegonien (*Begonia*-Tuberhybrida-Gruppe) wagen.
Efeu (*Hedera*) und Kletter-Ficus (*Ficus pumila*) hängen ihre Triebe gerne malerisch von Treppenabsätzen oder der Hutablage einer Garderobe herab. Auch die robuste Klimme (*Cissus antarctica*) und der Kastanienwein (*Tetrastigma voinierianum*), der allerdings nicht zu kühl stehen sollte, erobern sich kletternd die schattigen Plätze.
Selbst dunkle Flure ohne Tageslicht kann man Zimmerpflanzen mithilfe spezieller Pflanzenleuchten (→ Seite 12/13) als neuen „Lebensraum" zur Verfügung stellen. Die angestrahlten Gewächse lassen sich damit sogar besonders schön in Szene setzen.

AUCH IM SCHATTEN AUF DEM POSTEN

Efeu
Hedera-Arten

Hirschzungenfarn
Asplenium scolopendrium

Hortensie
Hydrangea-Hybriden

Kletter-Ficus
Ficus pumila

Schusterpalme
Aspidistra elatior

Steckenpalme
Rhapis-Arten

Strahlenaralie
Schefflera-Arten

Zierspargel
Asparagus falcatus

Zimmeraralie
Fatsia japonica

Großzügige Treppenhäuser eignen sich prima für so ausladende Pflanzen wie diesen *Ficus*.

Hege & Pflege

Hege & Pflege

• • • Die Herkunft der Pflanzen verrät bereits viel über ihre Pflegebedürfnisse, und die unterschiedlichen Wuchsformen geben Aufschluss über ihre Lebensweise. Für die nötigen Maßnahmen lohnt sich die Anschaffung einiger Utensilien.

JEDER ZIMMERGÄRTNER WIRD versuchen, sich seinen Pflanzen intensiv zu widmen und den jeweiligen Ansprüchen in Bezug auf Temperatur, Wasser- und Nährstoffbedarf gerecht zu werden. Bei Kurzzeitgästen, die als Saisonpflanzen nur zu bestimmten Jahreszeiten die Wohnung zieren, ist sicher weniger Engagement erforderlich als bei langlebigen Gehölzen, die regelmäßig gedüngt und umgetopft werden müssen. Je nach Lebensdauer und Pflegebedürfnissen der Gewächse sind mitunter sehr verschiedene Maßnahmen erforderlich. Damit diese auch gelingen, sollten Sie sich eine Ausstattung mit entsprechenden Gerätschaften zulegen, die zur Pflege der grünen Zimmergenossen hilfreich und erforderlich sind. Der Handel hält dafür eine Vielzahl unterschiedlichster Utensilien bereit. Sicher braucht man nicht sämtliche Spezialwerkzeuge, aber eine solide Grundausstattung ist auf jeden Fall sinnvoll und zweckdienlich.

Besorgen Sie sich am besten schon vor dem Umtopfen Dränagematerial, Töpfe, Übertöpfe und Untersetzer in ausreichender Menge und auch ein Paar feste Arbeitshandschuhe. Auch die richtige Blumenerde ist wichtig, denn gerade Gewächse mit besonderen Ansprüchen, wie z. B. Orchideen, benötigen spezielles Substrat.

• • •
Der Fachhandel bietet alles, was zur richtigen Pflege der Pflanzen nötig ist. Hier stehen Funktionalität und gute Qualität an erster Stelle.

Das nötige Equipment

Eine Sprühflasche und ein scharfes Messer sind für jeden Zimmergärtner unentbehrlich. Auch auf folgende Anschaffungen sollten Sie nicht verzichten:

➤ Gießkannen gibt es in den unterschiedlichsten Ausführungen. Am besten eignen sich solche mit Litermaß, das erleichtert die Dosierung des Düngers. Für kleine Exemplare und Bromelien, die über den Blatttrichter gegossen werden, sollten Sie eine Kanne mit langer, schmaler Tülle nehmen. Für Ampelpflanzen gibt es Spezialkannen mit sehr langer, gebogener Tülle und einer Pumpe.

➤ Für Schnittarbeiten braucht man eine gut geschärfte Garten- oder Rosenschere, vor allem für verholzte Triebe. Normale Haushaltsscheren eignen sich wegen der schlechten Kraftübertragung für solche Zwecke nicht.

➤ Zum Umtopfen empfiehlt sich eine Handschaufel, zur Substratpflege ist eine kleine Harke praktisch, mit der hin und wieder die Oberfläche gelockert werden kann.

➤ Stützstäbe in verschiedenen Längen und Dicken sowie Bindematerial braucht man zum Aufleiten. Für Hydrokulturpflanzen nehmen Sie am besten Plastik- oder Metallstäbe, die im Wasser nicht verrotten.

➤ Düngemittel, passend für die jeweilige Kulturform, sollten ebenfalls immer im Haus sein.

➤ Sehr wichtig ist auch die Pflanzenapotheke. Zur natürlichen Schädlingsbekämpfung leisten Teebaum- und Lavendelöl, getrocknete Schachtelhalm- und Rainfarnblätter wertvolle Dienste. Auch Desinfektionsmittel für das Werkzeug und Holzkohlepulver zur Wurzelbehandlung sollten vorrätig sein.

• • •
Gießkannen mit langer, schmaler Tülle eignen sich gut zum exakten Wässern kleinerer Töpfe.

HEGE & PFLEGE

Pflegeansprüche erkennen: Was die Blätter verraten

••• Ob eine Pflanze viel oder wenig Wasser, Sonne oder Schatten braucht, kann man schon an ihren Blättern ablesen.

DIE GRÜNEN BLÄTTER sind die Kraftwerke der Pflanzen, denn in ihnen findet die Photosynthese statt (→ Seite 12), mit deren Hilfe alle zum Leben benötigten Stoffe produziert werden. Über winzige Poren, die sich vorwiegend auf der Blattunterseite befinden, nehmen die Gewächse Luft auf und geben Sauerstoff und Wasserdampf ab. Die Verdunstung ist notwendig, denn nur über den dabei entstehenden Saugdruck können Wasser und Nährstoffe von den Wurzeln bis in die äußersten Spitzen transportiert werden. Außerdem wird dadurch der Wärmehaushalt reguliert.
Je höher die Temperatur, desto mehr Wasser wird verdunstet, welches wiederum die Wurzeln nachliefern müssen. In Regenwäldern mit einer sehr hohen Luftfeuchtigkeit und viel Niederschlag ist dies kaum ein Problem. Pflanzen aus diesen Gegenden besitzen daher oft große, weiche, auch zarte, saftige, samtige oder stark zergliederte Blätter. In sehr heißen Gegenden, wo Regenfälle oft lange ausbleiben, ist dies natürlich anders. Pflanzen, die dort leben, haben verschiedene Methoden entwickelt, um die Verdunstung zu reduzieren, etwa eine filzige Behaarung oder derbe, kleine, ledrige Blätter. Kakteen haben ihre Blätter zu Dornen reduziert und nutzen den Pflanzenkörper ähnlich wie die Sukkulenten ihre Blätter und den Stamm als Wasserspeicher.

•••

1 **LEDRIG**
Pflanzen wie der Gummibaum mit festen, derben Blättern vertragen auch trockene Luft.

2 **WEICH**
Zarte Blätter wie beim Nestfarn deuten auf einen hohen Bedarf an Luftfeuchtigkeit hin.

3 **GEMUSTERT**
Sorten mit panaschierten Blättern wie Efeu brauchen mehr Licht als solche mit rein grünem Laub.

4 **FLEISCHIG**
Sukkulenten wie *Aloe* benötigen viel Sonne.

Pflegeansprüche erkennen

Die Ansprüche erkennen

Die Blätter einer Pflanze sind Ausdruck ihrer Lebensweise am natürlichen Standort. Ist man sich dessen bewusst und berücksichtigt dies, lassen sich viele Pflegefehler vermeiden.

▶ Große, weiche, oft hellgrüne Blätter, z. B. bei Zimmerlinde oder Buntnessel, sind ein Zeichen für hohen Bedarf an Luftfeuchtigkeit. Diese Pflanzen sollten Sie häufig gießen und sprühen, ganzjährig warm halten und an einen hellen Platz ohne direkte Sonne stellen.

▶ Zarte, dünne, saftige, samtartige oder stark zergliederte Blätter, wie z. B. bei Usambaraveilchen, Farnen und Fleißigem Lieschen, benötigen ebenfalls hohe Luftfeuchtigkeit. Halten Sie sie gleichmäßig feucht, und sprühen Sie viel. Ein kühler bis mäßig warmer, halbschattiger bis schattiger Standort ist ideal.

▶ Hellgrüne, weiß oder gelb gemusterte Blätter, z. B. bei Kletter-Ficus oder Korbmarante, stellen nicht ganz so hohe Ansprüche an die Feuchtigkeit der Luft. Hier gilt es, mäßig zu gießen, Staunässe zu meiden und immer wieder zu sprühen. Ein mäßig warmer, sehr heller Platz ist vonnöten, aber ohne pralle Sonne.

▶ Kleine, oft nadelförmige Blätter und eine dichte Belaubung, wie z. B. bei der Südseemyrte und Waxflower, lassen auf einen geringen Bedarf an Luftfeuchtigkeit schließen. Wichtig ist, die Pflanzen ohne Staunässe gleichmäßig feucht zu halten. Im Sommer mögen sie es warm bis heiß, im Winter kühl bis kalt und in jedem Fall sonnig.

▶ Ledrige, derbe Blätter, oft mit wachsartigem Überzug, wie z. B. bei Gummibaum oder Drachenbaum, deuten auf geringe Luftfeuchtigkeit hin. Diese Pflanzen vertragen zeitweilige Trockenheit, Staunässe muss verhindert werden. Ihnen behagt ein sonniger, warmer, auch heißer, im Winter kühler Platz.

▶ Verdickte, fleischige, sukkulente Blätter, wie z. B. bei Aloe und Echeverie, vertragen Hitze und Trockenheit bei geringer Luftfeuchtigkeit. Staunässe sollte unbedingt vermieden werden. Sie mögen es sonnig, tolerieren auch pralle Sonne und haben es im Winter gerne kühler.

Pflegeetiketten lesen

Im Laden ist normalerweise jede Pflanze mit einem Etikett versehen, auf dem der Name des Gewächses sowie eine kurze Pflegeanleitung abgedruckt sind. Haben Sie sich nicht schon vor dem Kauf genau überlegt, welche Pflanze wo stehen soll, empfiehlt sich unbedingt ein Blick darauf. Damit bekommen Sie einen ersten Überblick über die Standort- und Pflegewünsche. In der Regel finden sich Angaben über den Licht- und Wasserbedarf sowie zur Düngung der jeweiligen Pflanze.

Wer Probleme hat, sich die genauen Pflanzennamen zu merken, tut gut daran, entweder das Namensschild im Innentopf stecken zu lassen oder sich die Bezeichnung woanders zu notieren. Der Versuch, die Pflanze hinterher in einem Buch wiederzufinden, kann angesichts der großen Sortenvielfalt recht mühsam sein, vor allem, wenn es sich um eher seltene und sehr ausgefallene Arten handelt.

Flamingoblumen mögen keine pralle Sonne und kommen auch mit weniger Licht zurecht.

HEGE & PFLEGE

Die richtige Auswahl: Langes Leben oder kurzes Glück?

••• Passende Standortbedingungen und gute Pflege sind Voraussetzungen dafür, dass langlebige Pflanzen wie Palmen oder Drachenbaum auch wirklich lange leben.

••• Das vielfältige Angebot an Zimmerpflanzen macht einem die Wahl manchmal schwer. Ein paar Überlegungen helfen dabei.

ZIMMERPFLANZEN SIND schon lange nicht mehr nur wohlhabenden Schichten zugänglich und mittlerweile fast in jedem Haushalt zu finden. Moderne Zuchtverfahren ermöglichen heutzutage die ständige Weiterentwicklung zu neuen Sorten und Variationen. Bei einigen besonders leicht zu kreuzenden Arten hat inzwischen eine regelrechte Massenproduktion eingesetzt. Nicht zuletzt dadurch sind Zimmerpflanzen inzwischen für jeden erschwinglich geworden, und viele sind ganzjährig im Handel erhältlich. Ob Saisonpflanze oder Zimmerbaum, für jeden Geschmack und jeden Anlass lässt sich das Passende finden.

Verschiedene Lebensformen

Im Pflanzenreich gibt es ganz unterschiedliche Lebensformen. Sie unterscheiden sich nicht nur im Wuchs und den Ansprüchen, sondern vor allem in ihrer Lebensdauer. Man fasst sie zu folgenden Gruppen zusammen:

➤ **Einjährige** entwickeln sich innerhalb einer Vegetationsperiode aus dem Samenkorn zu einer ausgewachsenen, blühenden Pflanze. Bis zum Ende der Wachstumsphase haben sie bereits Samen gebildet, mit denen sie die Zeit der ungünstigen Witterung überdauern, während die übrige Pflanze abstirbt.

➤ **Zweijährige** keimen im ersten Jahr und bilden Blätter. Erst im zweiten erscheinen die

Die richtige Auswahl

Blüten. In ihnen reifen die Samen, mit denen die Pflanzen überdauern, der Rest stirbt ab.
➤ **Mehrjährige** Pflanzen, deren Triebe nicht verholzen, sondern krautig bleiben, nennt man Stauden. Zu Beginn der Winterruhe ziehen sie sich in die unterirdischen Teile zurück, die oberirdischen sterben ab. Auch Knollen- und Zwiebelpflanzen zählen dazu.
➤ **Halbsträucher** sind mehrjährige Pflanzen, deren Triebe im unteren Bereich verholzen, wogegen der obere krautig bleibt.
➤ **Gehölze** nennt man die zum Teil sehr langlebigen Bäume und Sträucher, deren Triebe komplett verholzt sind. Bäume sind immer deutlich in einen Stamm und eine Krone gegliedert, während Sträucher aus mehreren gleich starken Haupttrieben bestehen.

Kurze Liaison

Zimmerpflanzen mit einer nur kurzen Lebensdauer werden im Handel in die folgenden drei Kategorien eingeteilt:
➤ **Einjährige** und solche, die zwar etwas älter werden können, deren Energie sich im Zimmer aber rasch erschöpft. Wenn sie unansehnlich werden, entsorgt man sie; z. B. Gloxinien, Blaue Lieschen oder Blütenbegonien.
➤ **Saisonpflanzen** werden nur zu einer bestimmten Zeit oder einem Ereignis angeboten; z. B. Weihnachtsstern, Glücksklee, Narzissen im Topf, Kissenprimeln.
➤ **Wegwerfpflanzen** sind eigentlich mehrjährig, doch ihre Weiterkultur ist wegen der Standort- und Pflegeansprüche oft schwierig, sodass auch sie weggeworfen werden, wenn sie verblüht sind, z. B. Alpenveilchen, Azaleen oder Flammendes Käthchen.

Überlegungen vor dem Kauf

Pflanzen kann man inzwischen fast überall kaufen. Die größte und qualitativ beste Auswahl bieten in der Regel Gartencenter und große Gärtnereien, deren üppiges Angebot sicher viele zum spontanen Kauf verleitet. Kurzlebige Pflanzen, die ohnehin nur eine begrenzte Zeit das Zimmer schmücken, können Sie bedenkenlos mitnehmen.

Wenn Sie jedoch die Anschaffung eines größeren und vor allem langlebigen Gewächses erwägen, sollten Sie solchen Versuchungen widerstehen. Überlegen Sie vorher gründlich, was Sie von den grünen Zimmergenossen erwarten und welche Bedingungen Sie ihnen bieten können. Checken Sie zunächst die Pflegebedürfnisse und Standortansprüche der Pflanzen, und denken Sie darüber nach, wie viel Zeit Sie für die Pflege aufwenden können und wollen. Ein sehr wichtiges Kriterium ist die Überwinterung. Gerade bei teuren Großpflanzen, die ausgeprägte Ruhephasen im Wachstum einlegen und in dieser Zeit eine kühle Umgebung brauchen, sollten Sie vorher unbedingt berücksichtigen, ob Sie ihnen ein passendes Winterquartier bieten können, sonst ist die Freude schnell vorbei.

Achten Sie beim Kauf auch auf gute Qualität. Vergilbte, fleckige, faulige Blätter, abgeknickte Triebe, matschige Stellen an Zwiebeln oder Knollen, Algen oder Moosbeläge auf dem Substrat oder Wurzeln, die aus dem Topf herauswachsen sind immer ein Zeichen für unsachgemäße Haltung, Schädlingsbefall oder Mangelerscheinungen. Solche Ware lassen Sie von vornherein lieber stehen.

> ### ➤ *Praxisinfo*
>
> **NACH DEM KAUF**
>
> ✗ Vor dem Transport sollte man die Pflanzen in Papier oder Folie einschlagen. Streifen Sie alle Triebe und Blätter dabei vorsichtig nach oben.
>
> ✗ Große Temperaturschwankungen sind sehr belastend. Kaufen Sie deshalb an sehr heißen oder sehr kalten Tagen möglichst keine Pflanzen ein.
>
> ✗ Stellen Sie die Pflanzen zur Eingewöhnung kühler und keinesfalls in die Sonne. Bringen Sie sie erst nach ein paar Tagen an den endgültigen Platz.
>
> ✗ In den ersten Wochen sollten Sie nur sparsam gießen, nicht düngen und nicht umtopfen.

Usambaraveilchen werden oft als Wegwerfpflanze behandelt und nach der Blüte entsorgt.

Das 1×1 der Topfkultur

• • • Töpfe sind sozusagen die Schuhe der Zimmerpflanzen.
Und so wie ein Sprinter nur mit dem richtigen Schuhwerk zu Höchstleistungen fähig ist,
so brauchen auch die „Füße" der Pflanzen, die Wurzeln,
die passende Umgebung zum optimalen Gedeihen.

Schalen bieten Platz für hübsche Arrangements.

PFLANZEN IN GEFÄSSKULTUR sind in ganz besonderem Maß auf eine pflegende Hand angewiesen. Sie müssen ja nicht nur mit oft unzulänglichen Standortbedingungen zurechtkommen, sondern sich zudem mit einem sehr beschränkten Wurzelraum begnügen. Damit die Gewächse trotzdem üppig wachsen und blühen, brauchen sie in erster Linie einen geeigneten Topf. Funktionalität und Größe spielen dabei eine entscheidende Rolle (→ Seite 38/39). Aber auch optische Gesichtspunkte sollte man nicht außer Acht lassen.

Guter Halt

Am natürlichen Standort ist der Boden ein wichtiger Wachstumsfaktor, denn er bildet die Lebensgrundlage für die Pflanzen. In ihm sind die Wurzeln verankert und geben damit den oberirdischen Teilen Halt. Zudem versorgt er die Gewächse mit Wasser und Nährstoffen. An den Boden sind die einzelnen Arten in unterschiedlichem Maße angepasst. Diese Voraussetzung sollte auch bei der Gefäßkultur im Zimmer berücksichtigt werden. Hier spricht man allerdings nicht von Boden, sondern von Substrat oder Pflanzstoff. Damit wird jede Art von Material bezeichnet, in die eine Pflanze gesetzt werden kann, nicht nur Erde, sondern auch Blähton für Hydrokultur, Granulate und anderes. Manche Pflanzen sind ausgesprochen heikel, was Struktur, Beschaffenheit und Zusammensetzung des Pflanzstoffes anbetrifft, etwa Orchideen oder Kakteen. Andere dagegen nehmen es damit nicht so genau und gedeihen in jeder guten Pflanzerde.

• • •
Prächtiger Baumfreund (*Philodendron bipinnatifidum*) gut getopft.

Das 1 × 1 der Topfkultur

Gefäße und Substrate – Was eignet sich wofür?

• • • Wer die Wahl hat, hat die Qual. Das gilt auch für die Topfkultur, denn je nach Vorliebe der Pflanze gibt es zahlreiche Möglichkeiten.

Bei der grossen Vielfalt an Pflanzgefäßen und Blumenerden sollten Sie sich über die jeweiligen Eigenschaften genau informieren, bevor Sie sich für ein bestimmtes Gefäß oder eine spezielle Erde entscheiden.

Töpfe für Orchideen sind meist aus Kunststoff, das Substrat ist besonders grob.
• • •

Töpfe über Töpfe

Eine geeignete Größe und Form der Töpfe ist für gutes Gedeihen der Pflanzen unerlässlich. Rund um den Wurzelballen sollten noch etwa 1–2 cm Platz nach außen bleiben. Die Größenangabe am Topf bezieht sich auf den inneren Durchmesser am oberen Rand und erfolgt in der Regel in Abstufungen von 2 cm.

Tongefäße

Ton ist porös und somit durchlässig für Luft und Wasser. Die Wurzeln werden besser belüftet, die Erde trocknet schneller ab. Andererseits verdunstet durch den Topf auch Wasser, und so trocknen durstige Pflanzen leicht aus. Die Wurzeln breiten sich mit Vorliebe zum gut durchlüfteten Gefäßrand aus, und der Wurzelballen entwickelt sich ungleichmäßig. Bedenken Sie auch das enorme Gewicht, das große Töpfe auf die Waage bringen können.

Kunststoff und andere Materialien

Im Gegensatz zu Ton lässt Kunststoff weder Luft noch Wasser durch. Die Wurzeln können sich gleichmäßiger entwickeln, und es muss seltener gegossen werden. Auf der anderen Seite bildet sich leichter Staunässe. Durch die geringe Stabilität des leichten Materials können große, kopflastige Pflanzen, wie beispielsweise Hochstämmchen, aber leicht umkippen. Auch Behältnisse aus Glas, wie z. B. Terrarien oder kleine Vitrinen, lassen sich hübsch bepflanzen. Mit Folie ausgekleidete Flechtkörbe wirken ebenfalls optisch ansprechend.

Spezielle Gefäße

Besonderes Wurzelwachstum erfordert spezielle Gefäße. Für Tiefwurzler wie Palmen gibt es hohe Töpfe, für Flachwurzler wie Kakteen eignen sich hingegen Schalen sehr gut. Orchideentöpfe sind meist aus Kunststoff und verjüngen sich nach unten nicht. Ampeln gibt es ebenfalls in unterschiedlichen Varianten, wichtig ist eine stabile Befestigung, praktisch eine Unterschale für auslaufendes Gießwasser.

Gefäße und Substrate

Substrate

Blumenerde braucht bestimmte Eigenschaften, damit sich Pflanzen wohlfühlen. Sie sollte locker, luftdurchlässig und strukturstabil sein, Wasser sofort aufnehmen und festhalten, frei von Krankheitskeimen sein, Nährstoffe gut speichern und den richtigen pH-Wert (um 6) haben. Torffreie Erden (gibt es auch in Bio-Qualität) sind umweltschonend, biologisch aktiv und werden zudem aus nachwachsenden Rohstoffen wie Rindenhumus hergestellt.
Fertigerde, ein industriell gemischtes Substrat, gibt es in verschiedenen Varianten. Meist wird sie unter der Bezeichnung Blumenerde oder Pflanzerde in recht unterschiedlicher Qualität und Preislage angeboten.
Die diversen Substrate unterscheiden sich vor allem in der Menge und der Zusammensetzung des Düngers, der jeweils beigefügt ist.
➤ **Universalblumenerde** ist für alle Pflanzen gleichermaßen geeignet. Hochwertige Substrate haben hohe Anteile von Kompost, Ton und Perliten. Schauen Sie auf der Verpackung nach, dort sind sämtliche Inhaltsstoffe und Düngezusätze exakt ausgewiesen.
➤ **Grünpflanzenerde** ist stickstoffbetont aufgedüngt und sorgt für kräftiges Blattwachstum.
➤ **Aussaat- oder Vermehrungserde** ist besonders fein strukturiert und enthält keinen oder nur sehr wenig Düngerzusatz.

Spezialsubstrate

Manche Pflanzen stellen besondere Ansprüche an die Erde. Für sie gibt es spezielle Substrate:
➤ **Azaleen- oder Rhododendronerde** mit einem pH-Wert zwischen 4 und 5 wird auch als Moorbeeterde bezeichnet und eignet sich für alle Säure liebenden Pflanzen.
➤ **Kakteenerde** ist sehr durchlässig und mineralstoffreich und eignet sich für Kakteen und andere Sukkulenten.
➤ **Orchideensubstrat** ist sehr grob und damit gut durchlässig für Luft und Wasser, strukturstabil und nährstoffarm. Es eignet sich auch für Bromelien und aufgebundene Farne.
➤ **Palmenerde** ist besonders lehmhaltig.

Kakteen und verschiedene andere Sukkulenten mit ihren flachen Wurzeln machen sich auch in flachen Schalen sehr gut.

> *Praxis*

Richtig ein- und umtopfen

... Pflanzen wachsen auch im Topf ständig weiter. Zwar entwickeln sie sich normalerweise im Zimmer langsamer als am natürlichen Standort, aber trotzdem wird ihnen irgendwann das Gefäß zu eng.

Kakteen sanft greifen
Mithilfe von Styroporstücken kann man Kakteen unverletzt aus dem Topf nehmen.

Ballen verkleinern
Kann man keinen größeren Topf geben, wird der Wurzelballen mit einem Messer verkleinert.

UMTOPFEN MUSS MAN nicht nur, weil der Pflanze die „Schuhe" zu klein werden. Auch die Nährstoffe im Substrat erschöpfen sich mit der Zeit, selbst wenn immer wieder Dünger zugegeben wird. Die Erde kann sich ja nicht wie in freier Natur regenerieren. Zudem reichern sich schädliche Stoffwechselprodukte und Düngerreste mit der Zeit im Substrat an. Da sich dies wiederum negativ auf die Nährstoffaufnahme auswirkt, sollten Sie regelmäßig umtopfen.

Der passende Zeitpunkt

Sollen Pflanzen kräftig wachsen, topft man jährlich um, ansonsten reicht es, wenn man es alle zwei bis drei Jahre macht. Bei den meisten Pflanzen ist der beste Zeitpunkt dafür der Beginn der Wachstumsperiode, also im zeitigen Frühjahr, wenn sich der erste Neuaustrieb zeigt. Während der Blüte und in der Ruhezeit sollte man nicht umtopfen. Nur wenn die Gewächse ohne klar erkennbare Ursache kränkeln, macht man davon eine Ausnahme. Topfpflanzen werden meist in ziemlich kleinen, auf Dauer zu beengten Behältnissen angeboten. Man setzt sie deshalb am besten gleich nach der Eingewöhnungszeit in ein größeres Gefäß, außer es handelt sich um Saisonpflanzen, die nach der Blüte ohnehin nicht weiterkultiviert werden (→ Seite 34/35).

Höchste Zeit zum Umtopfen ist es jedoch, wenn Sie eines der folgenden Anzeichen bei der Pflanze bemerken:
➤ Die Wurzeln wachsen oben aus der Erde heraus oder schauen unten aus dem Topfboden hervor.
➤ Der Wurzelballen füllt den gesamten Topf aus.
➤ Der Neuaustrieb bleibt klein.
➤ Die Pflanze kümmert.
➤ Auf dem Substrat oder den Tontöpfen bildet sich ein grünlicher Belag aus Algen oder Moos.
➤ Die Erde riecht muffig.
➤ Auf Tontöpfen bilden sich weißliche Kalk- oder Salzkrusten.

Die richtige Vorbereitung

Bevor Sie sich an die Arbeit machen, sollten sämtliche benötigten Utensilien bereitliegen. Sauberkeit ist oberstes Gebot, vor allem beim Umgang mit kranken Pflanzen. Auch die Gefäße müssen unbedingt gereinigt werden. Kalkablagerungen, Moosbeläge und dergleichen entfernt man mit Essigwasser und einer harten Bürste. Tongefäße werden einige Stunden in Wasser gelegt, damit sie sich vollsaugen können. Das verhindert, dass das Gefäß den Wurzeln zu viel Feuchtigkeit entzieht, was wiederum das Anwachsen beeinträchtigt. Die Pflanze wird vorher leicht angegossen. So löst sie sich besser vom Topfrand.

Richtig ein- und umtopfen

Auch die Größe des neuen Gefäßes ist wichtig. Normalerweise sind zwei Stufen bzw. 4 cm mehr im Durchmesser ausreichend, sonst werden die Pflanzen blühfaul, vor allem Arten wie Ritterstern oder Klivie.

So wird umgetopft

Zunächst wird die Pflanze vorsichtig am Schopf aus dem alten Topf herausgenommen. Kleine Pflanzen dreht man dabei um, größere werden auf die Seite gelegt. Löst sich der Wurzelballen nicht gleich vom Topfrand, kann man etwas nachhelfen. Das geht am besten, indem man den Topf an die Tischkante klopft oder auf den Topfboden schlägt. Sollte das noch nicht reichen, kann man auch mit einem langen Messer innen am Topfrand entlangfahren oder mit einem Stock von unten durch das Abzugsloch etwas anschieben. Sitzt der Ballen immer noch fest, sollten Sie den Topf zerschlagen oder aufschneiden. Anschließend wird die alte Erde aus dem Wurzelballen herausgeschüttelt und verletzte, abgestorbene oder faulige, schwärzliche Wurzeln mit einer Schere abgeschnitten.

Nun wird das neue Gefäß präpariert: Um Staunässe zu vermeiden, decken Sie das Abzugsloch des sauberen Gefäßes mit Scherben ab und füllen eine ca. 2–5 cm hohe Dränageschicht aus Blähton, feinem Kies und dergleichen ein. Darüber geben Sie eine Schicht Substrat und setzen die Pflanze so hoch ein, wie sie vorher gestanden hat. Zum Schluss wird das restliche Substrat aufgefüllt, festgedrückt und angegossen.

In besonderen Fällen

Nicht alle Pflanzen lassen sich so einfach umtopfen. Aber auch für scheinbar schwierige Fälle gibt es eine Lösung.

➤ **Grenzen setzen:** Kann oder will man ausgewachsene Exemplare nicht mehr in ein größeres Gefäß setzen, kann man den Wurzelballen einfach mit einem scharfen Messer verkleinern (→ Abb. links). Erst dann wird das Gewächs wieder in den gereinigten, mit frischem Substrat gefüllten Topf gesetzt.

➤ **Halt finden:** Ampeln setzt man zum Bepflanzen am besten auf einen Eimer. Hängepflanzen werden darin im Gegensatz zu aufrecht wachsenden Arten schräg eingetopft.

➤ **Dornen meiden:** Kakteen werden vor dem Umtopfen nicht gewässert. Feste Handschuhe schützen vor den Dornen. Sie können die Pflanze auch mit Zeitungspapier oder einem Rest Styropor aus dem Gefäß nehmen. Kleine Exemplare greift man einfach mit einer Gurkenzange.

Austopfen 1
Zum Austopfen greift man die Pflanze am Stängelansatz und zieht sie vorsichtig heraus.

Erde einfüllen 2
Auf die Dränageschicht kommt eine Schicht Substrat, dann wird die Pflanze eingesetzt.

Erde andrücken 3
Die Zwischenräume werden mit Erde aufgefüllt, zum Schluss gießt man an.

➤ *Praxisinfo*

DAS BRAUCHEN SIE ZUM UMTOPFEN

Zeitbedarf:
- ✗ kleine Pflanzen: 10–15 Minuten
- ✗ große Pflanzen: 20–30 Minuten

Material:
- ✗ Dränagematerial (Tonscherben, Blähton, Kies)
- ✗ Pflanzerde
- ✗ Pflanzgefäß

Werkzeug, Zubehör:
- ✗ Bürste mit harten Borsten
- ✗ Essigwasser
- ✗ Gartenhandschuhe
- ✗ Gießkanne voll Wasser
- ✗ Handschaufel
- ✗ Messer mit langer Schneide
- ✗ Schere
- ✗ Stab aus Holz oder Bambus
- ✗ Zeitungspapier oder Styroporreste

DAS 1 × 1 DER TOPFKULTUR

Pflanzen in Tongranulat und Hydrokultur

• • • Kleine Tonkügelchen bieten eine sehr bequeme und einfache Lösung, sich das Gießen erheblich zu erleichtern.

Zimmerpflanzen in Granulaten zu ziehen ist ideal für Menschen, die mit der richtigen Dosierung des Gießwassers auf Kriegsfuß stehen. Die Pflanzen nehmen nur so viel Wasser auf, wie sie brauchen, und auch die Nährstoffversorgung ist gleichmäßiger, da in der Regel ein Langzeitdünger beigegeben wird.

Tongranulat

Alternativ zum Erdsubstrat lassen sich Zimmerpflanzen in porösen Körnchen aus gebranntem Ton ziehen. Die Vorteile liegen in der immensen Wasserspeicherkraft und in der guten Durchlüftung – außerdem verbackt und altert das Material nicht. Granulate können blank oder mit Erdsubstrat gemischt verwendet werden. Gewöhnlich topft man seine Pflanzen samt der anhaftenden Erde in das Granulat ein. Ein Feuchtigkeitsfühler im Wurzelballen zeigt an, wann es wieder Zeit zum Gießen ist. So bekommt jede Pflanze die für sie richtige Menge an Wasser.

Hydrokultur

Bei der Hydrokultur werden die Pflanzen ganz ohne Erde in Blähton und einer Nährlösung aus mit Dünger versetztem Wasser gezogen. Die Gefahr, falsch zu gießen und zu düngen, ist sehr gering, denn die Pflanze nimmt immer genau so viel auf, wie sie braucht. Ein weiterer Vorteil ist, dass sich auf dem Blähton keine Schimmelpilze bilden können, eine Tatsache, die vor allem für Allergiker und Asthmatiker von Bedeutung ist.

• • •
Hydrokultur erfreut sich großer Beliebtheit, denn Pflegefehler lassen sich gut vermeiden.

Pflanzen in Tongranulat und Hydrokultur

Der Wasserstandsanzeiger gibt Auskunft darüber, ob noch ausreichend viel Nährlösung vorhanden ist.

Das Prinzip

Für die Hydrokultur benötigt man spezielle Gefäße. Es gibt inzwischen die unterschiedlichsten Ausführungen, die aber alle nach dem gleichen Prinzip funktionieren – unabhängig davon, ob sie viereckig oder rund, aus Kunststoff, Keramik oder einem anderem geeigneten Material sind. Der äußere Topf, das sogenannte Mantelgefäß, enthält die Nährlösung aus dem mit speziellen Nährstoffen versetzten Wasser und muss deshalb wasserdicht sein. Darin befindet sich der eigentliche Hydrokulturtopf mit der in Blähton wurzelnden Pflanze. Das Gefäß besteht meist aus Kunststoff und weist mehrere Schlitze auf, durch welche die Nährlösung aus dem Mantelgefäß die Pflanzenwurzeln erreicht.

Die Kügelchen bestehen aus aufgeschäumtem, gebranntem Ton. Sie speichern im Gegensatz zu den Tongranulaten kaum Wasser und dienen vorwiegend dazu, den Pflanzen Halt zu geben. Blähton gibt es übrigens in unterschiedlicher Körnung, je nach Größe der Pflanze. Verwenden Sie ausschließlich Blähton für Hydrokultur. Ware für Heimwerker aus dem Baumarkt ist für Pflanzen ungeeignet, da sie meist zu viel Kalk enthält.

Der Wasserstandsanzeiger, ein durchsichtiges Plastikröhrchen, gibt Aufschluss über die Wasserhöhe im Mantelgefäß. Er wird in eine Aussparung im Kulturtopf gesteckt. Der darin befindliche „Schwimmer" schwankt zwischen drei Markierungen: Minimum, Optimum und Maximum. Steht er auf Minimum, ist es Zeit zum Gießen. Bei „Optimum" werden die Wurzeln ausreichend mit Nährlösung und Sauerstoff versorgt. Bis zur Maximum-Marke sollte nur im Ausnahmefall, z. B. vor dem Urlaub, aufgefüllt werden. Anderenfalls besteht die Gefahr, dass die Wurzeln wegen Sauerstoffmangels absterben. Je nach Durst der Pflanze reicht der Wasservorrat mehrere Wochen. Gegossen wird immer direkt über den Blähton. Wasser, das die Wurzeln nicht gleich brauchen, sammelt sich dann im Mantelgefäß.

Die Nährstoffversorgung

Da Blähton keine Nährstoffe speichern kann, muss immer genügend Dünger zugegeben werden. Selbstverständlich sollte man dabei die Bedürfnisse der einzelnen Pflanzenarten berücksichtigen. Generell gibt es zwei verschiedene Methoden:

➤ Spezieller **Flüssigdünger** wird einfach dem Gießwasser beigegeben. Je nach Nährstoffbedarf reicht eine Gabe bis zu sechs Wochen.
➤ Daneben gibt es sogenannte **Düngebatterien**, das sind Tabletten, die in eine Aussparung unter den Kulturtopf gelegt werden. Sie enthalten Langzeitdünger, der langsam freigesetzt wird und bis zu sechs Monate hält.

Umfüllen und Umtopfen

Alle paar Wochen sollte man die Lösung im Gefäß komplett austauschen. Dazu wird der innere Topf mit der Pflanze herausgenommen und der Blähton vorsichtig durchgespült. Die Lösung aus dem Mantelgefäß schütten Sie weg und befüllen das Gefäß anschließend neu. Wenn der Blähton völlig durchwurzelt ist, setzt man die Pflanze nach dem gründlichen Durchspülen in einen neuen, größeren Topf auf eine Schicht gewaschenen Blähton. Dabei darf die Pflanze aber nicht tiefer eingesetzt werden, als sie zuvor stand. Die Zwischenräume füllt man mit den Kügelchen auf und stellt den Kulturtopf dann in ein passendes Mantelgefäß. Zum Abschluss brauchen Sie nur noch die neue Nährlösung hinzuzugeben.

> ## TIPP
>
> ### ANZUCHT MIT STECKLINGEN
>
> Pflanzen von Erd- auf Hydrokultur umzustellen ist zwar möglich, gelingt aber nur selten, da man die Wurzeln komplett von allen Erdresten befreien muss. Man kann aber Stecklinge der Pflanzen (→ Seite 52/53) in Hydrokultur anziehen. Sie werden nach dem Schneiden ca. 5 cm tief in kleine Kulturtöpfe mit feinem Blähton eingesetzt. In das Mantelgefäß kommt bis zur Wurzelbildung nur klares Wasser. Dann stellt man den Kulturtopf mit den bewurzelten Stecklingen in einen größeren Kulturtopf mit gröberem Blähton und füllt mit schwacher Düngerlösung auf.

Basics für gesundes Wachstum

Basics für gesundes Wachstum

• • • Wer wünscht sich nicht, dass seine Pflanzen üppig blühen und gedeihen. Das ist gar nicht so schwer! Mit ein paar grundlegenden Pflegemaßnahmen entwickeln Sie schon bald einen grünen Daumen, und in Ihrem Zimmergarten kehren paradiesische Zustände ein.

Wer lange Freude an seinen grünen Pfleglingen haben möchte, sollte ihre Vorlieben und Ansprüche kennen: Das ist das A und O. Grundvoraussetzung für das optimale Gedeihen ist auf jeden Fall der richtige Standort mit den passenden Lichtverhältnissen. Darüber hinaus brauchen die Pflanzen Wasser und Nährstoffe, und hin und wieder kann auch der Griff zu Messer und Schere nicht schaden.

Pflege ist gut ...

Im Handel stehen dem Zimmergärtner eine Vielzahl unterschiedlicher Gerätschaften und Werkzeuge zur Verfügung: Spezialmesser, unterschiedliche Pflanzenscheren, Gießkannen, Sprühflaschen, Stützstäbe und dergleichen mehr – die Auswahl ist groß (→ Seite 31). Achten Sie beim Kauf unbedingt auf gute Qualität, vor allem bei Schneidwerkzeugen. Klingen sollten aus nicht rostendem, gehärtetem Stahl und auf jeden Fall gut geschärft sein. Stumpfes Werkzeug ist tabu, es quetscht die Pflanzen und verletzt sie.
Beim Arbeiten an und mit Pflanzen ist absolute Sauberkeit sehr wichtig. Werkzeug muss immer gründlich gereinigt werden, am besten mit Essigwasser. Wenn Sie mit kranken Gewächsen hantieren, ist es wichtig, alle benutzten Werkzeuge mit einem entsprechenden Mittel zu desinfizieren, sonst übertragen Sie die Erreger womöglich auch auf gesunde Exemplare. Auch die Hände sollten Sie sich anschließend gründlich waschen. Gießkannen und Sprühflaschen werden ebenfalls gelegentlich mit einer Essiglösung ausgewaschen, um Kalkablagerungen zu entfernen.

... Kontrolle ist besser

Pflanzen sind Lebewesen und wie Haustiere auf unsere Fürsorge angewiesen. Da sie ja nicht sprechen können, müssen sie ihre Bedürfnisse anders zum Ausdruck bringen. Behagt ihnen etwas nicht, zeigen sie es durch Veränderungen im Wuchs, an den Blättern oder dem Ausbleiben der Blüte. Damit Sie solche Zeichen erkennen und gleich richtig darauf reagieren können, sollten Sie die Gewächse immer aufmerksam beobachten. Wer sich mit ihnen auseinandersetzt, bekommt sehr bald ein Gespür dafür, wann es Zeit zum Gießen ist, ob Nährstoffe fehlen oder Veränderungen auf Krankheiten und Schädlinge hindeuten. Aber nicht nur die Pflanzen selbst, auch das Substrat sollte immer wieder überprüft werden. Erde verdichtet sich mit der Zeit, was wiederum zu Sauerstoffmangel an den Wurzeln führt. Deshalb empfiehlt es sich, regelmäßig die Oberfläche mit einem Holzstäbchen oder einer Gabel aufzulockern. Natürlich sollte man dabei die feinen Pflanzenwurzeln nicht verletzen. Das vorsichtige Aufbrechen der Oberfläche bewirkt zudem, dass das Substrat Feuchtigkeit länger speichern kann.

• • • Unterm Glassturz entsteht ein Klima mit hoher Luftfeuchtigkeit. Hier fühlen sich Pflanzen aus tropischen Regenwäldern wie Orchideen, aber auch Sukkulenten besonders wohl.

• • • Eine Sprühflasche gehört zur Grundausstattung jedes Zimmergärtners; sie sollte in regelmäßigen Abständen mit Essigwasser gereinigt werden.

> *Praxis*

Gießen & einsprühen

• • • Wasser ist die Grundlage sämtlichen Lebens auf unserem Planeten. Es spielt beispielsweise eine sehr wichtige Rolle bei der Photosynthese der grünen Pflanzen. Deshalb ist die angemessene Versorgung mit dem kostbaren Nass von großer Bedeutung.

PFLANZEN BRAUCHEN Wasser für sämtliche Stoffwechselvorgänge. Sie nehmen es mit den darin gelösten Nährstoffen hauptsächlich über die Wurzeln aus dem Boden auf. Von dort wird es in Leitungsbahnen bis in die Blätter transportiert, wo es durch die Blattporen wieder verdunstet. Dieser Kreislauf hält den Pflanzenkörper aufrecht, denn die Zellen sind prall gefüllt mit Wasser. Wird dieser sogenannte Transpirationsstrom jedoch unterbrochen, etwa weil mehr Wasser verdunstet, als die Wurzeln aus der Erde nachliefern können, erschlaffen die Zellen, und die Pflanze welkt. Bis zu einem gewissen Grad können sich die Gewächse davon wieder erholen. Erst wenn ein bestimmter Punkt überschritten ist, gibt es keine Rettung mehr.

Die Wasserqualität

Regenwasser, das den Pflanzen in freier Natur zur Verfügung steht, ist relativ kalkarm. Dagegen weist Leitungswasser oft mehr Kalk auf, als den Pflanzen bekommt. Auskunft über die von Region zu Region wechselnde Wasserhärte gibt das zuständige Wasserwerk oder die Gemeindeverwaltung. Sie wird in deutschen Härtegraden (°dH) gemessen:
➤ weich: weniger als 8,4 °dH
➤ mittel: 8,4–14 °dH
➤ hart: mehr als 14 °dH
Die meisten Zimmerpflanzen tolerieren Werte bis zu 14 °dH. Nur kalkempfindliche Arten, etwa Azaleen, Gardenien und einige andere, brauchen weiches Wasser.

Zu hartes Wasser sollte entkalkt werden, da zu viel Kalk die Nährstoffaufnahme beeinträchtigt. Folgende Methoden gibt es:
➤ Kleine Mengen kann man abkochen. Der Kalk setzt sich dabei am Topfboden ab.
➤ Filterkartuschen mit Ionenaustauschern sind einfach zu handhaben. Es gibt auch Gießkannen mit solchen Kartuschen.
➤ Das Wasser aus dem Wasserhahn mit destilliertem (entsalztem) Wasser mischen, je nach Wasserhärte im Verhältnis 1:1 bis 2:1.
Mit dem Kalkgehalt nicht zu verwechseln ist der pH-Wert oder Säuregrad. Er wird auf einer Skala von 0–14 angegeben und zeigt an, wie sauer oder basisch eine Substanz ist. Wasser liegt normalerweise im neutralen Bereich um 7, darüber ist es basisch (alkalisch), darunter sauer. Die meisten Pflanzen bevorzugen einen pH-Wert zwischen neutral und schwach sauer.

Wechselnder Wasserbedarf

Wie schon erwähnt sind die Pflanzen an die Verhältnisse an ihrem Naturstandort angepasst (→ Seite 12/13). Alle Faktoren eines Standortes hängen eng zusammen und bedingen einander. Im Zimmer kann man sich dies zunutze machen, denn damit lässt sich in gewisser Weise steuern, wie oft man seine Schützlinge gießen muss. Generell gilt:
➤ Bei hohen Temperaturen öfter gießen.
➤ Der Wasserbedarf steigt bei starker Sonneneinstrahlung, das gilt auch im Winter.
➤ Je niedriger die Bodentemperatur ist, desto weniger Wasser nehmen die Wurzeln auf.

> *Praxisinfo*

VORSORGEN IM URLAUB

✗ Verschließen Sie eine mit Wasser gefüllte Flasche mit einem längs durchbohrten Korken, und stecken Sie sie kopfüber ins Substrat.

✗ Stecken Sie das eine Ende eines Dochts in die Erde, und führen Sie das andere straff zu einem erhöhten Wasserbehälter.

✗ Stellen Sie Tontöpfe in eine Wanne, die Sie mit nassem Tongranulat gefüllt haben.

✗ Automatische Bewässerungssysteme sind in unterschiedlichen Ausführungen im Handel erhältlich.

➤ Feinkörniges Substrat speichert Wasser besser als grobes Material.
Auch die Wachstumsphase spielt eine Rolle. Viele Zimmerpflanzen befinden sich im Winter in einer Ruhephase, in der seltener gegossen wird. In der Blüte- und Hauptvegetationszeit brauchen sie meist mehr Wasser.

Wann und wie

Beim Gießen braucht man Fingerspitzengefühl und Aufmerksamkeit. Exakte Angaben über den optimalen Zeitpunkt sind schwer zu machen. Natürlich sollte man nicht warten, bis die Pflanzen schlappmachen. Folgende Anhaltspunkte helfen weiter:
➤ Fingerprobe: Einen Finger etwa 2 cm tief in die Erde stecken; nur wenn das Substrat völlig trocken ist, wird gegossen.
➤ Löst sich das Substrat vom Topfrand, sollte man dringend gießen.
➤ Trockene Erde ist meist heller als feuchte.
➤ Klingt der Tontopf hell und hohl, wenn man dagegen klopft, wird gegossen.
Da das Wasser in der Regel über die Wurzeln aufgenommen wird, befeuchtet man das Substrat. Generell ist es besser, seltener und dafür durchdringend zu wässern, als oft und immer nur in kleinen Dosen. Überschüssige Flüssigkeit im Untersetzer schütten Sie am besten weg, denn die Wurzeln nehmen sonst Schaden, wenn Staunässe entsteht.
Die meisten Pflanzen gießt man von oben auf das Substrat, wobei man darauf achten sollte, das Wasser ringsum gleichmäßig zu verteilen. Es gibt jedoch Arten, die keine Feuchtigkeit auf ihren oberirdischen Organen vertragen, z. B. Alpenveilchen oder Bubiköpfchen. Bei ihnen gibt man das Wasser in den Untersetzer. Bei einigen Bromelien bilden die Blätter Trichter, Zisternen genannt, in denen sich das Wasser sammelt. Gießen Sie diese Arten nur über den Blatttrichter. Verschiedene Epiphyten, z. B. Orchideen oder Tillandsien, nehmen die Feuchtigkeit über Luftwurzeln bzw. über ihre Blätter auf. Man übersprüht sie deshalb mit einer Blumendusche. Werden Orchideen und andere Epiphyten (Aufsitzerpflanzen) nicht in Körben, sondern in speziellem Substrat im Topf gezogen, empfiehlt es sich, den ganzen Topf in ein Wasserbad zu tauchen. Die Erde kann sich so gut vollsaugen.

Einnebeln 1
Sprühen Sie Pflanzen mit weichen Blättern regelmäßig ein, um die Luftfeuchtigkeit zu erhöhen.

Von unten gießen 2
Gewächse mit empfindlichen Blättern oder Knollen wässern Sie von unten über den Untersatz.

Substrat gießen 3
Die meisten Pflanzen gießen Sie von oben. Das Wasser sickert dann in das Substrat ein.

Tauchen 4
Ist das Substrat stark ausgetrocknet, kann man auch den ganzen Topf in einen Eimer Wasser tauchen.

BASICS FÜR GESUNDES WACHSTUM

➤ *Praxis*

Mit Nährstoffen versorgen

• • • Nährstoffe sind für Pflanzen zum Leben unabdingbar.
Sie entziehen sie dem Boden und nehmen sie über die Wurzeln auf.
In Gefäßkultur sind sie nur bedingt verfügbar, daher sind
die Gewächse auf eine regelmäßige Düngung angewiesen.

PFLANZEN BRAUCHEN einen bunt gemixten Nährstoffcocktail zum Wachsen und Gedeihen. Die Hauptnährstoffe Stickstoff, Phosphor und Kalium benötigen sie in größeren Mengen. Andere Nährstoffe wie Eisen oder Mangan sind nur in kleinen Dosen erforderlich, sie werden als Spurenelemente bezeichnet. Die Nährelemente müssen in einem ausgewogenen Verhältnis zur Verfügung stehen. Fehlt ein Nährstoff oder ist ein anderer im Überschuss vorhanden, kann dies Wachstumsstörungen hervorrufen. Während in freier Natur die Vorräte immer wieder durch Verrottung abgestorbener Pflanzenteile aufgefüllt werden, sind sie bei Topfpflanzen rasch erschöpft. Das Substrat kann immer nur eine geringe Menge speichern, die von den Pflanzen beim Wachsen bald aufgezehrt ist. Nachschub erhalten die Gewächse durch Düngung.

Die richtige Menge

Jede Pflanzenart hat andere Ansprüche. Während manche hungrig sind und viele Nährelemente verlangen, begnügen sich andere mit geringen Vorräten. Wie viel Dünger eine Pflanze braucht, hängt auch vom Entwicklungszustand ab. Hier ein paar Faustregeln:
➤ Lieber zu wenig als zu viel düngen.
➤ Düngen Sie während der Wachstumszeit zwischen April und August alle zwei Wochen.
➤ Versorgen Sie stark wachsende Pflanzen einmal wöchentlich mit Dünger.
➤ Langsam wachsende Pflanzen werden nur einmal pro Monat gedüngt.
➤ In den Wintermonaten sollten Sie nicht düngen, nur Pflanzen, die im Winter blühen.

Düngerarten und -formen

Düngemittel werden nach ihrer Wirkungsdauer in zwei Gruppen eingeteilt.
➤ Bei den kurzzeitig wirkenden **Mineraldüngern** können die Nährstoffe sofort von den Pflanzen aufgenommen werden, sind aber auch bald verbraucht. Mit solchen Düngern lassen sich Defizite rasch ausgleichen, allerdings müssen sie häufig in regelmäßigen Abständen zugeführt werden. Hierzu gehören etwa die meisten Flüssigdünger.
➤ Bei **Langzeitdüngern** werden die Nährstoffe erst allmählich für die Pflanzen verfügbar, dafür jedoch über einen längeren Zeitraum. Ihr Vorteil liegt darin, dass nur selten gedüngt werden muss. Sie werden meist als Granulat verabreicht, das dem Substrat untergemischt wird oder als leicht zu handhabende Düngestäbchen oder Drops, die man einfach in die Erde drückt. Teilweise darin enthaltene Mikroorganismen beleben zudem das Substrat.

Was muss ein Dünger leisten?

Das Gros der Zimmerpflanzen ist mit einem universellen Volldünger gut versorgt. Darin sind sämtliche Nährstoffe in einem ausgewogenen Verhältnis enthalten, die Pflanzen zum Wachsen brauchen. Neben den Hauptnährstoffen Stickstoff (N), Phosphat (P) und Kalium (K) sollten sie auch Spurenelemente enthalten. Umweltschonende Dünger werden aus

> **TIPP**
>
> **ERSTE HILFE BEI ÜBERDÜNGUNG**
>
> Passiert es doch einmal, dass die Pflanzen zu viel Dünger erhalten haben, wird das Substrat gründlich mit klarem Wasser durchgespült, um die überschüssigen Nährstoffe herauszuwaschen. Sie können die Pflanzen aber auch austopfen, die überdüngte Erde so weit wie möglich entfernen und sie dann in frisches Substrat wieder einsetzen.

Mit Nährstoffen versorgen

Düngen auf Vorrat **1**
Feste Langzeitdünger, beispielsweise Düngedrops, werden einfach in die Erde gedrückt.

Flüssig düngen **2**
Flüssigdünger wird dem Gießwasser beigegeben. Dabei auf die genaue Dosierung achten!

Dünger einarbeiten **3**
Düngergranulat streut man auf die Substratoberfläche und harkt es vorsichtig unter.

nachwachsenden pflanzlichen Rohstoffen aufbereitet. Das breit gefächerte Angebot kann auch spezielle Bedürfnisse abdecken:
➤ Blüh- oder Blütenpflanzendünger erfüllen speziell die Ansprüche blühender Pflanzen.
➤ Organische Grünpflanzendünger unterstützen vorzugsweise das Blattwachstum.
➤ Palmen-, Azaleen-, Orchideen- oder Kakteendünger sind optimal auf die Ansprüche dieser Gewächse zugeschnitten, z. B. sind Orchideendünger besonders salzarm und Kakteendünger sehr kalireich.

Richtig dosieren und düngen

Flüssige Düngemittel sind konzentrierte Nährstofflösungen, d. h. sie werden zur Anwendung entsprechend verdünnt. Befolgen Sie genau die Vorschriften des Herstellers; mischen Sie die Düngerlösung lieber zu schwach als zu stark an. Halten Sie sich an die bewährte Regel, besser häufiger sparsam dosiert zu düngen als selten in hoher Konzentration. Besondere Vorsicht ist bei salzempfindlichen Pflanzen geboten. Die Wurzeln von Orchideen, Farnen, Bromelien und einigen anderen vertragen keine hohen Nährstoffkonzentrationen. Man düngt sie nur mit der Hälfte der sonst üblichen Dosierung oder verwendet einen Spezialdünger (s.o.), der von vornherein niedriger konzentriert ist. Damit die Nährstoffe ausschließlich positiv wirken, sollten Sie beim Düngen einige Ratschläge beherzigen:
➤ Verabreicht wird grundsätzlich nur in das Substrat. Allein spezielle Blattdünger werden direkt auf die Blätter aufgebracht.
➤ Versehentlich auf das Blatt gelangte Spritzer spült man sofort mit viel klarem Wasser ab.
➤ Die Erde sollte feucht sein, also gießen Sie Ihre Pflanzen vorher leicht an.

Düngestopp bei Krankheiten

Manchmal schadet eine Düngung mehr, als sie hilft. Pflanzen in frischem Substrat erhalten z. B. erst drei bis vier Monate nach dem Umtopfen die erste Düngergabe. Bis dahin zehren sie von den im frischen Substrat vorhandenen Vorräten. Auch kranke Pflanzen werden nicht gedüngt. Erst wenn sie wieder gesund sind, steigern Sie die Düngergaben allmählich auf das gewohnte Niveau. Ungedüngt bleiben auch Keimlinge, da sonst ihre empfindlichen Würzelchen verbrennen.

➤ *Praxisinfo*

DIE VERSCHIEDENEN DÜNGERARTEN

✗ **Anorganisch mineralische Dünger** (Kunstdünger) haben rasch verfügbare Nährstoffe, die aber schnell verbraucht sind. Es besteht Gefahr des Überdüngens.

✗ **Organische Dünger** tierischen oder pflanzlichen Ursprungs (Kompost, Guano, Algenextrakt) müssen erst zersetzt werden, damit sie aufgenommen werden können. Hier besteht kaum Gefahr des Überdüngens.

✗ **Organisch-mineralische Dünger** sind eine Mischform aus schnell verfügbaren mineralischen und sich langsam zersetzenden organischen Substanzen.

BASICS FÜR GESUNDES WACHSTUM

> *Praxis*

Formen & pflegen

... Will man seinen Gewächsen zu besonderer Schönheit und guter Form verhelfen, ist ein regelmäßiges Wellnessprogramm angemessen. Mit glänzenden Blättern und reichem Blütenflor zeigen die Pflanzen, wie gut ihnen die Zuwendung bekommt.

Entstauben 1
Große Blätter sollten gelegentlich mit einem feuchten Tuch abgewischt werden.

Aufbinden 2
Triebe werden mit Bast oder Schnur in Form einer liegenden Acht festgebunden.

MIT ETWAS FINGERSPITZENGEFÜHL werden Pflanzen zu Prachtexemplaren. Ausputzen, Schneiden, Formerziehung und Blattpflege sind Maßnahmen, die Sie regelmäßig durchführen sollten – nicht nur aus optischen Gründen. Dadurch, dass man sich im wahrsten Sinne des Wortes näher mit seinen Pflanzen beschäftigt, werden Schädlinge, Krankheiten oder auch Pflegefehler schneller erkannt und verhindert.

Ausputzen und Stutzen

Blühende Pflanzen sollten Sie regelmäßig ausputzen, also verwelkte Blüten entfernen – das fördert den Ansatz neuer Blüten. Zudem verhindert es die Fruchtbildung, was die Pflanzen nur unnötig viel Kraft kosten und damit den Blütenreichtum schmälern würde. Vergilbte, welke Blätter oder verletzte Triebe entfernen Sie am besten gleich mit. Das ist schon deshalb nötig, weil sich hier gerne Schadpilze ansiedeln. Je nach Stärke der Stängel benutzt man dazu die Finger oder eine Schere. Werden Pflanzen zu ausladend, können Sie die Triebe im Frühjahr vor dem Austrieb oder im Spätsommer nach der Blüte ringsum stutzen. Bei Jungpflanzen, die sich kräftig verzweigen sollen, kappen Sie in der Hauptwachstumszeit immer wieder die Triebspitzen – das fördert einen buschigen Wuchs.

Unabhängig davon, ob Sie stutzen oder kappen, sollten Sie darauf achten, den Schnitt über einem Auge oder einer Seitenknospe zu setzen. Generell wird dabei ca. 5 mm über dem Auge schräg nach unten geschnitten. Allerdings führen diese Maßnahmen nur bei Pflanzen zum Erfolg, die sich von Natur aus verzweigen. Palmen und Arten wie Fingeraralie, Dieffenbachie oder Katzenschwanz werden auch mit radikalem Schnitt nicht buschig.

In Form bringen

In Form gezogene Pflanzen werden immer beliebter. Es gibt die unterschiedlichsten Varianten, von geometrischen Formen bis hin zu figürlichen Darstellungen. Damit die Gewächse lange ihre Form behalten, müssen Sie sie regelmäßig stutzen und alle herauswachsenden Triebe wegschneiden. Kletterpflanzen und verschiedene hochwachsende Arten benötigen in der Regel eine Rankhilfe. Ob man dafür einzelne Stäbe, Spaliere oder bereits vorgefertigte Formen benutzt, ist reine Geschmackssache. So leiten Sie die Pflanze auf:
➤ Stecken Sie die Kletterhilfe behutsam in den Topf.
➤ Schlingen Sie die einzelnen Triebe vorsichtig um die Rankhilfe herum.
➤ Fixieren Sie die Triebe vorsichtig mit Bast oder Schnur, und zwar in Form einer liegenden Acht.

Formen & pflegen

➤ *Praxisinfo*

INFOS RUND UM DIE BLÜTE

- ✗ Einjährige Pflanzen blühen meist schon nach wenigen Wochen.
- ✗ Manche langsam wachsende Arten blühen erst nach vielen Jahren.
- ✗ Manche Pflanzen, z. B. Klivien, brauchen eine Kältephase, sonst blühen sie nicht.
- ✗ Andere, etwa Kamelien, blühen nur nach einer Wärmephase.
- ✗ Sämlinge blühen später als Stecklinge.
- ✗ Steckt man aus Kindeln gezogene Bromelien mit Äpfeln in eine durchsichtige Tüte, fördert dies die Blüte.

Ausputzen **3**
Regelmäßiges Entfernen von Abgeblühtem fördert die Neubildung von Blüten.

➤ Nachwachsende Triebe werden ebenfalls um die Rankhilfe herumgeschlungen oder festgebunden.

➤ Pflanzen mit Luftwurzeln, z. B. Philodendren oder auch Efeututen, können Sie gut an Moosstäben aufleiten. Die Triebe stecken Sie dabei mit den dazugehörigen Klammern fest.

Der beste Zeitpunkt

Normalerweise werden Schnittmaßnahmen zu Beginn der Vegetationszeit, im zeitigen Frühjahr, durchgeführt. Nur Arten, die schon sehr früh im Jahr blühen, schneiden Sie erst nach der Blüte zurück. Generell nimmt man zuerst alte, schwache, abgestorbene sowie ungünstig über Kreuz wachsende Triebe an der Basis heraus. Dann werden die verbliebenen Zweige je nach Pflanzenart, Wuchs und Stärke des Triebes um etwa ein Drittel, manchmal auch bis zwei Drittel zurückgenommen, und zwar am besten kurz über einem nach außen weisenden Auge.

Wellness für die Blätter

In freier Natur übernimmt der Regen die Reinigung der Blätter, im Zimmer müssen Sie etwas nachhelfen. Staub und andere Verunreinigungen setzen sich auf der Oberfläche ab, behindern dadurch die Photosynthese und können sogar die Poren verstopfen. Deshalb sollten Sie die Pflanzen ab und an unter die Dusche stellen und mit lauwarmem Wasser abwaschen. Decken Sie das Substrat vorher mit einer Plastikfolie ab. Ist dies nicht möglich, kann man die Blätter auch mit einem feuchten, weichen Tuch abwischen.

Sommerfrische

Arten, die keine übermäßigen Ansprüche an die Temperatur stellen, können den Sommer draußen verbringen. Sie wachsen dann meist kräftiger und werden widerstandsfähiger. Allerdings sollten Sie beachten, dass viele Sukkulenten keinen Regen vertragen und deshalb einen entsprechenden Schutz brauchen. Auch einige epiphytische Orchideen und Tillandsien fühlen sich im Freien wohl. In Lattenkörbchen gezogen oder an Rindenstücke gebunden, hängt man sie am besten in einen Baum.
Werden die Pflanzen im Frühjahr nach draußen gebracht, dürfen sie keinesfalls sofort in die pralle Sonne gestellt werden, da sie sonst sehr leicht Sonnenbrand bekommen. Gewöhnen Sie sie langsam an die Verhältnisse draußen. Erst wenn auch nachts keine Temperaturen unter dem Gefrierpunkt zu erwarten sind, lässt man sie gänzlich im Freien. Umgekehrt räumen Sie die Gewächse im Herbst wieder ins Haus, wenn sich das Thermometer nachts der Nullgradmarke nähert.

Einkürzen **4**
Verkahlte Exemplare von *Dracaena* und *Yucca* sägt man ab, das regt den Neuaustrieb an.

Abbürsten **5**
Mit einem Pinsel kann man gut samtige Blätter wie vom Usambaraveilchen abstauben.

BASICS FÜR GESUNDES WACHSTUM

> *Praxis*

Erfolgreich vermehren

Pflanzen besitzen eine erstaunliche Fähigkeit zur Regeneration. Dies lässt sich nutzen, um zusätzliche Exemplare zu gewinnen. Ob sie besser aus Samen gezogen werden oder als Steckling Wurzeln schlagen, hängt ganz von der jeweiligen Art ab.

GENERELL GIBT ES zwei verschiedene Arten der Vermehrung. Die geschlechtliche erfolgt über Samen, so ziehen Sie „echte Kinder" heran. Diese Sprösslinge vereinen immer die Merkmale beider Elternteile in sich. Bei der ungeschlechtlichen oder vegetativen Vermehrung entsteht der Nachwuchs aus einzelnen Pflanzenteilen, z. B. Triebspitzen, Kindeln oder Blättern, und gleicht der Mutterpflanze aufs Haar.

Vegetative Vermehrung

Es gibt zahlreiche Pflanzen, die sich problemlos ohne Samen vermehren lassen. Wenn Sie die von Art zu Art unterschiedlichen Prinzipien erst einmal kennen, können Sie ganz leicht selber neue Pflänzchen heranziehen.

Aus eins mach zwei

Mehrtriebige Gewächse wie Schusterpalme oder Zypergras können ganz einfach geteilt werden. Zum Ende der Ruhezeit, gewöhnlich im zeitigen Frühjahr, werden die Pflanzen ausgetopft und ihre Wurzelballen in zwei oder mehrere Stücke zertrennt, eventuell mithilfe eines Messers. Jedes Teilstück muss über gesunde Wurzeln und mindestens einen kräftigen Trieb oder eine vitale Knospe verfügen. Die so geteilten Pflanzen werden dann in frisches Substrat gesetzt – fertig.

Kindel und Brutpflänzchen

Bei manchen Pflanzen entstehen neben dem Haupttrieb ganz von selbst vollständige Jungpflanzen, die sogenannten Kindel. Damit sie sich rasch zu kräftigen Exemplaren weiterentwickeln, trennt man sie im Frühjahr oder Sommer von der Mutterpflanze ab und setzt sie separat in neue Gefäße.
Auch aus Brutpflänzchen lassen sich schnell neue Zimmerpflanzen gewinnen. Die etwa bei Grünlilie, Hängendem Steinbrech oder Kalanchoe an Triebspitzen, in Blattachseln oder an Blatträndern gebildeten Sprösslinge werden abgeschnitten und eingetopft.

Stecklinge schneiden

Viele Pflanzen lassen sich über Stecklinge vermehren, also über Pflanzenteile wie Triebspitzen oder Blätter, die in Substrat gesteckt werden. Die beste Zeit dafür ist im Frühjahr und Frühsommer.
➤ Für Kopfstecklinge schneiden Sie eine 5–10 cm lange gesunde, weiche Triebspitze ab. Der Schnitt wird schräg und knapp unterhalb einer Blattansatzstelle geführt. Entfernen Sie die unteren Blätter. Bei Gewächsen mit fleischigen Stämmen schneidet man den Stamm in 10 cm lange Abschnitte – neben den Stammstücken kann auch der Schopf wieder bewurzelt werden.
➤ Um aus Blattstecklingen neue Pflanzen zu ziehen, schneiden Sie ein

Blattstecklinge
1
Beim Gummibaum werden die geschnittenen Blätter eingerollt und mit Gummiband fixiert.

Kindel
2
Man nimmt bereits fertige Jungpflänzchen ab, in Substrat eingesetzt schlagen sie Wurzeln.

Erfolgreich vermehren

komplettes Blatt mit dem Stiel ab. Bei Begonien, Sansevierien und anderen gelingt diese Art der Vermehrung sogar aus Blättern, die man zuvor in mehrere Stücke zerschnitten hat.

Kopf- und Blattstecklinge kommen einzeln oder zu mehreren in Töpfe mit spezieller Aussaaterde. Bei einigen Arten können die Stecklinge wie Schnittblumen in ein Glas mit Wasser gestellt werden, wo sie bald Wurzeln schlagen und dann erst eingetopft werden. Um die Wurzelbildung zu beschleunigen, sollten die Stecklinge stets warm und luftfeucht aufgestellt werden. Dabei leistet eine durchsichtige Kunststoffhaube, die einfach übergestülpt wird, gute Dienste. Man kann die frisch geschnittenen Stecklinge vorher auch in ein Bewurzelungshormon tauchen, das die Wurzelbildung fördert.

Richtig abmoosen

Gummibaum, Efeuaralie und andere Großpflanzen können Sie im Frühjahr abmoosen. Diese Vermehrungsmethode dient in erster Linie dazu, aus einer übergroßen Pflanze zwei kleinere zu gewinnen. Der Stamm wird schräg von oben nach unten bis ca. zur Hälfte eingeschnitten und in den Schnitt ein Hölzchen geklemmt. Dann wird die Schnittstelle mit einer Tüte aus schwarzer Plastikfolie umhüllt, die mit feuchtem Moos ausgestopft wird. Nach erfolgter Wurzelbildung kann der obere Pflanzenteil dann abgetrennt und eingepflanzt werden. Aus dem verbleibenden Stammrest schlagen in der Regel erneut Blätter aus.

So gelingt die Aussaat

Die Nachzucht von Zimmerpflanzen aus Samen ist eine spannende Angelegenheit. Immer wieder begeistert das Phänomen, wie aus einem unscheinbaren Samenkorn eine stattliche Pflanze heranwächst. In feuchtwarmer Erde beginnen manche Samen bereits nach wenigen Tagen zu keimen, für andere muss man mehrere Monate Geduld aufbringen. Bei sorgfältiger Pflege werden daraus kräftige Pflanzen.

Bei der Anzucht aus Samen verhalten sich nicht alle Pflanzen gleich. Auf den Samentüten finden Sie wichtige Informationen über die optimalen Bedingungen, die zur Keimung nötig sind. Samen von Lichtkeimern dürfen nicht mit Substrat abgedeckt werden, solche von Dunkelkeimern gehören dagegen unter die Erde (Faustregel: nicht tiefer, als die Samen hoch sind). Halten Sie sich an die auf den Samentüten empfohlenen Zeiträume und Temperaturen. Größere Samen säen Sie am besten einzeln in Torfquelltöpfe, kleinere streuen sie dünn in Saatschalen mit Aussaaterde. Sehr wichtig ist, das Substrat gleichmäßig leicht feucht zu halten, es darf weder austrocknen noch vernässen. Sobald die Keimlinge etwa fingergroß sind, werden sie vorsichtig mithilfe eines Stabs vereinzelt (pikiert) und dann in größere Gefäße mit spezieller Vermehrungserde umgesetzt.

> ### Praxisinfo
>
> **STECKLINGE ZIEHEN**
>
> **Zeitbedarf:**
> - fürs Vorbereiten der Stecklinge 5–10 Minuten
> - fürs Vorbereiten der Gefäße 5–10 Minuten
> - Stecken und Erstversorgung 10–15 Minuten
>
> **Material:**
> - Bindematerial
> - Pflanzgefäße
> - Plastikhauben
> - Stützstäbe
> - Vermehrungssubstrat
>
> **Werkzeug, Zubehör:**
> - Gießkanne voll Wasser
> - Holzstab zum Vorbohren
> - scharfes Messer

Stecklinge schneiden 1

Für Efeu-Stecklinge schneidet man zuerst die weiche Triebspitze mit etwa fünf Blättern ab.

Stecklinge einsetzen 2

Man entfernt die unteren Blätter und steckt den Trieb in das vorgebohrte Pflanzloch.

Stecklinge feucht halten 3

Das feuchtwarme Klima unter einer klaren Plastikfolie fördert die Wurzelbildung.

BASICS FÜR GESUNDES WACHSTUM

> *Praxis*

Zimmerpflanzen gesund halten

••• Üppig grünende und blühende Gewächse wünscht sich jeder Blumenfreund. Mit regelmäßiger Kontrolle, guter Vorbeugung und gezielten Maßnahmen steht einer gesunden Pflanzenpracht nichts im Wege.

BEI GUTER PFLEGE und geeignetem Standort haben Zimmerpflanzen genügend Abwehrkräfte, um Pilzen, Läusen & Co. das Leben schwer zu machen. Sollten Sie dennoch krankhafte Veränderungen an der Pflanze bemerken, gilt es, angemessen zu reagieren.

Zuerst die Diagnose

Schauen Sie dem Feind ins Auge! Nur wenn Sie das Schadbild zweifelsfrei erkennen, können Sie entsprechend handeln (→ Praxisinfo und Diagnosetafeln ab Seite 56). Die häufigsten Ursachen sind:

➤ **Pflegefehler**: Falsche Wasserversorgung, zu viel oder zu wenig Dünger, trockene Heizungsluft, zu hohe Temperaturen oder Lichtmangel führen zu krankhaften Reaktionen wie Blattflecken, Welke, Blütenabwurf oder Wachstumshemmung. Meist reicht schon ein anderer Platz oder bessere Pflege, um die Ursachen zu beheben.

Abwaschen — 1
Vielen tierischen Schädlingen kann man schon mit einer gründlichen Dusche zu Leibe rücken.

Abfangen — 2
Gelbtafeln, die in die Töpfe gesteckt werden, fangen Schädlinge wie die Weiße Fliege ab.

Zimmerpflanzen gesund halten

▶ **Schädlinge**: Ein Befall mit saugenden oder beißenden Insekten wie etwa Blattläusen oder Spinnmilben (→ Seite 58/59), zeigt sich in Deformationen, Flecken, Fraßspuren, Kümmerwuchs oder klebrigem Belag. Er wird oft durch eine falsche Standortwahl gefördert. Manche Pflanzen sind auch schon vor dem Kauf geschädigt (→ Seite 34/35).

▶ **Krankheiten**: Pilze, Bakterien und Viren können Pflanzen ebenfalls schädigen. Der Befall mit sogenannten Schwächeparasiten wird auch hier häufig durch Pflegefehler ausgelöst (→ Praxisinfo und Seite 60/61).

Maßvolle Bekämpfung

Kontrollieren Sie die Pflanzen regelmäßig und ergreifen Sie bei Bedarf sofort Gegenmaßnahmen. Je länger Sie warten, desto schwieriger wird die Bekämpfung. Giftige chemische Spritzmittel sollten tabu sein, vor allem in Haushalten mit Kindern und Haustieren.

Alternative Methoden

Greifen Sie nicht gleich zum Gift! Oft reicht bei Schädlingen einfaches Abstreifen oder Abduschen. Wenn nur einzelne Blätter oder Triebe befallen sind, kann man sie abknipsen.

Auch folgende Methoden haben sich bewährt:
▶ Selbst zubereitete Tees, z. B. aus Schachtelhalm und Rainfarn, können Wunder wirken – auch vorbeugend. Für 1 Liter brauchen Sie ca. 100 g frisches oder 10 g getrocknetes Kraut. Dieses wird mit kochendem Wasser überbrüht. Dann lässt man den Tee 10 Minuten ziehen, abkühlen und besprüht die Pflanze.
▶ Geben Sie 10 Tropfen Teebaum- oder Lavendelöl (aus dem Reformhaus oder Bioladen) auf 1 Liter lauwarmes Wasser in eine Sprühflasche, schütteln Sie kräftig, und sprühen Sie die befallenen Stellen ein. Vorbeugend sollten Sie einmal pro Woche, bei Befall alle 2–3 Tage sprühen, auch blattunterseits.
▶ Nützlinge, z. B. Raubmilben, Marienkäfer oder Schlupfwespen, sind in der Regel Insektenarten, die sich von Schädlingen ernähren. Man kann sie im Handel kaufen und wie in der Anleitung beschrieben einsetzen.
▶ Gelb- und Blautafeln (aus dem Fachhandel) hängt man zwischen die Pflanzen und fängt die Schädlinge damit ab. Sie werden von der Farbe angelockt und bleiben an der klebrigen Substanz auf den Tafeln hängen.
▶ Im Notfall helfen biologische Spritzmittel (z. B. auf Rapsölbasis), die in der Regel ungiftiger sind als chemische Substanzen.

▶ *Praxisinfo*

DIAGNOSEHILFE

✗ Überprüfen Sie auf tierische Schädlinge. Viele sitzen gerne an Triebspitzen, jungen Blättern und Knospen. Sehen Sie auch in den Blattachseln und auf der Blattunterseite nach.

✗ Pilzerkrankungen erkennt man beispielsweise an Belägen, watteartigen Überzügen, partiellem Welken oder auch an Blattflecken und Pusteln.

✗ Sind Schädlinge und Krankheitserreger als Ursache ausgeschlossen, kann es sich nur um einen Pflegefehler handeln.

Nützlinge einsetzen 3
Bei einem Schädlingsbefall helfen Nützlinge wie Raubmilben, die man im Fachhandel bestellen kann.

Spritzmittel verwenden 4
Zu Spritzmitteln sollten Sie nur greifen, wenn nichts anderes hilft. Achten Sie auf die biologische Verträglichkeit.

BASICS FÜR GESUNDES WACHSTUM

Lichtmangel

▸ **Schadbild:** Blätter vergilben, werden abgeworfen, das Gewebe verweichlicht, es kann auch zu gesteigertem Längenwachstum von Trieben und Blättern kommen (Vergeilen)
▸ **Ursache:** generell zu dunkler Stand, aber auch kurzzeitiger Lichtmangel, beispielsweise im Winter
▸ **Abhilfe:** Standort dem Lichtanspruch der Pflanzen entsprechend aussuchen, gegebenenfalls für geeignete Zusatzbeleuchtung sorgen

Trockene Luft

▸ **Schadbild:** Blätter werden an den Spitzen und Rändern braun, rollen sich ein, trocknen zum Teil ganz ein, vor allem junge Blätter und Blütenknospen werden abgeworfen oder entwickeln sich nicht richtig
▸ **Ursache:** zu geringe Luftfeuchtigkeit, vor allem bei Pflanzen aus tropischen Regenwäldern
▸ **Abhilfe:** für höhere Luftfeuchtigkeit sorgen, häufig besprühen, vor allem im Winter bei warmem Stand

Sonnenbrand

▸ **Schadbild:** gelblich-bräunliche, später auch weißlich-silbrige, oft scharf begrenzte Blattflecken, auch rötliche Verfärbung der Blätter
▸ **Ursache:** zu geringe Luftfeuchtigkeit, vor allem bei Pflanzen aus tropischen Regenwäldern
▸ **Abhilfe:** Pflanzen langsam, stundenweise an den sonnigen Platz gewöhnen, notfalls in der Mittagshitze ausreichend schattieren; stark geschädigte Blätter entfernen

Hitzeschaden

▸ **Schadbild:** eintrocknende Blattspitzen und -ränder, schlaffer Gesamteindruck der Pflanze, Blätter welken, Blüten werden frühzeitig abgeworfen
▸ **Ursache:** gestaute Hitze, meist in Kombination mit Lufttrockenheit oder mangelndem Gießen, häufig zu beobachten im Winter, wenn die Pflanzen über der Heizung stehen
▸ **Abhilfe:** viel Lüften, im Winter Pflanze möglichst nicht über die Heizung stellen, häufig sprühen

Kälteschaden

▸ **Schadbild:** verschieden; Blätter vergilben, werden rötlich, bekommen Flecken, fallen ab, Triebe kippen um
▸ **Ursache:** zu niedrige Temperaturen, besonders im Winter; kalte Zugluft und Bodenkälte können zu Wurzelfäulnis führen
▸ **Abhilfe:** im Winter nicht direkt auf kalten Stein stellen, Zugluft vermeiden; befallene Teile wegschneiden, gegebenenfalls austopfen und kranke Wurzeln wegschneiden

Zu feuchte Luft

▸ **Schadbild:** Korkflecken, helle, warzige Wucherungen oder blasig aufgetriebene, schwammig erscheinende Flächen auf Blättern
▸ **Ursache:** über längere Zeit zu hohe Luftfeuchtigkeit, beispielsweise im Badezimmer, direktes Besprühen bei dafür empfindlichen Pflanzen
▸ **Abhilfe:** an einen trockeneren Platz stellen bzw. geeignete Pflanzen für luftfeuchte Plätze wählen; für indirekte Luftfeuchtigkeit sorgen

Pflegefehler

Wassermangel

➤ **Schadbild:** Blätter und Triebspitzen hängen schlaff herab, die Blüten welken viel zu schnell, das Laub wird braun und vertrocknet
➤ **Ursache:** zu wenig Wasser; bis zu einem gewissen Grenzwert erholen sich die Pflanzen wieder
➤ **Abhilfe:** gründlich wässern; ist das Substrat schon stark verkrustet, den ganzen Topf in einen Eimer mit lauwarmem Wasser tauchen, bis keine Bläschen mehr aufsteigen

Übergießen

➤ **Schadbild:** trotz feuchter Erde werden die Blätter heller, sie hängen schlaff herab, vertrocknen an den Trieben und zeigen Kümmerwuchs; das Substrat riecht modrig
➤ **Ursache:** Staunässe, dadurch faulen die Wurzeln
➤ **Abhilfe:** Pflanzen austopfen, matschige, bräunliche Wurzeln wegschneiden, in frisches Substrat setzen und weniger gießen; für Dränage und guten Abzug im Topf sorgen

Nährstoffmangel

➤ **Schadbild:** Blätter werden gelb, während die Blattadern meist grün bleiben (Chlorose), das Wachstum stockt, Blüten werden abgeworfen
➤ **Ursache:** mangelhaftes Düngen, Fehlen von Spurenelementen, bei kalkempfindlichen Pflanzen Eisenmangel (Eisenchlorose)
➤ **Abhilfe:** mit Flüssigdünger und Spurenelementdünger schrittweise versorgen; bei Eisenchlorose speziellen Eisendünger geben

Überdüngung

➤ **Schadbild:** übermäßig starkes Blattwachstum; ungewöhnliche, dunkelgrüne Blattfärbung, Blätter vertrocknen, manche werden weich und schwammig
➤ **Ursache:** ständig zu hohe Düngegaben oder Gießen mit stark konzentriertem Flüssigdünger in zu trockenes Substrat, dadurch „verbrennen" die empfindlichen Wurzeln
➤ **Abhilfe:** Topf mehrmals in Eimer mit Wasser tauchen und so das Substrat gut durchspülen

Schäden an Topf und Substrat

➤ **Schadbild:** weiße Ausblühungen an Tontöpfen, schleimig grüner Algenbelag auf Topf oder Substrat, weißer, wattiger Pilzrasen auf der Erde
➤ **Ursache:** weißer Belag auf Töpfen durch Ablagerungen von Salzen aus der Blumenerde, Algen- und Pilzbildung durch dauerhaft feuchtes und evtl. qualitativ schlechtes Substrat
➤ **Abhilfe:** Substrat austauschen, tro-ckener halten; Tontöpfe mit einer Essiglösung abbürsten

Kalkflecken

➤ **Schadbild:** weiße, unregelmäßig geformte Ablagerungen auf den Blättern, Blüten und Trieben
➤ **Ursache:** Sprühen mit kalkhaltigem Wasser, der Kalk setzt sich beim Trocknen ab, verkrustet und kann so die Photosynthese beeinträchtigen
➤ **Abhilfe:** Pflanzen mit entkalktem Wasser abduschen bzw. die Blätter mit einem feuchten, weichen Tuch abwischen, zum Sprühen möglichst weiches Wasser benutzen

BASICS FÜR GESUNDES WACHSTUM

Älchen (Nematoden)

> **Schadbild:** kleine Würmer, die verschiedene Pflanzenteile befallen: Wurzelälchen saugen an Wurzeln (v. a. Sukkulenten), führen zu Wucherungen und Missbildung an Wurzeln, Pflanzen gehen ein; durch Stängelälchen Verkrüppelungen an Trieben; Blattälchen verursachen an Blättern dunkle Flecken
> **Ursache:** oft eingeschleppt durch befallene Pflanzen und Subtrat
> **Abhilfe:** keine Hilfe möglich, Pflanzen und Töpfe wegwerfen

Blattläuse

> **Schadbild:** Kolonien von Läusen in Grün, Gelb, Braun oder Schwarz befallen vorwiegend weiche, junge Pflanzenteile an Triebspitzen und neuen Blättern; Blattdeformationen; klebriger Belag auf den Blättern von den Ausscheidungen; Überträger von Virosen
> **Ursache:** zu warmer Stand
> **Abhilfe:** gründlich abduschen, vorbeugend und bei Befall mit Lavendel- oder Teebaumöllösung sprühen, Florfliegen oder Marienkäfer einsetzen

Minierfliegen

> **Schadbild:** helle, gewundene oder linienartige Streifen auf Blättern, das sind die Fraßgänge der winzigen Fliegenlarven; bei starkem Befall kommt es zu Gelb- und Braunfärbung
> **Ursache:** kommen meist durch das offene Fenster herein oder befallen Pflanzen, während sie im Sommer draußen stehen
> **Abhilfe:** Befallene Blätter absammeln und vernichten; Gelbtafeln und Gelbsticker aufhängen

Schildläuse

> **Schadbild:** Tiere und Eier sitzen unter einem braunen, panzerartigen Deckel, vorwiegend an Blattrippen und Stängeln, meist von hartlaubigen, verholzenden Arten; deformierte Blätter und klebriger Belag
> **Ursache:** warmer, trockener Stand
> **Abhilfe:** Tiere mit Teebaumöl betupfen und abkratzen, anschließend noch mit Lösung aus Teebaumöl besprühen; alternativ ölhaltige biologische Mittel wie Weißöl verwenden

Spinnmilben (Rote Spinne)

> **Schadbild:** blattoberseits kleine helle Punkte, unterseits feines Gespinst, in dem rötliche Milben an den Zellen saugen; Blätter vertrocknen, Knospen fallen ab
> **Ursache:** zu trockene, warme Luft
> **Abhilfe:** Die Luftfeuchtigkeit erhöhen, Pflanze abduschen, mit Lösung aus Teebaumöl sprühen; Raubmilben einsetzen; in hartnäckigen Fällen Neempräparate oder andere biologische Mittel verwenden

Springschwänze

> **Schadbild:** kleine, weiße Tiere im und auf dem Substrat, springen bei Berührung hoch; leben vorwiegend von abgestorbenen Pflanzenteilen; können bei Hydrokulturpflanzen auch an den Wurzeln fressen
> **Ursache:** zu feuchtes Substrat
> **Abhilfe:** Pflanzen trockener halten; Hydrokulturpflanzen austopfen, Wurzeln gründlich abspülen und in das gründlich gereinigte Gefäß mit frischem Blähton setzen

Schädlinge

Thripse (Blasenfüße)

➤ **Schadbild:** blattunterseits und an Blüten saugen gelbliche oder dunkle, häufig quer gestreifte, geflügelte Tiere; silbrige, oft streifige Sprenkel an den Blättern, verformte Pflanzenteile; es kommt zu Wuchshemmung
➤ **Ursache:** zu trockener, warmer Stand
➤ **Abhilfe:** die Luftfeuchtigkeit erhöhen, abduschen, vorbeugend Lavendelöllösung sprühen, Blautafeln aufhängen sowie Nützlinge wie Florfliegen oder Raubmilben einsetzen

Trauermücken

➤ **Schadbild:** kleine, schwarze Fliegen und ihre glasigen wurmähnlichen Larven leben im Substrat; sie ernähren sich vorwiegend von toten Pflanzenteilen, fressen nur selten Faserwurzeln; die wimmelnden Larven und schwirrenden Fliegen richten kaum Schaden an, sondern sind nur lästig
➤ **Ursache:** zu feuchtes Substrat
➤ **Abhilfe:** Pflanzen trockener halten, Gelbtafeln aufhängen, Substrat mit feiner Kiesschicht abdecken

Weichhautmilben

➤ **Schadbild:** winzige, durchsichtige Tiere, nur in der Vergrößerung mit der Lupe sichtbar; sitzen vor allem in Blattachseln; grüne oder braune Flecken auf Blättern, kräuseln sich ein, es kommt zum Wachstumsstopp
➤ **Ursache:** zu hohe Luftfeuchtigkeit
➤ **Abhilfe:** mit biologischen, ölhaltigen Spritzmitteln wie Weißöl behandeln, dies ist jedoch sehr schwierig und nur selten erfolgreich; am besten ist es, die Pflanze wegzuwerfen

Weiße Fliege

➤ **Schadbild:** weiße, geflügelte Tiere, die bei Berührung auffliegen, auf der Blattunterseite sitzen kleine, helle Larven; saugen an den Zellen; Blätter vergilben, welken und vertrocknen, mit klebrigem Belag aus den Ausscheidungen der Tiere; vor allem weichblättrige Arten sind gefährdet
➤ **Ursache:** trockene, warme Luft
➤ **Abhilfe:** abbrausen, Luftfeuchtigkeit erhöhen, Gelbtafeln aufhängen oder Schlupfwespen einsetzen

Woll- oder Schmierläuse

➤ **Schadbild:** Läuse und Eier sind umgeben von watteartigen, weißlichen Wachsausscheidungen; saugen meist in Blattachseln oder am Triebansatz; es zeigen sich Missbildungen an den Blättern und Stängeln
➤ **Ursache:** trockene Luft, Nährstoffmangel
➤ **Abhilfe:** die betroffenen Stellen mit Teebaumöl betupfen und Lösung aus Teebaumöl aufsprühen; Australische Marienkäfer einsetzen

Wurzelläuse

➤ **Schadbild:** ähnlich wie Wollläuse, die Tiere saugen jedoch an den Wurzeln, vor allem bei Sukkulenten; Pflanzen kümmern trotz guter Pflege und gehen schließlich ein
➤ **Ursache:** trockenes Substrat, hauptsächlich in der Ruhepause
➤ **Abhilfe:** beim Umtopfen Wurzeln kontrollieren; erkennt man den Befall frühzeitig, mehrfach in etwa einwöchigen Abständen die ganze Pflanze in Rainfarntee baden

BASICS FÜR GESUNDES WACHSTUM

Bakteriosen

› **Schadbild:** verschieden, z. B. bei Pelargonienwelke welken untere Blätter, Blattstiele werden schwarz, aus ihnen quillt schleimige Masse; bei Ölfleckenkrankheit der Pelargonien zeigen sich runde, ölige Flecken auf der Blattunterseite; beim Oleanderkrebs braune Blattflecken, später krebsartige Wucherungen an Trieben
› **Ursache:** Bakterien dringen über Verletzungen ein
› **Abhilfe:** keine Hilfe möglich

Blattflecken

› **Schadbild:** runde Flecken, oft mit ringförmig verschiedener Färbung, häufig mit einem gelblichen Hof umgeben; sie vergrößern sich allmählich und können sich mitunter über das gesamte Blatt ausbreiten
› **Ursache:** verschiedene Pilze, deren Erreger durch Luftzug oder Wassertröpfchen bei unsachgemäßem Gießen verbreitet werden
› **Abhilfe:** Blätter beim Gießen nicht benetzen; befallene Teile entfernen

Echter Mehltau

› **Schadbild:** auf der Blattoberseite weißer, mehliger Belag, der sich abwischen lässt; bei starkem Befall auch auf der Unterseite und an den Knospen der Pflanze; Pilzkrankheit
› **Ursache:** zu trockener, warmer Stand
› **Abhilfe:** Luftfeuchtigkeit erhöhen; krankes Laub entfernen; mit Schachtelhalmtee sprühen; bei sehr starkem Befall biologische Mittel auf Lecithinbasis verwenden

Falscher Mehltau

› **Schadbild:** blattunterseits bildet sich ein weißlicher Belag, den man nicht abwischen kann; bei stärkerem Befall entwickeln sich auch braune bis gelbliche Flecken auf der Blattoberseite; Pilzkrankheit
› **Ursache:** feuchter, kühler Stand
› **Abhilfe:** trockener und wärmer stellen; die befallenen Teile großzügig entfernen, Schachtelhalm- oder Rainfarntee spritzen, bei starkem Befall Pflanze wegwerfen

Grauschimmel (Botrytis)

› **Schadbild:** braune, faulige Flecken und ein mausgrauer, stäubender Pilzbelag auf Blättern, Blüten und Stängel; bei Kakteen breiten sich Erreger im Körper aus und verwandeln ihn in eine breiige Masse
› **Ursache:** geschwächte Pflanzen, zu luftfeuchter Stand
› **Abhilfe:** befallene Teile entfernen, für optimale Wachstumsbedingungen und bessere Pflege sorgen; Pflanzen mit Schachtelhalmtee besprühen

Rost

› **Schadbild:** auf der Blattoberseite bilden sich gelbe bis orangefarbene Flecken, auf der Unterseite entwickeln sich gelblich bis rötliche, stäubende Pusteln; Pilzkrankheit
› **Ursache:** feuchtwarmer Stand
› **Abhilfe:** die befallenen Blätter sorgfältig absammeln und vernichten; zur Stärkung und Verhinderung einer weiteren Ausbreitung Pflanzen regelmäßig vorbeugend mit Schachtelhalmtee oder Rainfarntee besprühen

Krankheiten

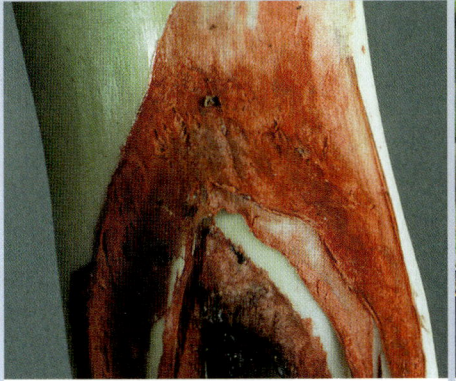

Roter Brenner

➤ **Schadbild:** an Blätter, Trieben und Zwiebeln erscheinen rote, strichartige oder fleckige Verfärbungen und Risse, der Wuchs ist deformiert; betroffen sind ausschließlich Amaryllisgewächse
➤ **Ursache:** wird gelegentlich beim Kauf eingeschleppt
➤ **Abhilfe:** leicht befallene Stellen sollte man sofort herausschneiden und die Schnittfläche mit Holzkohlepulver bestreuen; bei stärkerem Befall die Pflanze am besten ganz wegwerfen

Rußtau

➤ **Schadbild:** schwärzlicher Pilzbelag auf den Blättern; Erreger dringen nicht in Pflanze ein, sondern befinden sich nur an der Oberfläche und schädigen die Pflanze nicht direkt, sie verringern aber den Lichteinfall auf die Blätter und somit die Photosynthese
➤ **Ursache:** Pilze siedeln sich auf Honigtau, den klebrigen Ausscheidungen von Blattläusen, an
➤ **Abhilfe:** Honigtau und Belag mit einem feuchten Tuch abwischen

Stängelfäule

➤ **Schadbild:** braune, schwärzlich, oft eingesunkene, faulige Stellen an den Trieben; pilzliche Erreger breiten sich in den Stängeln aus
➤ **Ursache:** zu nasser, luftfeuchter und meist schlecht belüfteter Stand, häufig auch wenn die Pflanzen zu eng beieinander stehen
➤ **Abhilfe:** vorbeugend für bessere Standortbedingungen sorgen; Bekämpfung kaum möglich, befallene Pflanzen wegwerfen

Virosen

➤ **Schadbild:** verschiedene Viren verursachen vorwiegend mosaikartige, meist gelbliche Flecken auf den Blättern, sie kräuseln sich und rollen sich ein, der Wuchs ist gehemmt
➤ **Ursache:** Erreger werden häufig durch Blattläuse oder Milben oder infiziertes Werkzeug übertragen
➤ **Abhilfe:** keine Bekämpfung möglich; vorbeugend Überträger bekämpfen und auf ausreichende Hygiene bei Pflegemaßnahmen achten

Welkekrankheit

➤ **Schadbild:** zuerst welken einzelne Pflanzenteile, zum Schluss die ganze Pflanze, Blätter vergilben, die Wurzeln sind jedoch gesund; Pilze breiten sich in den Pflanzen aus und verstopfen die Leitungsbahnen
➤ **Ursache:** infizierte Erde
➤ **Abhilfe:** nur keimfreie Erde verwenden; befallene Teile sofort großzügig entfernen; stark geschädigte Pflanzen mitsamt dem Substrat wegwerfen; sonst keine Hilfe möglich

Wurzelfäule

➤ **Schadbild:** matschige, faulige Stellen an Wurzeln, Wurzelhals und dem unteren Stängelteil; die Pflanzen welken; betroffen sind vor allem dickfleischige Wurzeln, Rhizome, Knollen- und Zwiebelpflanzen, aber auch Kakteen
➤ **Ursache:** es handelt sich um Pilzbefall an geschwächten Pflanzen durch nasses Substrat
➤ **Abhilfe:** im Anfangsstadium befallene Teile großzügig wegschneiden; sonst keine Hilfe möglich

Zimmerpflanzen im Porträt

1. Blütenpflanzen   **Seite** *66–103*
2. Grünpflanzen   **Seite** *104–145*
3. Kakteen und Sukkulenten   **Seite** *146–157*

ZIMMERPFLANZEN IM PORTRÄT

Einblick ins Familienleben – Who is who im Zimmergarten

... Im „Dschungel" der Zimmerpflanzen kann man sich leicht verirren. Durch die übersichtliche Beschreibung in den einzelnen Porträts fällt die richtige Auswahl leichter.

DIE SCHIER UNENDLICHE ZAHL an Zimmerpflanzen lässt kaum Wünsche offen. Ob üppiger Blütenschmuck oder ornamentale Blätter – jeder findet seine Lieblingspflanze. Schmökern Sie in den Porträts, und vergleichen Sie Aussehen, Standort- und Pflegeansprüche der Pflanzen mit dem Platz, den Sie ihnen bieten können, dann fällt die Kaufentscheidung leichter.

Pelargonien gibt es in einer unglaublichen Sortenfülle, und ständig werden es mehr.

Überblick schaffen

Zimmerpflanzen kann man übersichtlich in drei große Gruppen einteilen, und zwar in „Blütenpflanzen", „Grünpflanzen" sowie „Kakteen und Sukkulenten". Die große Gruppe der Blütenpflanzen enthält mit Orchideen und Bromelien zwei weitere Unterkapitel. Auch bei den Grünpflanzen bieten sich zwei Unterkapitel an: Palmen, Farne und Gräser. Diese Einteilung erleichtert die Orientierung, wenn Sie z. B. eine Orchidee oder einen Kaktus suchen, aber nicht wissen, welche Arten es gibt.

Der Name macht's

Innerhalb der Gruppen und Unterkapitel sind die Porträts dem Alphabet nach sortiert, und zwar nach dem botanischen Namen. Dies ist deshalb sinnvoll, da jede Pflanze nur eine gültige Bezeichnung besitzt, und das ist die wissenschaftliche. Der botanische Name gilt weltweit und besteht bei jeder Art aus zwei Teilen. Der erste ist der Gattungsname, z. B. *Ficus*, der zweite beschreibt die Art, etwa *elastica*, also *Ficus elastica*, der Gummibaum. Anhand dieser Nomenklatur lässt sich jede Pflanze exakt bezeichnen. Allerdings werden die Untersuchungsmethoden ständig genauer, sodass Botaniker Arten immer wieder umbenennen oder zu anderen Gattungen stellen.

Viele Arten werden züchterisch bearbeitet, um sie z. B. widerstandsfähiger, blühfreudiger oder andersfarbig zu machen. Vereinfacht ausgedrückt unterscheidet man dabei Sorten und Hybriden, je nach Entstehung dieser Züchtungen. **Sorten** schreibt man stets in Hochkommas z. B. 'Robusta'; bei **Hybriden** hängt man meist den Begriff an den Gattungsnamen an, z. B. *Cymbidium*-Hybriden. Zur näheren Beschreibung wird der Name manchmal auch noch erweitert, etwa *Begonia-Rex*-Hybriden. Anders sieht es bei den deutschen Namen aus.

Einblick ins Familienleben

Hier können Pflanzenfreunde aus dem Vollen schöpfen – für jeden Farb- und Formenwunsch findet sich etwas Passendes.

VERWENDETE SYMBOLE

 Die Pflanze will vorwiegend sonnig stehen

 Die Pflanze mag es hell, aber nicht prallsonnig

 Die Pflanze gedeiht am besten im Halbschatten

 Die Pflanze gedeiht noch im Schatten

 Viel gießen (etwa alle 2–3 Tage)

 Mäßig gießen (etwa einmal pro Woche)

 Wenig gießen (verträgt kurze Austrocknung)

 Hohe Luftfeuchtigkeit; häufig sprühen

 Kann Ampeln und Hängekörbe zieren

 Pflanze wird an einer Kletterhilfe gezogen

 Eignet sich gut für die Hydrokultur

 Saisonpflanze; oft nur zur Blütezeit kultiviert

 Intensiver Duft von Blüten und/oder Blättern

 Enthält giftige oder hautreizende Stoffe

Viele Pflanzen sind unter verschiedenen Benennungen bekannt. Gelegentlich tragen auch unterschiedliche Arten denselben oder sehr ähnliche Namen, wie z. B. *Echinopsis*-Arten und *Astrophytum asterias*, die beide als Seeigelkaktus bezeichnet werden. Wer sichergehen will, die richtige Pflanze zu erhalten, sollte also unbedingt den botanischen Namen kennen, denn oft unterscheiden sich die verschiedenen Arten einer Gattung ganz erheblich hinsichtlich ihres Aussehens, ihres Wuchses und ihrer Standort- und Pflegeansprüche.

Aufbau der Pflanzenporträts

Die Porträts sind alle nach demselben Muster aufgebaut. Bei den Grünpflanzen wurde jedoch auf die Rubrik Blüten verzichtet. In der Überschrift finden Sie den gebräuchlichsten deutschen Namen, darunter die botanische Bezeichnung. Wird nur eine bestimmte Art beschrieben, steht dort der Artname, werden verschiedene Arten abgehandelt, der Gattungsname mit Zusatz „-Arten". Gibt es diverse Zuchtformen, folgt der Zusatz „Hybriden".

Darunter stehen Angaben zur Herkunft der Pflanzen. Die Symbolleiste (→ nebenstehende Übersicht) gibt einen Überblick über wichtige Ansprüche und Merkmale der Pflanze.
In den folgenden Rubriken werden die Pflanzen genauer beschrieben:
Andere Namen: weitere übliche Bezeichnungen bzw. Hinweis auf Umbenennungen
Familie: deutscher und botanischer Name
Blüten: Beschreibung von Farbe, Form, Blütezeitpunkt und Fruchtschmuck
Blätter: Form, Farbe und Beschaffenheit
Wuchs: Wuchsform und Wuchseigenschaften
Standort: Angaben zum Licht- und Temperaturbedarf, auch bei Überwinterung
Verwendung: Eignung für bestimmte Standorte oder Gestaltungsvorschläge (für Ampel, Wintergarten, Fensterbank etc.)
Pflegen: Angaben zu Wasserbedarf, Düngen, Sprühen und gegebenenfalls Schnitt
Vermehren: geeignete Vermehrungsmethoden
Hinweis: Angaben zur Giftigkeit, Hautreizung oder Besonderheiten
Verwandte/Sorten: weitere als die im Haupttext beschriebenen Arten bzw. Sorten

Blütenpflanzen

... Ob opulente Blüten oder zarter Flor – blühende Pflanzen sorgen für besondere Blickpunkte und bringen Farbe in die Wohnung. Schöpft man aus dem Vollen des großen Angebots, kann man sich rund ums Jahr an den vielfältigsten Blütenerlebnissen erfreuen.

Lebhafte Farben und prächtige Blütenfülle bringen gute Laune ins Zimmer.

ATTRAKTIVER BLÜTENSCHMUCK, der auch bei Topfkultur im Zimmer zuverlässig erscheint: Das kennzeichnet die als Blütenpflanzen eingestuften Arten, die streng genommen Blütenschmuckpflanzen heißen müssten. Denn botanisch gesehen zählen die meisten Zimmerpflanzen zu den Blütenpflanzen, auch wenn ihr Flor unscheinbar ist oder in Kultur ganz ausbleibt, sodass man sie nur aufgrund ihres Blattschmucks schätzt. Auch in anderer Beziehung nimmt man den Begriff „Blüte" nicht ganz so genau: Bei Weihnachtsstern, Glanzkölbchen und vielen Bromelien beispielsweise sind die eigentlichen Blüten unauffällig; zierend wirken vielmehr die prächtig gefärbten Hochblätter, die die Blüten umgeben.

Rein aus optischen Gründen zählt man zur Blütenschmuckgruppe gemeinhin auch Zimmerpflanzen, die plakative und sehr lange haltende Früchte ausbilden – die sogenannten Fruchtschmuckpflanzen. Oft stehen die dekorativen Früchte bunten Blüten in nichts nach. Für die Freude an schönen Blütenpflanzen sind solche Details natürlich zweitrangig. Bei der Auswahl gilt das Augenmerk vor allem der Blütenfarbe, der Blütezeit und -dauer sowie unbedingt den Standort- und Pflegeansprüchen. Die richtigen Wuchsbedingungen entscheiden häufig auch über die Blühwilligkeit. Eine besonders wichtige Rolle spielen dabei die Lichtverhältnisse. Einige Pflanzen benötigen ausgeprägte Ruhephasen bei kühler, relativ trockener Haltung, damit neue Blüten angesetzt werden. Bedenken Sie beim Auswählen hübsch blühender Arten außerdem, dass längst nicht alle zu den unermüdlichen Dauerblühern gehören.

... Orchideen und Flamingoblumen kommen durch schlichte Farne erst richtig zur Geltung.

Blütenpflanzen

BLÜTENPFLANZEN

Katzenschwanz
Acalypha hispida

Schiefteller
Achimenes-Hybriden

Kängurublume
Anigozanthos-Hybriden

HERKUNFT: weltweit in den Tropen und Subtropen

> *attraktive Ampelpflanze*

Familie: Wolfsmilchgewächse (Euphorbiaceae)
Blüten: rot; flaschenbürstenähnliche, überhängende Blütenstände, bis zu 50 cm lang; Februar – Oktober
Blätter: dunkelgrüne, große Blätter mit gesägtem Rand
Wuchs: buschig, kompakt
Standort: hell, aber nicht vollsonnig, ganzjährig warm und geschützt, auch im Winter nicht unter 16 °C
Verwendung: hübsche Blütenpflanze für helle Fenster
Pflegen: während der Blütezeit gleichmäßig feucht halten und alle 2 Wochen düngen, im Winter seltener; häufig mit lauwarmem, weichem Wasser besprühen, das beugt möglichem Schädlingsbefall vor
Vermehren: durch Kopfstecklinge im Frühjahr bei mindestens 20 °C Bodenwärme und hoher Luftfeuchtigkeit
Hinweis: Sämtliche Arten und Sorten sind in allen Teilen giftig.
Sorten/Verwandte: 'Alba' blüht weiß; *A. hispaniolae* ist zierlicher und hängt noch weiter über.

HERKUNFT: Tropen Mittel- und Südamerikas

> *hübscher Sommerblüher*

Familie: Gesneriengewächse (Gesneriaceae)
Blüten: tellerförmig, asymmetrisch; weiß, gelb, rosa, violett, blau; Juli – September
Blätter: länglich, spitz; frischgrün, teils unterseits rötlich überhaucht
Wuchs: buschig; treibt aus schuppigen, zapfenförmigen Rhizomen
Standort: im Sommer hell und warm, aber keinesfalls vollsonnig
Verwendung: für helle Fenster, überhängende Sorten auch für Ampeln
Pflegen: in der Blütezeit gleichmäßig feucht halten, kein kaltes Wasser! Bis Anfang August alle 2 Wochen düngen; allmählich Gießen einstellen
Überwintern: Rhizome nach dem Absterben der Triebe bei 10 °C trocken in Torfmull legen, ab Januar wieder in frische Erde setzen und gießen
Vermehren: durch Kopfstecklinge bei mindestens 20 °C Bodenwärme oder Rhizomteilung im Frühjahr
Sorten/Verwandte: Es werden fast nur Hybriden angeboten, in der Regel aber ohne Sortenbezeichnung.

HERKUNFT: Trockengebiete in Australien

> *extravagante Schnittblume*

Andere Namen: Australische Schwertlilie, Kängurupfötchen
Familie: Haemodoragewächse (Haemodoraceae)
Blüten: lang gestielt; gelblich, grün oder rosa; kurze Blütenähren ähneln einer behaarten Kängurupfote; Blütezeit Mai – Juni
Blätter: lang, schmal, lanzettlich
Wuchs: aufrechte, buschige Staude; treibt aus kräftigen Rhizomen
Standort: im Sommer hell und warm, auch sonnig, im Winter bei 10–12 °C hell; kann im Sommer ins Freie, sollte möglichst regengeschützt stehen
Verwendung: hohe Sorten und Arten im Kübel, niedrige auf der Fensterbank; hübscher Sommerschmuck für Balkon und Terrasse
Pflegen: im Sommer viel gießen und alle 14 Tage schwach düngen, aber nur mit entkalktem Wasser und kalkfreiem Dünger, z. B. Azaleendünger; als Substrat saure Erde verwenden, die mit etwas Sand vermischt wird
Vermehren: Ältere Pflanzen lassen sich vorsichtig teilen.

Flamingoblume
Anthurium-Hybriden

Glanzkölbchen
Aphelandra squarrosa

HERKUNFT: tropische Regenwälder in Mittel- und Südamerika

▶ *beliebter Vasenschmuck*

Andere Namen: Anthurie, Schleifenblume
Familie: Aronstabgewächse *(Araceae)*
Blüten: leuchtend gefärbtes Hochblatt (Spatha) in Rot, Weiß oder Rosa, auch gefleckt, umgibt einen langen, schlanken Blütenkolben; bei der Kleinen Flamingoblume (*A.-Scherzerianum*-Hybriden) ist der Kolben oft gebogen und orange, die Spatha zierlich und meist matt; der Kolben der Großen Flamingoblume (*A.-Andraeanum*-Hybriden, → Abb.) ist gerade, gelblich bis weiß und von einem wachsartig glänzenden Hochblatt umhüllt, Blütezeit je nach Sorte und Kultur auch ganzjährig
Blätter: lanzettliche Blätter bei der Kleinen Flamingoblume, länglich herzförmige, bis zu 40 cm lange Blätter bei der Großen Flamingoblume; meist dunkelgrün und glänzend
Wuchs: aufrecht, bilden mit der Zeit kurze Stämmchen, Blütenkolben und Blätter sitzen an langen Stielen
Standort: hell bis halbschattig und warm, keine direkte Sonne; die Pflanzen mögen keine kalten Füße, deshalb auf warmen Stand achten; *A.-Scherzerianum*-Hybriden im Winter für etwa 6–8 Wochen bei ca. 15 °C kühler stellen, das fördert die Blütenbildung
Verwendung: hübsche Blütenpflanzen fürs Fensterbrett, Blumenfenster oder das Gewächshaus; die Große Flamingoblume ist auch in Einzelstellung ein attraktiver Blickfang; sehr gut für Hydrokultur geeignet
Pflegen: gleichmäßig feucht halten, aber Staunässe vermeiden, im Winter weniger gießen; braucht hohe Luftfeuchtigkeit, deshalb öfters übersprühen, vor allem während der Heizperiode im Winter, zum Gießen und Sprühen nur weiches, entkalktes Wasser verwenden; während der Wachstumsperiode alle 14 Tage düngen, im Winter nur etwa alle 4 Wochen
Vermehren: durch Kopf- oder Stammstecklinge, die zum Bewurzeln viel Wärme und Feuchtigkeit brauchen; auch Abmoosen ist möglich; ältere Exemplare kann man problemlos teilen; auch Aussaat ist möglich
Hinweis: Bei Berührung besteht die Gefahr von Schleimhautreizungen und entzündlichen Hautveränderungen. Bei zu kühlem und feuchtem Stand kommt es leicht zu Grauschimmelbildung und Wurzelfäule.

HERKUNFT: tropische und subtropische Wälder Mittel- und Südamerikas

▶ *auffällige Blattzeichnung*

Familie: Akanthusgewächse *(Acanthaceae)*
Blüten: gelbe, dachziegelartig angeordnete Hochblätter in 20 cm langen Ähren mit gelben Röhrenblüten; diese halten nur kurz, die Hochblätter hingegen 6–8 Wochen; April – Oktober
Blätter: bis zu 30 cm lang, spitz zulaufend; glänzend dunkelgrün mit auffälligen weißen Blattadern
Wuchs: buschig und kompakt
Standort: hell und warm, im Winter nicht unter 15 °C
Verwendung: attraktive Blütenpflanze für die Fensterbank
Pflegen: gleichmäßig feucht halten, auch im Winter, häufig übersprühen, nur zimmerwarmes, entkalktes Wasser verwenden; alle 14 Tage düngen; im Frühjahr stark zurückschneiden
Vermehren: Kopfstecklinge im warmen, evtl. heizbaren Anzuchtbeet
Sorten/Verwandte: Anspruchsvoller sind *A. tetragona* mit roten Hochblättern und Blüten, bis 1,50 m hoch, und *A. sinclairiana* mit ziegelroten Hochblättern und pinkfarbenen Blüten.

BLÜTENPFLANZEN

Blütenbegonien
Begonia-Elatior-Hybriden

HERKUNFT: Kultivare, Ursprungsarten aus den Tropen Südamerikas

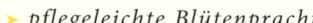

> *pflegeleichte Blütenpracht*

Andere Namen: Schiefblatt
Familie: Begoniengewächse (Begoniaceae)
Blüten: große Vielfalt an Farben und Formen: einfach, gefüllt, rundlich oder sternförmig; werden das ganze Jahr über blühend angeboten
Blätter: asymmetrisch, werden von der Mittelrippe in zwei unterschiedlich große Hälften geteilt
Wuchs: buschig, manche Sorten leicht überhängend
Standort: hell und warm, keine direkte Sonne, Temperatur auch im Winter nicht unter 18 °C
Verwendung: zuverlässiger Dauerblüher für Zimmer und Wintergarten, überhängende Sorten auch in Ampeln
Pflegen: gleichmäßig leicht feucht halten; alle 14 Tage düngen; welke Blüten und abgestorbene Pflanzenteile gleich entfernen, beugt Pilzbefall vor; keine weitere Pflege nötig, die Pflanzen werden nach der Blüte meist weggeworfen, denn die Weiterkultur lohnt sich kaum
Vermehren: über Kopfstecklinge, die im Frühjahr bei ca. 20 °C Bodenwärme schnell wurzeln
Hinweis: Einige Hybriden sind giftig mit hautreizenden Substanzen.
Sorten/Verwandte: Forellenbegonien (*B.-Corallina*-Hybriden) haben rosarote Blüten, einen locker buschigen Wuchs und silbrige Blattflecken; Garnelen-Begonien (*B. radicans*) weisen hellgrünes Laub und korallenrote Blüten auf mit überhängenden Trieben, sie können mehrjährig gezogen und im Frühjahr zurückgeschnitten werden (Blattbegonien → Seite 109).

Browallie
Browallia speciosa

HERKUNFT: Tropen in Südamerika, vorwiegend Kolumbien

▸ *dankbarer Dauerblüher*

Andere Namen: Blauglöckchen
Familie: Nachtschattengewächse *(Solanaceae)*
Blüten: blaue, violette oder weiße Einzelblüten mit hellem Schlund, die ganzjährig in großer Zahl in den Blattachseln erscheinen
Blätter: lanzettlich, dunkelgrün
Wuchs: Halbstrauch, bis 50 cm hoch
Standort: hell bis sonnig und warm, auch im Winter Temperatur nicht unter 15 °C absinken lassen; an Südfenstern im Sommer während der Mittagszeit für Schatten sorgen
Verwendung: hübscher Dauerblüher für sonnige Zimmer
Pflegen: von Frühjahr bis Herbst reichlich gießen, im Winter etwas weniger; im Sommer alle 14 Tage düngen
Vermehren: Aussaat im Frühjahr (Lichtkeimer) bei 20–25 °C oder durch Stecklinge im Sommer
Hinweis: Spezielle Wuchshemmstoffe bewirken eine kompakte Form. Sind diese abgebaut, wird die Pflanze sparrig. Einige neuere Züchtungen bleiben allerdings dichtbuschig.

Brunfelsie
Brunfelsia pauciflora var. *calycina*

HERKUNFT: Tropen in Südamerika, vorwiegend Brasilien

▸ *plakative Blüten*

Familie: Nachtschattengewächse *(Solanaceae)*
Blüten: große, scheibenförmige, violette, stark duftende Blüten; bei der Sorte 'Eximia' wechselt die Farbe mit der Zeit von tiefviolett über helllila bis weiß; Februar – Juni
Blätter: ledrige, längliche, dunkelgrüne Blätter; immergrüner Strauch
Wuchs: etwas sparrig, wird auch durch häufigen Rückschnitt und Entspitzen nicht viel buschiger
Standort: ganzjährig hell und warm stellen, im Winter für ca. 8 Wochen bei 10–14 °C, das fördert die Blüte
Verwendung: Blütenpflanze fürs Zimmer oder den Wintergarten
Pflegen: von Frühjahr bis Herbst leicht feucht halten und alle 14 Tage düngen, im Winter weniger gießen und nicht düngen; häufig sprühen; nur kalkarmes, temperiertes Wasser verwenden; benötigt kalkarmes Substrat
Vermehren: durch Kopfstecklinge bei genug Bodenwärme (ca. 25 °C)
Hinweis: Die Pflanze ist giftig, vor allem die Wurzeln.

Korbmarante
Calathea crocata

HERKUNFT: tropischer Regenwald in Brasilien

▸ *eleganter Wuchs*

Andere Namen: Inkakrone
Familie: Maranten- oder Pfeilwurzgewächse *(Marantaceae)*
Blüten: hoch aufragende safrangelbe, lange haltbare, zapfenförmige Blütenstände; Januar – Februar
Blätter: länglich oval; oben dunkelgrün, unterseits braunrot
Wuchs: horstig; Blätter und Blütenstände getrennt an langen Stielen
Standort: ganzjährig hell bis halbschattig, luftfeucht und warm; im Herbst und Winter kühler um 18 °C; Bodenkälte und Zugluft vermeiden
Verwendung: attraktive Blüten- und Blattschmuckpflanze, am besten im warmen Wintergarten oder einer geschlossenen Blumenvitrine
Pflegen: im Frühjahr und Sommer reichlich mit weichem Wasser gießen; alle 14 Tage düngen; ab Herbst weniger gießen und düngen, dann höchstens 10 Stunden Licht am Tag, sonst keine Blütenbildung (Kurztagspflanze); häufig übersprühen; braucht lockere, grobkörnige Erde
Vermehren: durch Teilung

BLÜTENPFLANZEN

Kamelie
Camellia-Arten und -Hybriden

Glockenblume
Campanula-Arten

HERKUNFT: feuchte Bergwälder in Ostasien

➤ *aparte Frühblüher*

Familie: Teestrauchgewächse (Theaceae)
Blüten: rosa, rot oder weiß; einfach, halb gefüllt oder gefüllt; bei den *C.-Williamsii*-Hybriden (→ Abb.) groß, mit bis zu 12 cm Durchmesser, bei *C.-japonica*-Sorten eher zierlich; je nach Art, Sorte und Standort im zeitigen Frühjahr oder bereits ab Herbst
Blätter: breit eiförmig, dunkelgrün
Wuchs: immergrüner Strauch, buschig, teils auch überhängend oder niederliegend; im Kübel bis 2 m hoch
Standort: hell oder halbschattig, verträgt keine pralle Sonne, eher kühl (nicht über 18 °C) und luftfeucht, im Sommer auch draußen, Herbst-/Winterstandort bis zum Öffnen der Blüten bei 5–8 °C, luftig, aber ohne Zugluft, während der Blüte bei 15–18 °C halten, in der Vollblüte kurzzeitig auch etwas wärmerer Stand möglich
Verwendung: Winter- und Frühjahrsblüher, nach der Blüte hübsche Blattschmuckpflanze; gut im Wintergarten zu halten; für Zimmerkultur gibt es eigens geeignete Sorten im Fachhandel

Pflegen: stets mäßig feucht halten, durch regelmäßiges Übersprühen für die nötige Luftfeuchtigkeit sorgen; nur mit kalkarmem Wasser gießen und sprühen; ab Wachstumsbeginn bis zur Bildung der ersten Knospen (etwa Ende Juli) mäßig düngen mit Blumendünger in halber Konzentration oder mit speziellem Azaleendünger
Vermehren: durch Kopfstecklinge im August bei 20–25 °C Bodenwärme, Bewurzelungshormon verwenden (→ Seite 52/53 und 159)
Hinweis: Pflanze ist nach Erscheinen der Knospen empfindlich, möglichst nicht umstellen, sonst wirft sie ihre Knospen bzw. Blüten ab
Sorten/Verwandte: Verbreitet und bewährt ist die *C.-japonia*-Sorte 'Elegans' mit rosaroten, gefüllten Blüten. Zur selben Art gehören die meist zart duftenden Higo-Kamelien mit ihren flachen, sich weit öffnenden Schalenblüten und dichten gelben Staubblattbüscheln in der Mitte. Neben den häufig angebotenen Abkömmlingen von *C. japonica* und *C.-Williamsii*-Hybriden gibt es eine Reihe weiterer hübscher Arten, darunter *C. sasanqua*, ebenfalls mit zahlreichen Sorten, die sich durch eleganten Wuchs und reiche Blüte schon im Herbst auszeichnen.

HERKUNFT: felsige Regionen in Mittel- und Südeuropa

➤ *attraktive Ampelpflanzen*

Familie: Glockenblumengewächse (Campanulaceae)
Blüten: blau, blauviolett oder weiß; bei Stern-Glockenblume (*C. isophylla*, → Abb.) sternförmig oder dicht gefüllt; *C. fragilis* mit vielen kleineren Glockenblüten, fast ganzjährig
Blätter: klein und gestielt; herzförmig, frischgrün
Wuchs: niederliegend bis hängend; *C. fragilis* in allen Teilen zierlicher
Standort: hell, auch sonnig oder halbschattig; nicht allzu warm, luftig, im Sommer auch draußen; über Winter kühl, bei 5 °C, höchstens 15 °C
Verwendung: hübsche Blüher für kühle, nicht allzu dunkle Räume; *C. fragilis* wird meist nur einjährig kultiviert
Pflegen: im Sommer gleichmäßig feucht halten und wöchentlich düngen; die langen Triebe nach der Blüte stark zurückschneiden; danach bis zum Frühjahr recht trocken halten
Vermehren: in Torf-Sand-Gemisch durch Kopfstecklinge oder Teilung im Frühjahr, Sternglockenblume auch durch Aussaat (Lichtkeimer)

Zierpfeffer
Capsicum annuum

Madagaskar-Immergrün
Catharanthus roseus

Sonnenglocke
Chrysothemis-Arten

HERKUNFT: tropisches Mittel- und Südamerika

HERKUNFT: tropische Regionen in Madagaskar und Indien

HERKUNFT: tropisches Mittel- und Südamerika

▸ *Fruchtschmuck im Herbst*

▸ *hübscher Dauerblüher*

▸ *leuchtende Blütenfarben*

Andere Namen: Spanischer Pfeffer
Familie: Nachtschattengewächse (Solanaceae)
Blüten: weiß, unscheinbar, erscheinen ab Frühsommer; daraus entwickeln sich zum Herbst hin zahlreiche Früchte, je nach Sorte gelb, orange, rot oder violett, ei- oder kegelförmig; Früchte essbar, aber meist sehr scharf
Blätter: lanzettlich, kräftig grün
Wuchs: buschig verzweigt, wird bis zu 40 cm hoch
Standort: hell, auch sonnig; recht kühl, nicht über 20 °C stellen; ab dem Spätherbst nur bei etwa 15 °C, dann halten die Früchte länger
Verwendung: Fruchtschmuckpflanze für helle, kühle Räume; meist als saisonale Herbstzierde angeboten, die nach dem Einschrumpfen der Früchte im Laufe des Winters entfernt wird
Pflegen: gleichmäßig feucht halten, nicht vernässen; wöchentlich düngen
Vermehren: durch Aussaat im Frühjahr bei hohen Keimtemperaturen
Hinweis: Die Blätter und Stängel sind giftig, die Früchte nicht.

Familie: Hundsgiftgewächse (Apocynaceae)
Blüten: tellerförmig; weiß, rosa oder rot mit dunklerem Auge; blüht von März – Oktober
Blätter: länglich, lanzettlich; glänzend dunkelgrün mit heller Mittelrippe
Wuchs: strauchartig, breitwüchsig
Standort: hell, aber nicht in der prallen Mittagssonne; warm und luftfeucht; im Sommer an regengeschütztem Platz auch draußen; Überwinterung bei mindestens 12 °C
Verwendung: Blütenpflanze für helle, warme Räume; wird meist nur einjährig kultiviert, da im 2. Jahr oft nur noch wenig ansehnlich und spärliche Blüte
Pflegen: im Sommer gut feucht, aber nicht zu nass halten, häufig übersprühen; alle 14 Tage düngen; bei Überwinterung Wurzelballen nicht austrocknen lassen, im Frühjahr zurückschneiden und umtopfen
Vermehren: durch Kopfstecklinge im August oder Aussaat im Frühjahr
Hinweis: Die ganze Pflanze gilt als stark giftig.

Familie: Gesneriengewächse (Gesneriaceae)
Blüten: bei *C. pulchella* (→ Abb.) leuchtend gelb mit orangerotem Kelch, bei *C. friedrichsthaliana* orangegelb mit gelbem oder grünem Kelch; blüht im Sommer
Blätter: rau, groß, glänzend dunkelgrün; auffällige, eingekerbte Aderung
Wuchs: aufrechte und buschige Stauden mit Wurzelknollen; Pflanzen ziehen im Herbst ein
Standort: hell, jedoch nicht in direkter Sonne; ganzjährig warm, auch im Winter nicht unter 15 °C
Verwendung: sehr dekorative Blüten- und Blattschmuckpflanze für helle, warme Räume
Pflegen: ab Frühjahr mäßig feucht halten; alle 1–2 Wochen düngen; im Herbst das Gießen allmählich einschränken und nach Absterben der oberirdischen Teile fast trocken halten, erst mit Austriebsbeginn im Frühjahr allmählich wieder mehr gießen
Vermehren: durch Stecklinge oder Teilung der Wurzelknollen

BLÜTENPFLANZEN

BLÜHENDE KLETTER- UND AMPELPFLANZEN

Name	Wuchs, Blüte	Standort, Hinweise
Katzenschwanz *Acalypha hispaniolae*	leicht hängend, zierlich; rote, hängende Stände	hell, ganzjährig warm, luftfeucht; giftig
Katzenschwanz *Acalypha hispida*	buschig; rote, lange, hängende Blütenstände	hell, ganzjährig warm, luftfeucht; giftig
Schamblume *Aeschynanthus*-Arten	hängend; rot, orangerot	hell, warm, luftfeucht, im Winter kühl
Allamande *Allamanda cathartica*	kletternd; gelb	sonnig bis hell, ganzjährig warm; giftig
Garnelen-Begonie *Begonia radicans*	hängend; korallenrot	hell, ganzjährig warm; giftig
Bougainvillee *Bougainvillea*-Arten und -Hybriden	kletternd; violett, rosa, rot, orange oder weiß	sonnig, warm, im Winter kühl
Waterfall-Orchideen *Phalaenopsis* und andere Arten	überhängende Rispen mit sehr großen Blüten	hell, warm, im Winter mäßig warm, luftig
Losbaum *Clerodendrum thomsoniae*	kletternd; scharlachrot, weiße Kelchblätter	hell, warm, luftfeucht, im Winter kühl
Hohlnarbe *Coelogyne*-Arten	Orchideen mit überhängenden, weißen Blüten	hell bis halbschatten, warm, luftfeucht, im Winter kühl
Kolumnee *Columnea*-Arten	kriechend bis hängend; rot, orange, gelb	hell, ganzjährig warm, luftfeucht
Schattenröhre *Episcia*-Arten	mit kriechenden Ausläufern; rot, gelb, blau	hell, ganzjährig warm, luftfeucht
Ruhmeskrone *Gloriosa superba*	kletternd; groß, rot mit gelbem Rand	sonnig, warm, luftfeucht; giftig
Kaskadenblume *Heterocentron* 'Cascade'	überhängend, langtriebig; pinkfarben	sonnig bis halbschatten, warm, im Winter etwas kühler
Wachsblume *Hoya carnosa*	kletternd; weiß oder zartrosa; duftend	hell, warm, im Winter kühl
Jasmin *Jasminum*-Arten	kletternd; weiß, gelb oder rosa; duftend	sonnig, mäßig warm, luftig, im Winter kühl
Hornklee *Lotus*-Arten	niederliegend bis hängend; rot, gelborange	sonnig, warm, im Winter kühl
Chilenischer Jasmin *Mandevilla*-Hybriden	kletternd; pink, rot, weiß, trichterförmig; duftend	sonnig, warm, im Winter kühl; giftig
Kussmäulchen *Nematanthus* 'Glabra'	buschig, leicht überhängend; orangegelb	hell, mäßig warm, im Winter etwas kühler
Passionsblume *Passiflora caerulea*	kletternd; groß, violettweiß-blau;	hell, warm, im Winter kühl; giftig
Kranzschlinge *Stephanotis floribunda*	kletternd; weiß; intensiv duftend	hell, warm, luftig, im Winter kühl

Losbaum
Clerodendrum thomsoniae

HERKUNFT: tropische Regionen in Westafrika und Kamerun

▶ interessante Blüten

Andere Namen: Schicksalspflanze, Liebe in Unschuld
Familie: Eisenkrautgewächse (Verbenaceae)
Blüten: scharlachrot, sternförmig, umgeben von ballonartig aufgeblähten weißen Kelchblättern; Blütezeit April – September
Blätter: groß, eiförmig, dunkelgrün
Wuchs: mit Wuchshemmstoffen kompakt gehaltener Kletterstrauch
Standort: hell, ohne pralle Sonne; warm und luftfeucht; über Winter bei 10–15 °C, bei hoher Luftfeuchtigkeit auch wärmer, keine Heizungsnähe
Verwendung: für helle, warme Räume, ohne Wuchshemmstoffe auch als Kletterpflanze geeignet
Pflegen: mit weichem Wasser gleichmäßig feucht halten; bis zum Herbst alle 1–2 Wochen düngen; öfter übersprühen; im Winter bei kühlem Stand nur bei ganz trockenem Substrat gießen; im Frühjahr zurückschneiden und in frische Erde umtopfen
Vermehren: Kopfstecklinge bei viel Wärme; Jungpflanzen öfter entspitzen

Klivie
Clivia miniata

HERKUNFT: Trockengebiete in Südafrika

> *pflegeleichter Frühjahrsblüher*

Familie: Amaryllisgewächse (Amaryllidaceae)
Blüten: Dolde mit bis zu 20 orangefarbenen oder roten Trichterblüten an langem Schaft; Februar – Mai
Blätter: lang und schwertförmig, dunkelgrün, glänzend
Wuchs: Stamm aus zwiebelähnlich übereinanderliegenden, fleischigen Blattscheiden, dem die bogenförmig überhängenden Blätter entspringen
Standort: hell, nicht in praller Sonne; über Winter bei 8–12 °C
Verwendung: attraktive Blütenpflanze für helle Räume
Pflegen: im Sommer gut feucht halten ohne Staunässe; alle 14 Tage düngen; nach der Blüte Fruchtstände wegschneiden, später absterbende Schäfte entfernen; ab September Gießen allmählich reduzieren und Düngung einstellen; in der Ruhezeit bis Januar unbedingt kühl und fast trocken halten; Blätter gelegentlich abwischen
Vermehren: über Seitensprosse (Kindel) mit mindestens 4 Blättern
Hinweis: In allen Teilen giftig!

Fransenbeutel
Crossandra infundibuliformis

HERKUNFT: in tropischen Wäldern in Asien

> *ausdauernder Blüher*

Andere Namen: Tapirblume
Familie: Akanthusgewächse (Acanthaceae)
Blüten: orangerote, lachsrosa oder gelbe, von unten nach oben aufblühende Ähren; Frühjahr – Spätsommer
Blätter: schmal eiförmig, leicht gewellt, glänzend dunkelgrün
Wuchs: Halbstrauch, bis 40 cm hoch
Standort: sommers halbschattig, im Winter hell, warm und luftfeucht bei mindestens 18 °C
Verwendung: schmucke Blüten- und Blattpflanze für warme Räume
Pflegen: mit temperiertem, kalkarmem Wasser gleichmäßig feucht halten und Blätter (nicht die Blüten) häufig übersprühen, von Februar bis August wöchentlich düngen; nach der Blüte kräftig zurückschneiden; im Winter etwas trockener halten
Vermehren: durch Kopfstecklinge im Frühsommer; Jungpflanzen entspitzen für buschigen Wuchs
Hinweis: Wenn die Wirkung der Wuchshemmstoffe nachlässt, muss man sie häufiger stutzen.

Safranwurz
Curcuma alismatifolia

HERKUNFT: Thailand und andere südostasiatische Länder

> *dekorative Hochblätter*

Andere Namen: Tulip of Thailand, Kurkuma, Gelbwurz
Familie: Ingwergewächse (Zingiberaceae)
Blüten: im Sommer rosa, pinkfarbene oder weiße, dachziegelartig angeordnete Hochblätter, die die eigentlichen unscheinbaren weißen Blüten umschließen
Blätter: straff aufrecht, lang, lanzettlich; dunkelgrün bis grasgrün
Wuchs: Staude mit knolligem Rhizom, dem die steif aufrechten Blätter und kräftigen Blütenschäfte entspringen; bis 50 cm hoch; zieht im Herbst ein
Standort: warm und hell, aber nicht sonnig; im Sommer auch draußen
Verwendung: attraktiver Blickfang für helle und warme Räume
Pflegen: mäßig feucht halten; öfter übersprühen; ab Frühjahr bis zur Blüte alle 14 Tage düngen; wenn die Blätter nach der Blüte anfangen zu welken, allmählich weniger gießen; nach dem Einziehen in der Ruhezeit trocken und dunkel bei 15–18 °C halten
Vermehren: Teilung der Rhizome

BLÜTENPFLANZEN

Alpenveilchen
Cyclamen persicum

Kirschmyrte
Eugenia-Arten

HERKUNFT: Wälder und Gebüsche in Süd- und Südosteuropa, Nordafrika

➤ *beliebter Herbst-/Winterblüher*

Familie: Primelgewächse *(Primulaceae)*
Blüten: zurückgeschlagene, rosa, rote, violette oder weiße, auch zweifarbige Blütenblätter, oft mit zarten Farbverläufen; September – April
Blätter: groß, herzförmig, dunkelgrün mit silbrig weißer Zeichnung
Wuchs: kompakt wachsende Knollenpflanze; bis zu 20 cm lange Blütenstiele, die die Blätter überragen
Standort: ganzjährig hell und kühl, möglichst um 16 °C, im Sommer auch schattig im Freien; bei höheren Temperaturen kurze Lebensdauer; Miniatur-Alpenveilchen vertragen bei genügend Luftfeuchtigkeit mehr Wärme
Verwendung: schmucke Blütenpflanze für luftige und kühle Räume; wird oft ab September als Saisonpflanze angeboten und nach der Blüte meistens weggeworfen
Pflegen: während der Blüte Ballen gut feucht halten, aber nie direkt auf die Knolle gießen, sonst droht Fäulnis; am besten von unten wässern und im Untersetzer verbleibendes Wasser bald auskippen; während der Wachstumszeit alle 14 Tage düngen; alte Blätter und Blütenstiele bis zur Basis mit kräftigem Ruck regelmäßig herausdrehen; beim Umtopfen (alle 2 Jahre) so einsetzen, dass die Knolle die Substratoberfläche etwas überragt
Vermehren: bei 16–20 °C Bodenwärme durch Aussaat (Dunkelkeimer), 4–5 Wochen Keimdauer; ältere Exemplare auch durch Knollenteilung während der Ruhezeit
Hinweis: Alle Pflanzenteile sind giftig, besonders die Knollen, deren Saft Hautreizungen verursachen kann
Sorten/Verwandte: Es gibt zahlreiche und immer wieder neue Züchtungen, die allerdings selten mit Sortennamen gehandelt werden. Grundsätzlich unterscheidet man folgende Gruppen:
➤ mit großen, ganzrandigen Blüten
➤ mit großen, gefransten Blüten
➤ Blüten mit federartigem Kamm (Cristata-Sorten)
➤ gewellte Blüten mit gefranstem Rand (Rokoko-Sorten)
➤ Blüten mit rotem Auge und farbigem Rand (Viktoria-Sorten)
➤ kleinblütig und duftend (Wellensiek-Sorten)
➤ in allen Teilen zierlichere Miniatur- oder Zwergalpenveilchen

HERKUNFT: tropische Wälder in Brasilien

➤ *plakative Früchte*

Andere Namen: Surinamkirsche, Pitanga, Rosenapfel, Pinselkirsche
Familie: Myrtengewächse *(Myrtaceae)*
Blüten: weiß, erscheinen im Frühsommer; aus der Blüte bilden sich kirschähnliche Früchte, bei *E. uniflora*, der Surinamkirsche oder Pitanga, sind sie rot und wohlschmeckend
Blätter: schmal, glänzend dunkelgrün, im Austrieb rötlich
Wuchs: langsamwüchsige immergrüne Bäume oder Sträucher; werden oft als Bonsai angeboten
Standort: sonnig; über Sommer gern im Freien; im Winter bei 15 °C
Verwendung: jung oder als Bonsai für helle Räume, größere als Kübelpflanzen halten, sind auch für den Wintergarten geeignet
Pflegen: im Sommer leicht feucht halten und alle 14 Tage düngen, im Winter wenig gießen; verträgt Schnitt, lässt sich auch als Hochstämmchen ziehen
Vermehren: durch Kopfstecklinge; Jungpflanzen häufig entspitzen
Hinweis: *E. paniculata* (→ Abb.) wird *Syzygium paniculatum* genannt.

Weihnachtsstern
Euphorbia pulcherrima

▸ *prächtige Winterzierde*

Andere Namen: Poinsettie
Familie: Wolfsmilchgewächse (Euphorbiaceae)
Blüten: unscheinbar, umgeben von großen, prächtig gefärbten oder weißen Hochblättern; November – März
Blätter: breit eiförmig, manchmal gelappt bis gezähnt; groß, dunkelgrün
Wuchs: buschig, reicht verzweigt
Standort: hell, bei etwa 18 °C
Verwendung: für helle Räume; meist nur als Saisonpflanze kultiviert
Pflegen: von Mai bis November nur leicht feucht halten, gelegentlich übersprühen und alle 14 Tage düngen; nach der Blüte alle Triebe auf etwa 15 cm einkürzen, dann trocken und kühler bei 12–15 °C halten; bei Austriebsbeginn umtopfen und wieder wärmer stellen. Blüten und Hochblätter werden nur ausgebildet, wenn die Pflanzen im Herbst 2 Monate lang jede Nacht 14 Stunden ununterbrochen völlig dunkel stehen; dazu ab dem frühen Abend Eimer oder Karton überstülpen
Vermehren: durch Kopfstecklinge
Hinweis: In allen Teilen giftig!

Glockenenzian
Eustoma grandiflorum

▸ *große Glockenblüten*

Andere Namen: Tulpen-, Japanrose
Familie: Enziangewächse (Gentianaceae)
Blüten: glocken- bis tief becherförmig; violett, blau, rot, rosa oder weiß; erscheinen einzeln oder in Büscheln; entfalten sich im Juli – August aus schlanken Knospen
Blätter: eiförmig bis länglich, bläulich grün
Wuchs: zweijährig; buschig aufrecht
Standort: möglichst hell, aber nicht vollsonnig; warm
Verwendung: auffällig blühende Saisonpflanze für helle Räume
Pflegen: mäßig feucht halten, Staunässe unbedingt vermeiden; während der Wachstumszeit alle 2–3 Wochen düngen; die Weiterkultur nach der Blüte lohnt sich nicht
Vermehren: durch Aussaat im Juli/August (Lichtkeimer), 22–24 °C Keimtemperatur erforderlich; Sämlinge hell und kühl überwintern, im März je 3 Jungpflanzen in Töpfe mit 12 cm Durchmesser setzen; Jungpflanzen öfter entspitzen für buschigeren Wuchs

Blaues Lieschen
Exacum affine

▸ *romantisches Flair*

Andere Namen: Bitterblatt, Sommerveilchen, Indisches Veilchen
Familie: Enziangewächse (Gentianaceae)
Blüten: zahlreiche kleine, schalenförmige Blüten; blau, violett, rosa oder weiß, mit auffälligen gelben Staubbeuteln; Juli – September
Blätter: klein und eiförmig, glänzend olivgrün
Wuchs: aufrecht, dicht buschig
Standort: hell, mag jedoch keine direkte Sonne; warm und luftig stellen, im Sommer auch im Freien
Verwendung: hübsche Blütenpflanze für helle, luftige Räume; wird meist nur einjährig kultiviert
Pflegen: gleichmäßig feucht halten, kalkarmes Wasser verwenden; während der Blüte alle 2–3 Wochen düngen
Vermehren: über Stecklinge oder durch Aussaat im Februar/März oder im September (Lichtkeimer; 18 °C Keimtemperatur); gesäte Pflanzen über Winter hell und kühl halten; Jungpflanzen öfter entspitzen, das fördert einen buschigen, kompakten Wuchs

HERKUNFT: tropische Regionen Mexikos

HERKUNFT: Grasländer im Süden der USA und in Nordmexiko

HERKUNFT: Insel Sokotra im Indischen Ozean

Blumige Tischdeko

... Kein Zweifel – Zimmerpflanzen können als farbenfroher, lebendiger Tischschmuck mit Vasenblumen problemlos in Konkurrenz treten. Fantasievoll präsentiert werden die Topfgewächse zur Krönung jeder Tafel.

BLÜTEN IM PLISSEEKLEID
Zuglaternen aus hübsch gemustertem Papier werden hier ganz fix zu hübschen Übertöpfen. Funktioniert mit Kussröschen (*Rosa*) wie mit anderen Minipflanzen.

...

UNTER DER HAUBE
Sukkulenten sind höchst dekorativ, wenige Exemplare davon ergeben schon ein Miniatur-Wüstengärtchen. Unter Glasglocken wirken sie besonders edel.

...

GRÜN IN TASSEN
Der Ausdruck Blümchenkaffee bekommt hier eine völlig neue Bedeutung. Aus den Tassen quellen Bubiköpfchen (*Soleirolia soleirolii*)

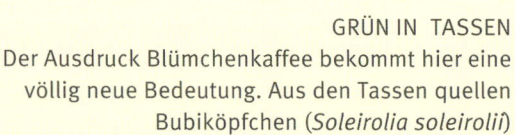

ORCHIDEEN-SHOW
Miniaturformen der Malaienblume (*Phalaenopsis*) zaubern mit porzellanartigen Blüten in pastellfarbener Keramik asiatisches Flair auf den Tisch.

TISCHBEGLEITER
Flammende Käthchen (*Kalanchoe blossfeldiana*) im Moosmantel schmücken auf liebenswerte Weise jeden einzelnen Platz.

BUNTE APPETITMACHER
Flammende Käthchen (*Kalanchoe blossfeldiana*) mit üppig gefüllten Blüten auf eine Tortenplatte stellen, fertig ist die Torte für die Tafel!

BLÜTENPFLANZEN

Gardenie
Gardenia jasminoides

HERKUNFT: tropische Wälder in Ostasien

▸ *edle Knopflochblume*

Andere Namen: im Handel häufig auch als *G. augusta* erhältlich
Familie: Rötegewächse (Rubiaceae)
Blüten: weiß, meist gefüllt, bis 10 cm groß, duftend; Juli – Oktober
Blätter: groß, oval, glänzend dunkelgrün, ledrig
Wuchs: immergrüner Strauch, buschig; im Topf bis etwa 60 cm hoch
Standort: möglichst hell, aber ohne direkte Sonne; über Sommer warm; während der Knospenbildung starke Temperaturschwankungen und zu viel Wärme unbedingt vermeiden; im Winter bei 10–15 °C halten
Verwendung: prächtige Blütenpflanze für helle, warme Räume; Wintergarten
Pflegen: mit enthärtetem, zimmerwarmem Wasser gleichmäßig leicht feucht halten; Einsprühen nur vor der Blüte; alle 14 Tage düngen, kalkarmer Dünger und Topferde (z. B. Rhododendrondünger und -substrat); ab Herbst Düngung einstellen, weniger gießen
Vermehren: durch Kopfstecklinge im Frühjahr oder Herbst bei etwa 25 °C Bodenwärme

Ruhmeskrone
Gloriosa superba

HERKUNFT: tropische Wälder in Asien und Afrika

▸ *exotische Blütenpracht*

Andere Namen: Pracht-, Kletter-, Flammen-, Kronen-, Spinnenlilie
Familie: Herbstzeitlosengewächse (Colchicaceae)
Blüten: lilienähnlich, bis 8 cm groß; anfangs grün, dann scharlachrot mit gelbem Rand; Juni – August
Blätter: lanzettlich, glänzend frischgrün, mit Ranke an der Blattspitze
Wuchs: bis 2 m lange Triebe entspringen einem knolligen Erdstamm
Standort: sonnig; warm, luftfeucht
Verwendung: für sehr helle, warme Räume oder Wintergärten
Pflegen: gleichmäßig gut feucht halten, aber Staunässe vermeiden; häufig übersprühen; wöchentlich düngen; Triebe an Rankhilfe aufleiten; im Herbst Gießen und Düngen einstellen, Knollen im Gefäß bei 15–18 °C und luftfeucht überwintern; im Frühjahr junge Knollen waagerecht in frisches Substrat pflanzen, mit den Triebknospen etwa 3 cm unter der Erdoberfläche
Vermehren: durch Nebenknollen
Hinweis: Alle Pflanzenteile sind stark giftig, besonders die Knolle!

Elefantenohr
Haemanthus albiflos

HERKUNFT: trockene Gebiete in Südafrika

▸ *ungewöhnliche Blüten*

Andere Namen: Pinselblume
Familie: Amaryllisgewächse (Amaryllidaceae)
Blüten: cremeweiß, in pinselartiger Dolde auf kräftigem Schaft, mit herausragenden gelben Staubgefäßen; Sommer – Spätsommer
Blätter: breit riemenförmig, fleischig
Wuchs: immergrüne Zwiebelpflanze; wächst gedrungen mit ungestielten Blättern, über denen sich im Sommer der Blütenschaft erhebt
Standort: sonnig; im Sommer warm; über Winter hell und kühl (um 10 °C)
Verwendung: für helle Räume
Pflegen: gleichmäßig leicht feucht halten, oberste Erdschicht bis zur nächsten Wassergabe abtrocknen lassen, Staunässe unbedingt vermeiden; während der Wachstumszeit wöchentlich schwach dosiert düngen
Vermehren: durch Kindel
Hinweis: Steht die Pflanze über Winter zu warm, bleiben im nächsten Sommer oft die Blütenschäfte stecken. Die Blutblume (*Scadoxus multiflorus*) wurde früher zu *Haemanthus* gezählt.

Hibiskus
Hibiscus rosa-sinensis

Ritterstern
Hippeastrum-Arten und -Hybriden

HERKUNFT: tropische Regionen in Ostasien

▶ *attraktive Blütenpflanze*

Andere Namen: Roseneibisch
Familie: Malvengewächse *(Malvaceae)*
Blüten: groß, trichterartig, mit langer Staubblattröhre; gelb, orange, rot, rosa oder weiß; März – Oktober
Blätter: ei- bis herzförmig, oft mit gezähntem Rand; glänzend dunkelgrün, teils auch buntlaubig
Wuchs: immergrüner Strauch; breit buschig, bis etwa 2 m hoch; kann als Hochstämmchen gezogen werden
Standort: möglichst hell, aber keine pralle Sonne; im Sommer an geschütztem Platz auch draußen; über Winter kühler bei 12–16 °C und hell
Verwendung: dekorative Zimmer- und Kübelpflanze für helle Standorte
Pflegen: in der Wachstumszeit gleichmäßig feucht halten, Staunässe vermeiden; in geheizten Räumen sprühen; bis August wöchentlich düngen; Verwelktes entfernen; sparrig gewordene Exemplare im Frühjahr um die Hälfte zurückschneiden
Vermehren: durch Kopfstecklinge; Jungpflanzen mehrmals entspitzen

HERKUNFT: Tropen und Subtropen Mittel- und Südamerikas

▶ *prunkvoller Frühblüher*

Andere Namen: Der Ritterstern wird oft auch als „Amaryllis" bezeichnet, obwohl er nicht zur gleichnamigen Gattung gehört
Familie: Amaryllisgewächse *(Amaryllidaceae)*
Blüten: trichterförmig, bis 18 cm groß; in vielen Farbschattierungen von Weiß, Rosa, Rot oder Orange, auch mehrfarbig; 3–4 aus der Blüte herausragende, fast waagerecht abstehende Staubgefäße; vom Winter bis ins Frühjahr, je nach Zeitpunkt des Antreibens
Blätter: riemenförmig, bis 50 cm lang
Wuchs: Zwiebelpflanze mit straff aufrecht wachsenden, leicht überhängenden Blättern und 1–3 hohlen Blütenschäften; ab Frühherbst Ruhephase, in der die Blätter allmählich absterben
Standort: in der Blüte und Hauptwachstumszeit hell, über Sommer auch draußen; zum Antreiben im Winter oder Frühjahr sowie während der Knospenentfaltung warm stellen, z. B. über einem Heizkörper; blühende Pflanzen etwas kühler (um 18 °C), dann halten die Blüten länger
Verwendung: farblich belebender Winter- und Frühjahrsblüher für helle und warme Plätze
Pflegen: Zwiebel zwischen November und Februar in recht geräumigen Topf so einsetzen, dass sie knapp zur Hälfte aus dem Substrat herausschaut; bei 22–24 °C antreiben; zunächst ganz wenig gießen, mit Austriebsbeginn allmählich mehr; erst wenn der Blütenschaft handhoch ist, das Substrat ständig gut feucht halten, doch nie direkt auf die Zwiebel gießen; bis zum Erscheinen der Blüten regelmäßig sprühen; nach der Blüte den Schaft unten wegschneiden; bis Mitte August alle 14 Tage gießen und düngen; dann das Gießen allmählich reduzieren und schließlich ganz einstellen; welke Blätter abschneiden; Zwiebel während der herbstlichen Ruhezeit dunkel, kühl und trocken halten
Vermehren: durch Abnehmen und Einpflanzen von Brutzwiebeln, die nach 2–3 Jahren blühfähig sind
Hinweis: Gesamte Pflanze, besonders die Zwiebel, enthält giftige Alkaloide!
Sorten/Verwandte: Meist werden Hybriden im Handel angeboten; Kreuzungen großblumiger Hybriden mit Wildarten bleiben kleiner und wachsen insgesamt zierlicher.

BLÜTENPFLANZEN

Wachsblume
Hoya bella

Hortensie
Hydrangea-Hybriden

Fleißiges Lieschen
Impatiens-Hybriden

HERKUNFT: tropische Wälder in China, Malaysia und Australien

> *vitaler Winder*

Familie: Schwalbenwurzgewächse (*Asclepiadaceae*)
Blüten: sternförmig, weiß oder rosa überhaucht, wachsartig, stark duftend; in Dolden; Mai – September
Blätter: schmal eiförmig, dunkelgrün, fleischig
Wuchs: schlingender Kletterstrauch, dichtlaubig, überhängend
Standort: hell und warm; im Winter nicht unter 15 °C
Verwendung: Raumteiler und Ampelpflanze für helle Räume
Pflegen: gleichmäßig leicht feucht halten, alle 14 Tage düngen; gelegentlich übersprühen; Rankhilfe nötig; ab Herbst Gießen reduzieren, aber Ballen nicht austrocknen lassen; bei Rückschnitt einzelne Triebe herausnehmen, kurze Blütenstiele nach der Blüte für Knospenbildung stehen lassen
Vermehren: Stecklinge im Frühjahr bei 20–25 °C Bodenwärme
Sorten/Verwandte: *H. carnosa* ist opulenter, Sorten mit bunten oder gewellten Blättern; *H. kerrii* hat herzförmige Blätter und cremefarbene Blüten.

HERKUNFT: Bergwälder in Japan und Korea

> *attraktive Blütenteller*

Familie: Hortensiengewächse (*Hydrangeaceae*)
Blüten: je nach Sorte bis zu 20 cm große halbkugelige, ball- oder tellerförmige, doldige Blütenstände in Rosa, Rot, Weiß oder Blau am zweijährigen Holz; Frühjahr – Sommer
Blätter: groß, eiförmig, grob gesägt
Wuchs: Laub abwerfender Strauch; breit buschig, aufrecht
Standort: hell, aber ohne direkte Sonne; kühl (um 16 °C), luftig; im Sommer schattig; auch draußen; über Winter hell oder dunkel bei 2–8 °C
Verwendung: für helle, kühle Räume; als Kübelpflanze
Pflegen: mit kalkarmem Wasser gut feucht halten, auch in den Untersetzer gießen; bis Mitte August wöchentlich mit Rhododendrondünger versorgen; nach dem Blattfall im Herbst Gießen stark einschränken; wenn nötig Rückschnitt im Frühjahr
Vermehren: durch Kopfstecklinge
Hinweis: Blau blühende Hortensien verfärben sich rosa, wenn das Substrat nicht hinreichend sauer ist.

HERKUNFT: Ostafrika, Asien, Neuguinea

> *unermüdlicher Blüher*

Familie: Springkrautgewächse (*Balsaminaceae*)
Blüten: tellerförmig, rot, weiß, rosa, pink, orange, rot oder violett, auch zweifarbig; einfach oder gefüllt; blüht fast ganzjährig
Blätter: elliptisch bis herzförmig; hell- oder dunkelgrün, bei *I.-Neuguinea*-Hybriden oft hübsch gezeichnet
Wuchs: buschig, 30–60 cm hoch
Standort: hell, aber nicht vollsonnig, oder halbschattig; im Sommer an regengeschütztem Platz auch draußen; Überwinterung hell, *I.-Walleriana*-Hybriden bei 10–15 °C, *I.-Neuguinea*-Hybriden bei 15–18 °C
Verwendung: unkomplizierte Blütenpflanze für Zimmer und Balkon; wird oft nur einjährig kultiviert
Pflegen: stets gut feucht halten, Staunässe vermeiden; in der Wachstumszeit alle 14 Tage schwach düngen; in der Ruhezeit zurückhaltend gießen
Vermehren: leicht, durch Aussaat von Januar bis März oder durch Kopfstecklinge; Lichtkeimer
Hinweis: gilt als schwach giftig

Ixore
Ixora-Arten und -Hybriden

▸ *anspruchsvolle Blütenschönheit*

HERKUNFT: tropische Wälder auf dem indischen Subkontinent

Familie: Rötegewächse *(Rubiaceae)*
Blüten: vierstrahlig, zu mehreren in dichten Doldentrauben; bei *I. coccinea* leuchtend rot, bei *I.*-Hybriden (→ Abb.) auch orange, lachsfarben oder gelb; März – Oktober
Blätter: länglich eiförmig, steif, ledrig, glänzend grün
Wuchs: immergrüner Strauch, reich verzweigt; wächst langsam, bis 1 m
Standort: hell, ohne direkte Sonne; ganzjährig warm, bei 18–20 °C Bodenwärme; luftfeucht, am besten auf wassergefülltem Kiesbett, empfindlich gegen plötzlichen Temperaturwechsel
Verwendung: Blumenfenster; warme, luftfeuchte, helle Räume, Wintergärten
Pflegen: regelmäßig mit kalkarmem, temperiertem Wasser gießen und sprühen; alle 14 Tage schwach dosiert düngen; nach dem Knospenansatz nicht bewegen, sonst fallen später die Blüten ab; über Winter etwas trockener halten; Rückschnitt nach der Blüte fördert die Verzweigung
Vermehren: Kopfstecklinge im Frühjahr bei hoher Bodentemperatur

Jasmin
Jasminum-Arten

▸ *betörender Duft*

HERKUNFT: Tropen und Subtropen Afrikas, Asiens und Amerikas

Familie: Ölbaumgewächse *(Oleaceae)*
Blüten: je nach Art weiße, rosa oder gelbe, schmal röhrenförmige, an der Spitze sternartig geöffnete Blüten in endständigen Trugdolden; unterschiedlich stark duftend; Blütezeit je nach Art zu unterschiedlichen Jahreszeiten, unter günstigen Bedingungen Blüte auch ganzjährig möglich
Blätter: eiförmig bis rundlich, oft gefiedert, glänzend grün
Wuchs: links windende Klettersträucher mit langen, drahtigen, dünnen Trieben, immergrün oder Laub abwerfend; recht starkwüchsig
Standort: sonnig und luftig, über Sommer auch draußen an einem geschützten Platz; im Winter hell bei 8–10 °C, *J. sambac* um 15 °C; ein kühler Platz regt die Blütenbildung an
Verwendung: hübsche Kletterpflanze sowohl für Zimmer und Wintergarten als auch für Balkon und Terrasse
Pflegen: mit kalkarmem Wasser gleichmäßig leicht feucht halten und alle 14 Tage düngen; Kletterhilfe erforderlich, Triebe, soweit nötig, daran aufbinden; über Winter weniger gießen, jedoch Wurzelballen nicht austrocknen lassen; kräftiger Rückschnitt im Frühjahr oder gleich nach der Blüte möglich
Vermehren: durch halbverholzte Stecklinge im Frühjahr oder Sommer bei 20–25 °C Bodenwärme
Hinweis: Der intensive Duft wird nicht von jedem als angenehm empfunden und kann Kopfschmerzen verursachen.
Sorten/Verwandte: Häufig findet man im Handel den Echten Jasmin *(J. officinale* → Abb. rechts*)*. Er blüht weiß von Juni bis Oktober in Trugdolden und schlingt an Rundbögen hoch. Im Herbst verliert er seine Blätter. Sein exquisiter Duftstoff wird zur Parfumherstellung verwendet. Der recht kälteverträgliche Primeljasmin *(J. mesnyi)* ist immergrün und blüht gelb ab dem zeitigen Frühjahr. Der ebenfalls immergrüne wärmebedürftige Arabische Jasmin *(J. sambac)* blüht fast ganzjährig mit weißen, später rosa gefärbten Blüten. Seine kantigen Triebe müssen aufgeleitet werden. Die aromatischen Blüten sind Bestandteil des Jasmintees. Der Vielblütige Jasmin *(J. polyanthum* → Abb. links*)* ist immergrün mit weißen, rötlich überhauchten Blüten; er lässt sich durch gärtnerische Kulturmaßnahmen zum Winterblüher machen.

BLÜTENPFLANZEN

Zimmerhopfen, Garnelenpflanze
Justicia brandegeana

HERKUNFT: tropische Wälder in Süd- und Mittelamerika

➤ reizvolle Blüten

Familie: Akanthusgewächse (*Acanthaceae*)
Blüten: weiß, in von auffälligen gelben oder roten Deckblättern gebildeten Blütenähren; fast ganzjährig
Blätter: ca. 6 cm lang; eiförmig, ganzrandig; dunkelgrün
Wuchs: strauchförmig, verzweigt
Standort: hell, aber keine direkte Sonne; warm; im Sommer auch im Freien; über Winter bei mindestens 12 °C
Verwendung: attraktiver Blüher für helle Räume und Wintergärten
Pflegen: im Sommer gut feucht halten, bis August etwa alle 2–3 Wochen düngen; über Winter zurückhaltend gießen und im Frühjahr um ein Drittel zurückschneiden
Vermehren: durch Kopfstecklinge
Sorten/Verwandte: Kardinalshut (*J. carnea*): im Sommer röhrenförmige rosa bis rote Blüten in ährenartigem Blütenstand, gelegentlich übersprühen und bis August wöchentlich düngen; *J. rizzinii* mit röhrenförmigen gelbroten Blüten im Winter und Frühjahr, verträgt Sonne, im Winter bei 10–12 °C halten

Flammendes Käthchen
Kalanchoe blossfeldiana

HERKUNFT: Trockengebiete in Madagaskar

➤ robuster Winter- und Frühblüher

Familie: Dickblattgewächse (*Crassulaceae*)
Blüten: Blüten in dichten Trugdolden in Rot, Gelb, Orange, Rosa, Pink oder Weiß; Blütezeit im Winter und/oder Frühjahr, bei gezielter Steuerung blühen sie auch ganzjährig
Blätter: dunkelgrün, fleischig
Wuchs: meist aufrecht wachsende Stauden, Halbsträucher oder Sträucher
Standort: ganzjährig hell, auch sonnig; im Sommer warm, im Winter kühler, aber über 15 °C, andere verwandte Arten und Sorten (s. u.) um 12 °C
Verwendung: anspruchslose Blütenpflanze für helle Räume; meist nur als Saisonpflanze kultiviert
Pflegen: über Sommer mäßig gießen, Substratoberfläche immer wieder abtrocknen lassen, über Winter fast trocken halten, bei warmem Stand häufiger gießen; bis August alle 14 Tage düngen; Verblühtes entfernen und nach der Blüte kräftig zurückschneiden, um den Neuaustrieb zu fördern
Vermehren: Kopf- und Blattstecklinge oder Aussaat (Lichtkeimer)

Hinweis: bei Kurztagspflanzen wie diesen regt die geringere Tageslänge im Herbst die Blütenbildung an; künstliche Steuerung (Verdunklung) bringt sie nach Bedarf zur Blüte
Sorten/Verwandte: Vom Flammenden Käthchen gibt es zahlreiche Sorten, darunter auch Mini-Kalanchoe mit nur etwa 15 cm Höhe. Eine besonders attraktive Blattpflanze ist das Katzenohr, *K. tomentosa*, auch als Filzige Kalanchoe bekannt. Sie präsentiert sich mit rosettenartig angeordneten, filzig weiß überzogenen Blättern und rostrot bis braun gefärbten Rändern. Die Glocken-Kalanchoen *K. manginii* und *K. porphyrocalyx* mit rosa und roten, glockenförmigen, herabhängenden Blüten werden neuerdings wieder zur Gattung *Bryophyllum* (Brutblatt) gezählt. Dies gilt auch für das Röhrenförmige Brutblatt, *K. tubiflora,* mit glockenförmigen, rötlichen Blüten und zusammengerollten Blättern, an deren Spitze sich Brutpflänzchen entwickeln. In diese Gruppe gehören auch das Brutblatt oder „Goethepflänzchen" *K. pinnata* und *K. daigremontiana,* zwei ansehnliche Grünpflanzen ebenfalls mit Brutpflänzchen an den länglichen bzw. dreieckig geformten Blättern, die bei *K. daigremontiana* randlich leicht eingerollt sind.

Südseemyrte
Leptospermum scoparium

HERKUNFT: feuchtwarme Wälder in Neuseeland und Australien

▸ *reichblütiger Frühsommerflor*

Andere Namen: Manuka
Familie: Myrtengewächse *(Myrtaceae)*
Blüten: viele kleine rosa, rote oder weiße 5-zählige Blüten; einfach oder gefüllt; Mai – Juni
Blätter: nadelartig, je nach Sorte grün, blaugrün oder bronzefarben, beim Zerreiben aromatisch duftend
Wuchs: immergrüner Strauch, dicht verzweigt; kann auch als Hochstämmchen gezogen werden
Standort: hell, aber keine pralle Sonne; warm, über Sommer auch im Freien; im Winter bei 4–8 °C
Verwendung: Blütenpflanze für helle, warme Räume, Kübelpflanze
Pflegen: im Sommer reichlich mit weichem Wasser gießen, aber Staunässe unbedingt vermeiden, denn sie führt ebenso zu Blattfall wie Trockenheit; bis August alle 14 Tage düngen; Rhododendrondünger und -substrat verwenden; nach der Blüte auslichten und leicht zurückschneiden
Vermehren: durch Kopfstecklinge im Sommer; häufiges Entspitzen fördert buschigen Wuchs

Chilenischer Jasmin
Mandevilla laxa

HERKUNFT: tropische Wälder in Südamerika

▸ *intensiver Blütenduft*

Andere Namen: Dipladenie
Familie: Hundsgiftgewächse *(Apocynaceae)*
Blüten: 5-zählig, pink, rosa, orange, rot, weiß, gelb, trichterförmig, teils duftend; in Trauben an den Spitzen neuer Triebe; Frühsommer – Herbst
Blätter: eiförmig; glänzend dunkelgrün, gegenständig
Wuchs: immergrüne Schling- oder Hängepflanze, auch strauchig
Standort: sonnig und warm; über Winter hell oder dunkel bei 4–8 °C
Verwendung: hübsch blühende Kletter- oder Ampelpflanze für helle Räume, Wintergarten, Balkon, Terrasse
Pflegen: über Sommer reichlich gießen; bis August wöchentlich düngen; an Stützen oder Klettergerüst aufleiten; bei dunkler Überwinterung die Triebe bis kurz über der Substratoberfläche zurückschneiden
Vermehren: durch Kopf- und Triebstecklinge im Sommer
Hinweis: Die Pflanze enthält Giftstoffe. Ihre Duftstoffe können Kopfschmerz verursachen.

Medinille
Medinilla magnifica

HERKUNFT: tropische Wälder auf den Philippinen

▸ *opulente Blütenpracht*

Familie: Schwarzmundgewächse *(Melastomataceae)*
Blüten: rosa Blüten in bis zu 50 cm langen, hängenden Rispen, umgeben von großen, rosaweißen Tragblättern; Frühjahr – Sommer
Blätter: bis 30 cm lang, ledrig, länglich eiförmig
Wuchs: immergrüner Strauch mit vierkantigen Trieben, bis 1 m hoch
Standort: hell, ohne direkte Sonne; (boden-)warm und luftfeucht, keine Zugluft; von November bis zum Beginn der Knospenbildung bei 15–18 °C; empfindlich gegen Standortwechsel
Verwendung: elegante Blütenpflanze für geschlossene Blumenfenster und feuchtwarme Wintergärten
Pflegen: sobald sich Blütenknospen zeigen, gleichmäßig leicht feucht halten; nur mit weichem Wasser gießen und übersprühen; bis zum Herbst alle 14 Tage kalkarm düngen; in der Ruhezeit sehr zurückhaltend gießen
Vermehren: durch Stecklinge bei sehr hohen Temperaturen (30–35 °C) oder durch Abmoosen

BLÜTENPFLANZEN

BLÜHENDER SAISONSCHMUCK

Name	Blütezeit, Blütenfarbe	Standort, Hinweise
Schiefteller *Achimenes*-Hybriden	Juli – Okt.; weiß, gelb, rosa, violett oder blau	hell, warm
Pantoffelblume *Calceolaria integrifolia*	Mai – Okt.; gelb, orange	hell, recht kühl
Chrysantheme *Chrysanthemum*-Arten und -Hybriden	Aug. – Dez.; viele Farben	hell, kühl
Herbstzeitlose *Colchicum*-Arten und -Hybriden	Aug. – Okt.; rosa, violett, weiß	sonnig, mäßig warm; in allen Teilen giftig
Krokus *Crocus*-Arten und -Hybriden	Febr.; gelb, weiß, rosa, purpurn, violett	hell, kühl; giftig
Alpenveilchen *Cyclamen persicum*	Sept. – Apr.; rosa, rot, violett oder weiß	hell, recht kühl; giftig, vor allem die Knollen
Weihnachtsstern *Euphorbia pulcherrima*	Sept. – März; rot, rosa, apricot, weiß (Hochblätter)	hell, mäßig warm; in allen Teilen giftig
Glockenenzian *Eustoma grandiflorum*	Juli – Aug.; violett, blau, rot, rosa oder weiß	hell, warm
Blaues Lieschen *Exacum affine*	Juli – Okt.; blau, violett, rosa oder weiß	hell, warm
Gerbera *Gerbera*-Arten und -Hybriden	Apr. – Okt., auch ganzjährig; viele Farben	hell; mäßig warm, im Winter kühl
Ritterstern *Hippeastrum*-Arten und -Hybriden	Winter – Frühjahr; weiß, rosa, rot oder orange	hell, warm, zur Blütezeit etwas kühler; giftig
Hyazinthe *Hyacinthus orientalis*	Dez. – Mai; viele Farben, stark duftend	hell, kühl
Flammendes Käthchen *Kalanchoe blossfeldiana*	Dez. – März, auch Sommer/Herbst; viele Farben	hell, warm, im Winter kühler
Narzisse *Narcissus*-Arten und -Hybriden	März – Mai; gelb, orange, weiß	halbschattig, kühl; in allen Teilen giftig
Sauerklee *Oxalis deppei*	Winter; rosa	sonnig bis hell, recht kühl; in allen Teilen giftig
Primeln *Primula*-Arten und -Hybriden	Winter – Frühsommer; Farbe je nach Art/Sorte	hell bis halbschattig, zur Blütezeit recht kühl; giftig
Osterkaktus *Rhipsalidopsis*-Arten und -Hybriden	März – Mai; rot, rosa	hell bis halbschattig, warm, im Winter kühl
Weihnachtskaktus *Schlumbergera*-Arten und -Hybriden	Sept. – Jan.; rot, rosa, violett, weiß	hell bis halbschattig, warm, im Winter kühl
Gloxinie *Sinningia*-Hybriden	Sommer, auch andere Jahreszeiten; viele Farben	hell, warm, luftfeucht
Tulpe *Tulipa*-Arten und -Hybriden	Apr. – Mai; viele Farben, auch mehrfarbig	sonnig bis halbschattig, kühl; in allen Teilen giftig

Kussmäulchen
Nematanthus gregarius

HERKUNFT: tropische Wälder in Brasilien

▶ *interessante Blüten*

Andere Namen: Bauchblume, Goldfischpflanze; auch unter den Namen *Hypocyrta glabra* bekannt
Familie: Gesneriengewächse (Gesneriaceae)
Blüten: klein, orangegelb, mit bauchiger, aufgeblasen wirkender Kronblattröhre und „mäulchenartiger" Spitze; Frühjahr – Spätsommer
Blätter: elliptisch, dunkelgrün glänzend, ledrig, fleischig
Wuchs: kleiner, buschiger Strauch, mit den Jahren leicht überhängend
Standort: möglichst hell, aber nicht vollsonnig; mäßig warm, über Sommer auch im Freien; ein etwas kühlerer Winterstandort (um 15 °C) regt die Blütenbildung an
Verwendung: ansprechender Blüher für helle Räume; schön auch in Ampeln
Pflegen: im Sommer mit kalkarmem Wasser mäßig feucht halten und alle 14 Tage düngen; Triebe nach der Blüte stutzen, das fördert den Neuaustrieb; über Winter sparsam gießen
Vermehren: durch Kopfstecklinge, die z. B. auch beim Stutzen anfallen

Korallenbeere
Nertera granadensis

▶ *leuchtend gefärbte Früchte*

Andere Namen: Korallenmoos
Familie: Rötegewächse *(Rubiaceae)*
Blüten: grünlich, unscheinbar, daraus zahlreiche orangerote, erbsengroße Beeren, die über mehrere Monate halten; April – Mai
Blätter: sehr klein, breit oval, fleischig
Wuchs: ausdauernde Staude; flach polsterartig
Standort: hell, aber nicht prallsonnig; vor und in der Blüte bei 10–13 °C, kühl und luftfeucht; über Sommer draußen an geschützter Stelle; Überwinterung, falls gewünscht, hell und kühl, wird meist nur einjährig kultiviert
Verwendung: hübsche Fruchtschmuckpflanze für schmale Fensterbänke, Ess- und Beistelltische
Pflegen: nur von unten gießen, um Fäulnis vorzubeugen; dafür abgestandenes Wasser verwenden, dem alle 14 Tage etwas Flüssigdünger zugegeben wird; öfter übersprühen, jedoch nicht während der Blütezeit; im Winter trockener halten
Vermehren: Teilung oder Aussaat
Hinweis: Die Beeren gelten als giftig.

Passionsblume
Passiflora caerulea

▶ *ungewöhnliche Blüten*

Familie: Passionsblumengewächse *(Passifloraceae)*
Blüten: bis zu 10 cm große Blütenteller mit 3-griffliger Narbe, von weißen Kelch- und Kronblättern und Strahlenkranz aus violett-weiß-blauen, fleischigen Fäden umgeben; Frühjahr – Herbst
Blätter: groß, mehrfach gelappt, dunkelgrün, spiralige Blattranken
Wuchs: mehrjähriger Ranker, bis 2 m
Standort: sehr hell, aber keine pralle Mittagssonne; im Sommer auch draußen; über Winter hell bei 6 °C
Verwendung: attraktiver Kletterer für helle Räume und Wintergärten
Pflegen: im Sommer reichlich gießen; bis August wöchentlich düngen; Triebe locker an Stäben oder Ringen im Topf oder an Gerüst hochleiten; Rückschnitt fördert Neuaustrieb und Blütenansatz
Vermehren: durch Kopfstecklinge, ältere Wurzelausläufer, Aussaat
Hinweis: Außer den Früchten enthalten alle Pflanzenteile Giftstoffe.
Sorten/Verwandte: mehrere ähnliche Arten und Hybriden, z. B. die essbare *P. edulis* (Maracuja)

Pavonie
Pavonia multiflora

▶ *dekorativer Winterblüher*

Andere Namen: botanisch auch *Triplochlamys multiflora*
Familie: Malvengewächse *(Malvaceae)*
Blüten: lange Staubgefäße und Griffel überragen einen purpurnen Kelch, der von großen leuchtend roten Hochblättern umgeben ist; September – Mai
Blätter: groß, lanzettlich, dunkelgrün
Wuchs: immergrüner Strauch; meist durch Wuchshemmstoffe kompakt gehalten, lässt deren Wirkung nach, wird der Wuchs sparriger
Standort: sehr hell, aber nicht prallsonnig; warm und luftfeucht; im Winter bei etwa 18 °C halten
Verwendung: hübscher Winterblüher für helle Räume und Wintergärten
Pflegen: mit kalkarmem Wasser mäßig feucht halten; über Winter noch etwas sparsamer gießen, bei lufttrockenem Stand öfter sprühen; im Sommer alle 2 Wochen düngen; Pflanze nach der Blüte zurückschneiden
Vermehren: durch Kopfstecklinge bei 30–35 °C (schwierig), Jungpflanzen häufig entspitzen, um einen buschigen Wuchs zu fördern

BLÜTENPFLANZEN

Pelargonie
Pelargonium-Hybriden

Pentas
Pentas lanceolata

HERKUNFT: Ursprungsarten hauptsächlich aus Südafrika

▶ *üppige Blütenpracht*

Andere Namen: im Volksmund oft als „Geranie" bezeichnet
Familie: Storchschnabelgewächse (Geraniaceae)
Blüten: rot, rosa, violett, weiß, auch zweifarbig; einfach oder gefüllt; in lang gestielten, doldenartigen Blütenständen; Edelpelargonien April/Mai – Juli, Zonal- und Hängepelargonien Mai – Oktober
Blätter: gestielt; bis handtellergroß; rundlich bis nierenförmig, gebuchtet, gezähnt oder gelappt; teils auffällig gezeichnet oder gerandet
Wuchs: buschig aufrechte, teilweise verholzende Halbsträucher; Hängepelargonien mit langen Trieben
Standort: Edelpelargonien hell, die anderen Arten auch vollsonnig; über Sommer gern im Freien; Edel- und Blattschmuckpelargonien im Winter bei 10–15 °C, übrige bei 2–5 °C
Verwendung: attraktive Blüher für Fensterbank, Balkon und Terrasse, hängende Sorten auch für die Ampel
Pflegen: gut feucht halten, keine Staunässe; bis August alle 1–2 Wochen düngen; Blattschmuckpelargonien etwas sparsamer gießen und düngen; Verblühtes regelmäßig entfernen; Edelpelargonien nach der Blüte leicht zurückschneiden, die anderen Pelargonien im Frühjahr kräftig einkürzen; man sollte generell nach dem Rückschnitt umtopfen
Vermehren: durch Kopfstecklinge
Sorten/Verwandte: Die bekanntesten „Geranien" sind Zonalpelargonien (*P.-Zonale*-Gruppe) und Hänge- oder Efeupelargonien (*P.-Peltatum*-Gruppe), die als Balkonpflanzen in großer Sortenvielfalt erhältlich sind. Für die Zimmerkultur eignen sich Edel- oder Englische Pelargonien (*P.-Grandiflorum*-Gruppe, → Abb.), auch diese gibt es in zahlreichen Sorten, oft mit besonders großen und zweifarbig gezeichneten Blüten. Auf der Fensterbank machen sich auch Blattschmuckpelargonien (diverse *P.*-Hybriden) mit hübsch gefärbtem, kontrastierend gezeichnetem Laub und häufig etwas kleineren, aber durchaus ansehnlichen Blüten sehr schön. Duftpelargonien hält man vor allem wegen des Wohlgeruchs, den ihre samtig behaarten, wohlgeformten Blätter bei Berührung besonders intensiv entfalten. Je nach Sorte duften sie fruchtig, blumig oder herb-würzig.

HERKUNFT: tropisches Afrika und Arabien

▶ *farbenfroher Winterblüher*

Familie: Rötegewächse (Rubiaceae)
Blüten: rosa, rote, violette oder weiße, bis 3 cm lange, schmale Trichterblüten in gestielten, endständigen, büscheligen Trugdolden; September – Januar
Blätter: lanzettlich, hellgrün; weichtriebig und behaart
Wuchs: buschig verzweigter Halbstrauch
Standort: sonnig; warm und luftfeucht, aber luftig; im Sommer auch draußen; über Winter bei 12–15 °C
Verwendung: winterblühende Pflanze für helle Räume und temperierte Wintergärten
Pflegen: während der Wachstumszeit gut feucht halten, aber Staunässe meiden; wöchentlich düngen; über Winter zurückhaltender gießen; die Pflanzen werden meist mit Wuchshemmstoffen behandelt; mit nachlassender Wirkung wachsen sie zunehmend sparrig, dann Triebe öfter stutzen
Vermehren: durch Kopfstecklinge bei 20–25 °C Bodenwärme oder durch Aussaat (Lichtkeimer); Jungpflanzen mehrmals entspitzen

Primel
Primula-Arten und -Hybriden

HERKUNFT: Wälder und Wiesen in Asien und Europa

▸ *bunter Frühlingsbote*

Familie: Primelgewächse (Primulaceae)
Blüten: In verschiedenen Gelbtönen blüht *P. × kewensis*, deren quirlartig angeordnete Blüten sich ab Januar entfalten. Die Flieder- oder Brautprimel (*P. malacoides*) zeigt von November bis März weiße, rote, rosa oder lilafarbene, einfache oder gefüllte Blüten, die etagenartig über den Blättern stehen, einjährig kultiviert. Die Becherprimel (*P. obconica*) blüht von Winter bis Frühsommer, teils fast ganzjährig, mit kugeligen weißen, roten, rosa oder blauen Dolden; sie kann weiterkultiviert werden. Dasselbe Farbspektrum hat die Chinesenprimel (*P. praenitens*), deren in Quirlen übereinanderstehende Blüten im Frühjahr erscheinen. Zeitig im Frühjahr blüht die Kissenprimel (*P. vulgaris*, *P. acaulis*), mit kurz gestielten Blüten in nahezu allen Farben, inklusive Gelb- und Orangetönen. Ähnlich farbenfroh präsentieren sich von März bis Mai die *P.-Elatior*-Hybriden, mit Blütenbällen an kräftigen Stielen.
Blätter: oval bis herzförmig, je nach Art gekerbt, gesägt oder gebuchtet, bei der Chinesenprimel gelappt; meist weich behaart
Wuchs: gedrungen, mit Blattrosette
Standort: hell oder halbschattig; keine Mittagssonne; der Flor hält am längsten bei recht kühlen Temperaturen um nur 10–15 °C
Verwendung: für kühle Räume; hübsch als Tischdeko oder auf schmalen Fenstersimsen; Primeln werden meist als Saisonpflanzen kultiviert, die man nach der Blüte wegwirft; Becherprimeln lassen sich im Topf mehrjährig halten; Kissenprimeln, *P. × kewensis* und *P.-Elatior*-Hybriden kann man in den Garten auspflanzen
Pflegen: gleichmäßig gut feucht halten, aber Staunässe vermeiden; kurz vor und während der Blütezeit etwa alle 14 Tage schwach düngen, Becherprimeln, die mehrjährig kultiviert werden sollen, bis September düngen
Vermehren: durch Aussaat (schwierig; Kissenprimel ist Lichtkeimer)
Hinweis: Der giftige Inhaltsstoff Primin in der Becherprimel, auch als Gift- oder „Juckprimel" bekannt, kann Hautallergien auslösen. Achten Sie beim Kauf am besten auf die neuen, priminfreien Züchtungen namens 'Touch me'.

BLÜTENPFLANZEN

Rhododendron
Rhododendron-Arten und -Hybriden

HERKUNFT: Wälder in China und Japan

▸ *bezaubernde Winter-/Frühblüher*

Andere Namen: Zimmer-Azalee
Familie: Heidekrautgewächse (*Ericaceae*)
Blüten: weiß, rosa, rot oder violett, in zahlreichen Farbnuancen, auch mehrfarbig; trichterförmig, einfach oder gefüllt; in doldenartigen Trauben; Blütezeit je nach Art, Sorte und Kultur November – Mai
Blätter: eiförmig bis lanzettlich; glänzend dunkelgrün, ledrig
Wuchs: immergrüne Sträucher; breit buschig, auch als Hochstämmchen
Standort: hell bis halbschattig; nicht zu warm, luftfeucht und luftig; über Sommer auch an halbschattigem, geschütztem Platz im Freien; im Herbst möglichst kühl stellen bei 5–15 °C, nach Ausbildung der Blütenknospen etwas wärmer (bis 18 °C)
Verwendung: für kühle Räume und Wintergärten
Pflegen: mit kalkarmem Wasser besonders während der Blüte gleichmäßig feucht halten, im späten Frühjahr und Sommer reichlich gießen, Staunässe und Ballentrockenheit unbedingt vermeiden; gelegentlich übersprühen; während der Wachstumszeit wöchentlich mit Rhododendron- bzw. Azaleendünger versorgen, über Winter nur alle 3–4 Wochen düngen; verwelkte Blütenstände regelmäßig ausbrechen, in der Blütezeit Jungtriebe zwischen den Blütenansätzen entfernen; zum Umtopfen nur spezielles Rhododendronsubstrat verwenden; Formschnitt am besten im Frühjahr oder Frühsommer
Vermehren: durch Kopfstecklinge im Frühjahr bei 20 °C (schwierig); Veredlung bei langsam wachsenden und empfindlichen Formen
Hinweis: Alle Pflanzenteile enthalten Giftstoffe, Rhododendron ist oft nur saisonal im Handel, lässt sich aber recht gut mehrjährig halten.
Sorten/Verwandte: Für die Zimmerkultur werden hauptsächlich R.-Simsii-Hybriden, die sogenannten Zimmer- oder Indischen Azaleen, mit ihren prächtigen Blüten kultiviert. Es gibt sie in unzähligen Sorten, die jedoch meist nicht namentlich ausgewiesen sind. Zimmertauglich sind auch die etwas natürlicher wirkenden Japan-Azaleen (*R. × obtusum*) mit lockerem Wuchs und zierlicheren, aber zahlreichen Blüten. Sie lassen sich später auch gut in den Garten auspflanzen.

Rose
Rosa-Arten und -Hybriden

HERKUNFT: sehr alte Kulturpflanze; Stammformen aus Ostasien, Europa

▸ *sommerlange Blütenpracht*

Familie: Rosengewächse (*Rosaceae*)
Blüten: beim Kussröschen (*Rosa chinensis* 'Minima' → Abb.) rot; andere Miniatur- und Zwergrosen in nahezu allen Farben außer Blau; Juni – Oktober
Blätter: unpaarig gefiedert, mit 5 oder 7 eiförmigen, gezähnten Fiederblättchen; glänzend
Wuchs: buschige, Laub abwerfende, sommerblühende Zwergsträucher
Standort: sonnig und luftig, im Sommer am besten draußen; über Winter hell um 5 °C; zum Antreiben ab Februar wärmer stellen
Verwendung: für helle, sonnige Räume, Terrasse und Balkon
Pflegen: während der Wachstumszeit regelmäßig gießen, aber nicht vernässen; über Winter trockener; bis Ende Juli alle 14 Tage düngen; Verblühtes regelmäßig entfernen; Rückschnitt im zeitigen Frühjahr
Vermehren: durch Stecklinge; manche Miniaturrosen auch durch Aussaat; veredelte Zwergrosen nicht zu vermehren
Hinweis: werden in Zimmerkultur oft nur einjährig gehalten

Usambaraveilchen
Saintpaulia-Ionantha-Hybriden

HERKUNFT: Stammart aus Wäldern in Ostafrika

▶ nostalgischer Charme

Familie: Gesneriengewächse *(Gesneriaceae)*
Blüten: 5-zählige, kurz gestielte Einzelblüten in büscheligem Blütenstand; rosa, rot, violett, blau und weiß, auch mehrfarbig; ganzjährig
Blätter: rundlich oval, oberseits dunkelgrün, fleischig, filzig behaart
Wuchs: kompakt; dichte Blattrosette
Standort: hell, aber ohne direkte Sonne, oder halbschattig; warm, möglichst auch bodenwarm; über Winter nicht unter 18 °C
Verwendung: hübscher Blütenschmuck für warme Räume
Pflegen: mit weichem, temperiertem Wasser mäßig feucht halten; dabei Blätter nicht benetzen, direkt unter Blattrosette gießen oder über Untersetzer wässern, Staunässe unbedingt vermeiden, über Winter etwas trockener halten; in der Wachstumszeit alle 14 Tage schwach dosiert düngen; Verblühtes und verwelkte Blätter regelmäßig abzupfen
Vermehren: durch Blattstecklinge bei 20–25 °C Bodenwärme

Spaltblume
Schizanthus-Wisetonensis-Hybriden

HERKUNFT: Stammarten in Chile beheimatet

▶ eindrucksvolle Blütenstände

Andere Namen: Bauernorchidee, Schmetterlingsblume
Familie: Nachtschattengewächse *(Solanaceae)*
Blüten: große, asymmetrische Blüten in büscheligem Blütenstand; weiß, gelb, rosa, rot, violett, oft gefleckt oder geadert; Juli – Oktober
Blätter: gefiedert, hellgrün, weich
Wuchs: einjährig; buschig
Standort: hell bis sonnig; warm und luftig; über Sommer auch draußen an einem geschützten Platz
Verwendung: reich blühender Farbtupfer für Zimmer oder Balkon
Pflegen: stets feucht, aber nicht nass halten; wöchentlich düngen; Verblühtes regelmäßig entfernen, um den Ansatz neuer Blüten zu fördern
Vermehren: durch Aussaat von Februar bis April bei 16–18 °C; auch Aussaat im Herbst möglich (Pflanzen bei 10 °C überwintern), dann blühen Spaltblumen schon ab April
Hinweis: Die Pflanze enthält Giftstoffe. Sie wird in Zimmerkultur oft nur einjährig gehalten.

Helmkraut
Scutellaria costaricana

HERKUNFT: tropische Wälder in Costa Rica

▶ leuchtend rote Blütenähren

Familie: Lippenblütler *(Lamiaceae)*
Blüten: orangerote bis rote Röhrenblüten mit gelbem Schlund, in endständigen Ähren; Mai – Juli
Blätter: groß, oval zugespitzt, dunkelgrün, gegenständig
Wuchs: buschige Staude mit rotbraunen Stängeln, bis 40 cm hoch
Standort: möglichst hell, keine direkte Sonne; während der Wachstumszeit warm, im Winter nicht unter 15 °C
Verwendung: auf der Fensterbank in hellen, warmen Räume und für das Blumenfenster geeignet
Pflegen: durchgehend mäßig feucht halten, Ballentrockenheit wie Staunässe unbedingt vermeiden; Frühjahr bis Herbst wöchentlich, über Winter nur monatlich düngen; die meist mit Wuchshemmstoffen (→ Seite 159) behandelten Pflanzen werden bei nachlassender Wirkung mit der Zeit sparrig, dagegen hilft ein regelmäßiger Rückschnitt nach der Blüte
Vermehren: durch Kopfstecklinge im Herbst bei 25 °C Bodenwärme und hoher Luftfeuchtigkeit

BLÜTENPFLANZEN

Gloxinie
Sinningia-Hybriden

HERKUNFT: tropische Wälder in Brasilien

▶ *zeitlose Eleganz*

Familie: Gesneriengewächse (Gesneriaceae)
Blüten: unzählige Hybridsorten mit vielgestaltigen, glocken-, röhren- oder trompetenförmigen, großen oder kleinen Blüten, einfach oder gefüllt; weiß, rosa, rot, violett oder blau, oft mit hübscher Flecken- oder Punktzeichnung; zu allen Jahreszeiten
Blätter: filzig weich, oft gefurcht; groß, eiförmig, mittel- bis dunkelgrün
Wuchs: knollenbildende Staude mit rosettenähnlich angeordneten Blättern
Standort: hell, jedoch keine direkte Sonne; warm und luftfeucht
Verwendung: prächtige Blüher für helle, luftfeuchte Räume
Pflegen: gut feucht halten, mit weichem, zimmerwarmem Wasser gießen; wöchentlich düngen; Umgebungsluft feucht halten, aber nicht direkt auf die Blätter sprühen!
Vermehren: durch Blattstecklinge oder Knollenteilung, Teilstücke in feuchtem Sand bei 25 °C halten
Hinweis: Hybriden oft als Saisonpflanzen, da Weiterkultur kaum lohnt

Korallenstrauch
Solanum pseudocapsicum

HERKUNFT: Insel Madeira im Atlantischen Ozean

▶ *attraktive Beerenfrüchte*

Familie: Nachtschattengewächse (Solanaceae)
Blüten: grünlich weiß, Mai – Juni; daraus entstehen ab Sommer kugelige, lang haftende Beeren, erst grün, dann gelb und schließlich korallenrot; bei manchen Sorten auch goldgelb ('Goldball') oder vor der Rotfärbung zunächst weiß ('Snowfire')
Blätter: klein, dunkelgrün, ledrig
Wuchs: strauchartig, um 30 cm hoch
Standort: hell, auch sonnig; nicht zu warm (um 15 °C) und luftfeucht; über Sommer auch im Freien
Verwendung: Fruchtschmuckpflanze für kühle Räume
Pflegen: im Sommer reichlich gießen; bis zum Herbst alle 14 Tage düngen; für eine Überwinterung im Herbst zurückschneiden, hell und kühl aufstellen, ab Februar bei etwas höheren Temperaturen antreiben
Vermehren: durch Aussaat; Jungpflanzen zweimal entspitzen
Hinweis: Alle Pflanzenteile sind giftig. Korallensträucher sind meist im Spätsommer als Saisonpflanze im Handel.

Einblatt
Spathiphyllum-Arten und -Hybriden

HERKUNFT: tropische Wälder in Amerika

▶ *pflegeleichte Schönheit*

Andere Namen: Blattfahne
Familie: Aronstabgewächse (Araceae)
Blüten: hoch aufragender weißer bis cremefarbener Blütenkolben, der von einem großen weißen Hüllblatt umgeben ist; Frühjahr – Sommer
Blätter: groß, länglich, glänzend grün, lang gestielt
Wuchs: horstig; Blätter entspringen büschelartig aus kurzem Stamm
Standort: hell bis halbschattig; ganzjährig warm und luftfeucht
Verwendung: hübscher Schmuck für warme Räume und Wintergärten
Pflegen: über Sommer mäßig feucht halten und gelegentlich übersprühen; für beides nur kalkarmes, zimmerwarmes Wasser verwenden; Frühjahr bis Herbst wöchentlich schwach dosiert düngen; im Winter sparsamer gießen
Vermehren: durch Teilung
Hinweis: Die Pflanze enthält in allen Teilen Giftstoffe.
Sorten/Verwandte: Neben den meist angebotenen *S.*-Hybriden (→ Abb.) eignet sich auch die zierlichere *S. wallisii* gut für die Zimmerkultur.

Kranzschlinge
Stephanotis floribunda

HERKUNFT: Wälder und Gebüsche auf Madagaskar

▶ *Schlinger mit duftenden Blüten*

Familie: Schwalbenwurzgewächse (Asclepiadaceae)
Blüten: weiß; röhrenförmig, an der Spitze sternartig geöffnet; in lockeren Dolden; intensiv duftend; Mai – August
Blätter: groß, oval, glänzend dunkelgrün, häufig mit hellerer Mittelrippe
Wuchs: immergrüner Schlingstrauch mit meterlangen Trieben
Standort: sehr hell, jedoch nicht direkt besonnt; luftig; warm bei 18–22 °C, über Winter kühler (12–16 °C)
Verwendung: heller Platz auf der Fensterbank und im Wintergarten
Pflegen: im Frühjahr und Sommer reichlich gießen und regelmäßig übersprühen, beides mit weichem, zimmerwarmem Wasser; bis Mitte August etwa alle 14 Tage düngen; Triebe an einer Kletterhilfe aufbinden, zu lange Triebe zurückschneiden; über Winter nur ganz leicht feucht halten
Vermehren: durch Kopfstecklinge bei 25–30 °C
Hinweis: nach dem Ansetzen der Knospen nicht mehr bewegen oder drehen, sonst droht Knospenabwurf

Drehfrucht
Streptocarpus-Arten und -Hybriden

HERKUNFT: tropisches Afrika und Madagaskar

▶ *dekorativer Dauerblüher*

Familie: Gesneriengewächse (Gesneriaceae)
Blüten: lang gestielte, asymmetrische Trichterblüten in lockeren Blütenständen; weiß, rosa, rot, violett oder blau, teils mit andersfarbigem Schlund; spiralig gedrehte Samenkapseln (Name!); Mai – September
Blätter: lineal, runzelig, fein behaart
Wuchs: meist rosettig
Standort: hell oder halbschattig; bei 15–20 °C
Verwendung: für mäßig warme Räume
Pflegen: mit weichem, temperiertem Wasser stets mäßig feucht halten; bei kühlem Stand weniger gießen; von März bis August einmal pro Woche schwach düngen
Vermehren: durch Teilung, Blattstecklinge oder Aussaat
Hinweis: Der Milchsaft kann bei empfindlichen Personen die Haut reizen.
Sorten/Verwandte: Das Afrikanische Veilchen (*S. saxorum*) mit samtigen Blättern wächst dicht buschig und kann auch in Ampeln gezogen werden, es bildet viele blaue Glöckchenblüten.

Zimmerkalla
Zantedeschia aethiopica

HERKUNFT: feuchte Wiesen in Südafrika

▶ *eleganter Blickfang*

Familie: Aronstabgewächse (Araceae)
Blüten: gelber Blütenkolben, umgeben von einem weißen Hochblatt; Spätwinter – Frühsommer
Blätter: lang gestielt, groß, pfeilförmig und sattgrün
Wuchs: rübenartiger Wurzelstock, dem die aufrechten Blätter und Blütenstiele entspringen; bis 80 cm hoch
Standort: hell bis halbschattig; während der Blüte am besten um 20 °C, im Sommer auch im Freien; im Herbst und Frühwinter bei etwa 10 °C, ab Erscheinen des Blütenschafts wieder wärmer
Verwendung: Solitärstellung in elegantem Umfeld
Pflegen: in der Blütezeit reichlich, danach sparsam und ab Herbst kaum noch gießen; während der Wachstums- und Blütezeit wöchentlich düngen
Vermehren: durch Kindel und Teilung der Wurzelstöcke
Hinweis: enthält Giftstoffe
Sorten/Verwandte: Sorten von *Z. rehmannii* und *Z. elliottiana* blühen im Sommer mit weißen, rosa, roten oder purpurnen Hochblättern.

BLÜTENPFLANZEN

Orchideen

∴ Orchideen gelten als besondere Pflanzenkostbarkeiten – zu Recht, denn die auffällig schön geformten, prächtig gefärbten und gemusterten Blüten suchen in der Natur ihresgleichen.

Cattleya
Cattleya-Arten und -Hybriden

HERKUNFT: tropisches Mittel- und Südamerika

▸ leuchtende Blütentrauben

EINE BESONDERHEIT vieler Orchideen ist ihre epiphytische Lebensweise, d. h. sie leben in ihrer Heimat als Aufsitzerpflanzen in Astgabeln von Bäumen. Sie bilden kräftige, oft grün gefärbte Wurzeln aus, die in Topfkultur als Luftwurzeln erscheinen. Für sie ist unbedingt spezielles Orchideensubstrat mit einem hohem Rindenanteil erforderlich. Es gibt aber auch Erdorchideen, die am Naturstandort im Boden wurzeln, wie z. B. viele Frauenschuh-Arten. Auch sie sollte man nur in geeignetes Orchideensubstrat topfen.

Bei vielen Orchideen findet man eine sympodiale Wuchsform, d. h. sie haben eine waagerecht liegende Sprossachse, aus der in Abständen immer wieder senkrecht Seitensprosse austreiben. Diese sind meist knollenartig verdickt und werden dann als Pseudobulben bezeichnet. Ein Vertreter der im Reich der Orchideen weitaus selteneren monopodialen Wuchsform ist die *Phalaenopsis* oder Malaienblume, heute die meistverkaufte Zimmerpflanze: Solche Orchideen bilden nur einen aufrechten, meist unverzweigten Hauptspross.

Familie: Orchideen (*Orchidaceae*)
Blüten: groß, mit röhrenförmiger Lippe in traubenartigem Blütenstand; weiß, gelb, Rosa-, Rot- oder Violetttöne
Blätter: länglich oval, ledrig, fleischig
Wuchs: am Naturstandort epiphytisch; zylindrische Pseudobulben (Seitentriebe); daran stehen je nach Formengruppe 1 oder 2–3 Blätter
Standort: sehr hell, aber nicht sonnig; luftfeucht und gut belüftet; bei 18–24 °C halten, im Winter 2–3 Monate kühler stellen (16 °C)
Verwendung: in Solitärstellung im Blumenfenster, robuste auch fürs Zimmer
Pflegen: im Sommer mit weichem Wasser kräftig gießen, dazwischen Substrat abtrocknen lassen; im Winter nur so viel, dass Pseudobulben nicht schrumpfen; Blätter oft besprühen; im Wachstum monatlich schwach düngen
Vermehren: Teilung von Rhizomen, die mindestens 4 Seitentriebe besitzen
Sorten/Verwandte: Unempfindlicher ist *C. bowringiana* (→ Abb.); auch die Sorten der Gattungshybride × *Laeliocattleya* gelten als robuster.

Orchideen

Hohlnarbe
Coelogyne-Arten

HERKUNFT: Gebirgswälder im Himalaja und in Ostasien

▶ *eleganter Flor*

Familie: Orchideen *(Orchidaceae)*
Blüten: bei *C. cristata* weiß mit goldgelbem Kamm auf der Lippe, bei *C. massangeana* cremefarben mit brauner Zeichnung, sehr zahlreich an einer Rispe; bei *C. brachyptera* (→ Abb.) grünlich; andere, seltener angebotene Arten haben meist eine weißliche Grundfarbe; Winter – Frühjahr
Blätter: lanzettlich, längs gefurcht
Wuchs: epiphytisch; *C. cristata* mit rundlichen Pseudobulben, die je 2 Blätter treiben; *C. massangeana* mit länglichen, einblättrigen Pseudobulben
Standort: halbschattig; luftfeucht, aber luftig; im Sommer bei Zimmertemperatur, nachts möglichst kühler; über Winter *C. cristata* bei 12–15 °C, *C. massangeana* bei 15–20 °C
Verwendung: gut geeignet für Ost- oder Nordfenster, hübsch in Ampeln oder Orchideenkörbchen
Pflegen: leicht feucht halten und öfter sprühen (weiches Wasser); alle 2–3 Wochen düngen; *C. cristata* im Winter fast trocken halten und nicht düngen
Vermehren: durch Teilung

Cymbidie
Cymbidium-Hybriden

HERKUNFT: Ostasien, Südostasien, Australien

▶ *eindrucksvolle Blütenstände*

Familie: Orchideen *(Orchidaceae)*
Blüten: weiß, gelb, rosa, rötlich, braun oder grünlich, oft mit kontrastierender Lippe; in langen, rispenartigen Blütenständen; meist Januar – Juni
Blätter: lang, riemenförmig, hellgrün
Wuchs: zwiebelförmige dicke Pseudobulben mit je 3 Blättern, aufrecht bis überhängend; von stattlicher Größe, selbst die Miniatur-Hybriden werden bis zu 70 cm hoch
Standort: sehr hell, auch sonnig, aber keine pralle Mittagssonne; luftfeucht; ganzjährig tagsüber warm (um 20 °C), aber nachts möglichst kühler; über Winter Nachttemperaturen von 10–15 °C, für Miniatur-Hybriden 15 °C
Verwendung: imposanter Blüher für helle Plätze; fürs Zimmer eignen sich vor allem Miniatur-Hybriden
Pflegen: während der Wachstumszeit reichlich gießen und öfter übersprühen, mit kalkarmem, temperiertem Wasser; bis Spätsommer alle 4 Wochen mit Orchideendünger versorgen; über Winter zurückhaltender gießen
Vermehren: durch Teilung

Dendrobie
Dendrobium-Arten und -Hybriden

HERKUNFT: Asien, pazifische Inseln, Australien

▶ *lang haltende Einzelblüten*

Andere Namen: Traubenorchidee
Familie: Orchideen *(Orchidaceae)*
Blüten: groß, oft weiß und purpurn gefärbt, mit dunkelroten Flecken (*D. nobile* und Sorten), Hybriden (→ Abb.) aber auch in vielen anderen Farben bis hin zu Gelb; Blütezeit im Frühjahr oder Frühsommer
Blätter: lanzettlich, ledrig oder weich
Wuchs: in der Natur epiphytisch; Rhizome mit je nach Art schlanken oder verdickten Pseudobulben
Standort: sehr hell, aber von April bis August keine direkte Sonne; warm, luftfeucht; im Herbst beginnt die Ruhephase, dann nächtliche Abkühlung auf 10 °C wichtig, im Winter noch kühler
Verwendung: attraktive Blütenpflanze für helle, im Sommer warme Plätze
Pflegen: gleichmäßig leicht feucht halten, häufig etwas übersprühen, beides mit kalkfreiem Wasser; alle 2–3 Wochen schwach dosiert düngen; ab Herbst weniger gießen, Düngung einstellen; über Winter fast trocken halten
Vermehren: durch Abtrennen von Pseudobulben oder über Kindel

BLÜTENPFLANZEN

WEITERE ORCHIDEEN

Name	Blüte, besondere Merkmale	Standort
Aerangis *Aerangis*-Arten und -Hybriden	weiß, sternförmig; zierliche Pflanzen	hell, ganzjährig warm, luftfeucht
Luftwurzelorchidee *Aerides*-Arten	rosa, mehrfarbig; lange Blütenstände	hell, ganzjährig warm, luftfeucht
Colmanara *Colmanara*-Hybriden	rot, gelb, zweifarbig; oft 20 Blüten pro Stängel	hell – halbschattig, ganzjährig mäßig warm
Brassie *Brassia*-Arten und -Hybriden	spinnenförmig, gelbgrün, rötlich	hell, ganzjährig warm, luftfeucht
Encyclia *Encyclia*-Arten und -Hybriden	sehr unterschiedliche Farben und Formen	hell, warm, im Winter kühler, luftfeucht
Epidendrum *Epidendrum*-Arten und -Hybriden	sehr unterschiedliche Farben und Formen	hell bis halbschattig, warm, im Winter kühler, luftfeucht
Laelie *Laelia*-Arten und -Hybriden	schmetterlingsförmig, viele Farben	hell, warm, im Winter kühler, luftfeucht
Ludisia *Ludisia discolor*	weiß und rosa; hübsch gefärbte Blätter	hell, ganzjährig warm, luftfeucht
Lycaste *Lycaste skinneri*	weiß mit roter Mitte, dreistrahlig	hell, warm, im Winter kühler, luftfeucht
Masdevallie *Masdevallia*-Arten und -Hybriden	ungewöhnliche Blütenformen, kräftige Farben	hell bis halbschattig, recht kühl, luftfeucht
Odontoglossum *Odontoglossum*-Arten und -Hybriden	groß, viele Farben, lebhaft gemustert	hell bis halbschattig, mäßig warm, Winter kühl, luftfeucht
Phragmipedium *Phragmipedium*-Arten und -Hybriden	groß, meist Rosa- und Rottöne, samtig	hell, warm, im Winter etwas kühler, luftfeucht
Burrageara *Burrageara*-Hybriden	rot – mehrfarbig, stark duftend	hell bis halbschattig, ganzjährig mäßig warm, luftfeucht
Sophronitis *Sophronitis*-Arten und -Hybriden	groß, kräftige Rottöne; kleine Erdorchidee	hell bis halbschattig, warm, im Winter kühler, luftfeucht
Vanda *Vanda*-Arten und -Hybriden	blau, rötlich, violett	hell, ganzjährig warm, luftfeucht
Echte Vanille *Vanilla planifolia*	gelblich bis grünlich weiß; kletternd	hell, ganzjährig warm, luftfeucht
Cambria × *Vuylstekeara* Cambria	groß, sternartig, mehrfarbig	hell, mäßig warm, im Winter etwas kühler, luftfeucht
Zygopetalum *Zygopetalum crinitum*	violett und weiß, sehr schöne Zeichnung	hell bis halbschattig, nicht zu warm, luftfeucht

Miltonie
Miltonia-Hybriden

HERKUNFT: tropische Wälder in Südamerika

▶ *farbkräftige Blüher*

Familie: Orchideen (*Orchidaceae*)
Blüten: groß und flach; ähnelt Stiefmütterchen- oder Veilchenblüten; je nach Sorte in den unterschiedlichsten Farben, oft weiß mit rosa und rot, meist auffällig zwei- oder mehrfarbig gemustert; Blütezeit je nach Art und Sorte teils nahezu ganzjährig
Blätter: 2; meist lang und schmal
Wuchs: am Naturstandort epiphytisch; eiförmige Pseudobulben mit je 2 Blättern; Formen mit je nur 1 Blatt werden auch als *Miltoniopsis* geführt
Standort: hell bis halbschattig, keine direkte Sonne; luftfeucht; tagsüber im Sommer bei 18–22 °C, im Winter bei 15–18 °C, nachts jeweils etwas kühler
Verwendung: aparter Blüher, besonders für Ost- und Westfenster geeignet
Pflegen: mit kalkarmem Wasser gleichmäßig feucht, aber keinesfalls nass halten; im Winter sehr zurückhaltend gießen; nur Umgebungsluft besprühen, nicht direkt auf die Pflanzen; im Frühjahr und Sommer alle 14 Tage Orchideendünger geben
Vermehren: durch Teilung

Orchideen

Oncidie
Oncidium-Arten und -Hybriden

HERKUNFT: tropische Wälder in Mittel- und Südamerika

▸ grazile Blütenstände

Familie: Orchideen *(Orchidaceae)*
Blüten: meist klein und zahlreich in langen Blütenrispen; die Einzelblüten sind gelb, weiß, rosa, rot und braun, häufig gebändert oder gescheckt (*Oncidium*-Hybriden → Abb.); mit schwielenartigem Auswuchs am Grund der Lippe
Blätter: 1–2; lang und schmal
Wuchs: epiphytisch; Pseudobulben oft eiförmig
Standort: hell bis halbschattig; luftfeucht, wärmeverträgliche Arten (z. B. *O. bicallosum, O. carthagenense*) tagsüber bei 20–25 °C und nachts bei 16–18 °C; Arten für kühlen Standort (z. B. *O. ornithorhynchum*) im Sommer tagsüber bei 20–25 °C, im Winter bei 18–22 °C, nachts jeweils deutlich kühler
Verwendung: für die Fensterbank und das Blumenfenster
Pflegen: im Sommer mit kalkarmem, zimmerwarmem Wasser vorsichtig gießen; häufig übersprühen; die Sommerblüher im Winter sehr wenig gießen; in der Wachstumszeit alle 3 Wochen Orchideendünger geben
Vermehren: durch Teilung

Frauenschuh
Paphiopedilum-Arten und -Hybriden

HERKUNFT: tropische Wälder in Ostasien und Südostasien

▸ pflegeleichte Schönheit

Andere Namen: Venusschuh
Familie: Orchideen *(Orchidaceae)*
Blüten: weiß, gelb, rötlich, braun oder grün, oft gestreift oder gefleckt; mit schuhähnlich geformter Lippe
Blätter: riemenförmig, fleischig; häufig hell gefleckt bzw. marmoriert
Wuchs: meist ohne Pseudobulben; rosettenähnlich mit je 2–4 Blattpaaren
Standort: hell bis halbschattig; meist im Sommer bei bis zu 30 °C, im Winter nicht unter 18 °C; Arten mit rein grünen, nicht gefleckten Blättern kühler
Verwendung: für warme Plätze ohne direkte Sonneneinstrahlung
Pflegen: mit weichem, temperiertem Wasser gießen, dazwischen Substrat abtrocknen lassen; nicht ins „Herz" oder auf die Blätter gießen; öfter übersprühen; auch im Winter leicht feucht halten; in der Wachstumszeit alle 14 Tage mit Orchideendünger versorgen
Vermehren: durch Teilung
Hinweis: enthält Giftstoffe
Sorten/Verwandte: Die diversen Hybriden (→ Abb.) im Handel sind meist etwas robuster.

Malaienblume
Phalaenopsis-Hybriden

HERKUNFT: tropische Wälder in Asien, Australien, Ozeanien

▸ Blüten teils duftend

Andere Namen: Nachtfalterorchidee
Familie: Orchideen *(Orchidaceae)*
Blüten: schmetterlingsförmig; weiß, rosa oder hellviolett; anspruchsvollere Liebhaberarten auch gelb, rot, purpur und mehrfarbig gezeichnet; Hauptblütezeit im Frühjahr
Blätter: breit und ledrig, dunkelgrün, teils gefleckt
Wuchs: meist epiphytisch; keine Pseudobulben, stattdessen fleischige Wurzeln mit dicht beblättertem Spross und hoch aufragenden Blütenschäften
Standort: hell bis halbschattig; luftfeucht; tagsüber bei 20–25 °C, nachts bei wenigstens 16 °C
Verwendung: Die Hybriden (→ Abb.) sind pflegeleichte, attraktive Blüher für nicht direkt besonnte Standorte.
Pflegen: mit kalkarmem, temperiertem Wasser mäßig feucht halten, zwischendurch Substrat kurz abtrocknen lassen; nicht ins „Herz" oder auf die Blätter gießen; häufig besprühen; alle 14 Tage Orchideendünger verabreichen
Vermehren: durch Kindel („Keikis"), teilweise auch durch Seitensprosse

BLÜTENPFLANZEN

Bromelien

• • • Bromelien verleihen dem Zimmergarten einen Hauch von Exotik. Sie bezaubern mit bizarren Formen, hübsch gefärbten Blättern, eindrucksvollen Trichterrosetten und teilweise auch mit prächtigen Blütenständen.

Lanzenrosette
Aechmea fasciata

HERKUNFT: tropisches und subtropisches Mittel- und Südamerika

▶ robuster Zimmerschmuck

NACH EINEM PROMINENTEN wie schmackhaften Vertreter sind die Bromelien auch als Ananasgewächse bekannt. Dies obgleich die Ananas für Bromelien eine eher untypische Lebensweise hat: Als terrestrische Bromelie wurzelt sie in der Erde. Viele andere Arten dagegen leben epiphytisch, also als Aufsitzerpflanzen, z. B. auf Bäumen. Sie gedeihen häufig aber auch in Topfkultur. Verbreitet ist die Trichterform der Blattrosette: So bilden die Pflanzen eine Zisterne, in der sie am Naturstandort Regenwasser sammeln.

Die Blütenstände vieler Bromelien erscheinen häufig erst an älteren Pflanzen. Und selbst das ist nicht immer gewährleistet. Nachhelfen kann man, z. B. bei der Ananas, indem man die Pflanzen zusammen mit einigen reifen Äpfeln wenigstens zwei Wochen lang unter eine Folienhülle packt; das Ethylengas der Äpfel fördert die Blütenbildung. Damit ist aber auch die Lebensdauer vieler Bromelien besiegelt: Sie sterben nach der Blüte ab, sorgen aber oft vorher durch Bildung von Kindeln für ausreichend Nachwuchs.

Familie: Bromelien *(Bromeliaceae)*
Blüten: rispen- oder büschelartiger Blütenstand mit rosa gefärbten Hochblättern, Mai – Oktober
Blätter: breit lanzettlich, hart, mit bestacheltem Rand; bis gut 50 cm lang; meist weiß gebändert und marmoriert
Wuchs: trichterförmige Blattrosette, in der sich der Blütenstand entwickelt
Standort: hell, ohne direkte Sonne; warm, auch im Winter über 18 °C
Verwendung: recht pflegeleichte Blüten- und Blattschmuckpflanze für helle Zimmer und Blumenfenster
Pflegen: von Frühjahr bis Herbst mit kalkarmem Wasser immer gleichmäßig feucht halten; über Sommer kann auch Wasser in der Rosette stehen, sofern kein Dünger darin gelöst ist; im Winter zurückhaltend gießen; etwa alle 14 Tage düngen; verblühte, welkende Rosetten regelmäßig entfernen
Vermehren: durch Kindel
Hinweis: Die Blattrosette stirbt nach der Blüte ab. Die Pflanze enthält Giftstoffe, der Saft kann Hautreizungen hervorrufen.

Bromelien

Ananas
Ananas comosus

HERKUNFT: tropisches Mittel- und Südamerika

➤ *sehr dekorative Blätter*

Familie: Bromelien *(Bromeliaceae)*
Blüten: zapfenförmiger Blütenstand mit rötlichen Hochblättern, über dem bei älteren Pflanzen unter idealen Bedingungen schopfartige Blätter treiben
Blätter: schmal; am Rand stark und scharf gezähnt; mit weißen bis gelblichen Randstreifen
Wuchs: ausladend; lockere Blattrosette, aus der der Blütenstand treibt; wächst langsam
Standort: möglichst hell, keine pralle Sonne; ganzjährig warm; gut belüftet
Verwendung: raumgreifende Blattschmuck- und Blütenpflanze
Pflegen: im Wachstum mit kalkarmem Wasser gut feucht halten und wöchentlich schwach dosiert düngen; im Winter Gießen und Düngen einschränken
Vermehren: durch Kindel
Hinweis: Meist erhält man beim Kauf Pflanzen mit bereits gut entwickelten Blütenanlagen.
Sorten/Verwandte: *A. bracteatus* hat gelbe Blattränder und rote Hochblätter, die Blattränder von *A. comosus* 'Variegatus' (→ Abb.) sind weiß.

Zimmerhafer
Billbergia nutans

HERKUNFT: tropisches Mittel- und Südamerika

➤ *pflegeleichter Dauerblüher*

Familie: Bromelien *(Bromeliaceae)*
Blüten: Blütenähre mit rötlichen, überhängenden Hochblättern; Blütezeit je nach Kultur, hauptsächlich im Winter
Blätter: grasartig, bis etwa 30 cm lang, bogig überhängend
Wuchs: Blattrosetten, aus deren Mitte die Blütenschäfte entspringen; durch reiche Kindelbildung bald dicht an dicht nebeneinander
Standort: hell bis halbschattig, keine pralle Mittagssonne; warm und luftfeucht; über Sommer auch draußen; im Winter nicht unter 12 °C
Verwendung: anspruchslose Zimmerpflanze für warme und nicht zu dunkle Plätze
Pflegen: im Sommer mit kalkarmem Wasser mäßig feucht halten und wöchentlich düngen; im Winter bei kühlem Stand zurückhaltend gießen, aber Ballen nicht ganz austrocknen lassen; durch Übersprühen mit kalkarmem Wasser immer für genügend Luftfeuchtigkeit sorgen
Vermehren: durch 10–15 cm lange Kindel oder Teilung im Frühjahr

Versteckblüte
Cryptanthus-Arten

HERKUNFT: tropische Wälder in Südamerika

➤ *reizvolle kleine Rosetten*

Andere Namen: Erdstern
Familie: Bromelien *(Bromeliaceae)*
Blüten: klein, unscheinbar, bleiben verborgen im Innern der Blattrosette
Blätter: bis 10 cm lang, lanzettlich zugespitzt; derb; teils gewellt; oft mehrfarbig gestreift oder gebändert
Wuchs: Erdbromelien; bilden niedrige, sternförmige Blattrosetten
Standort: hell, jedoch keine pralle Mittagssonne; ganzjährig um 20 °C
Verwendung: bei genügend Luftfeuchtigkeit als Zimmerpflanze, ansonsten besser im geschlossenen Blumenfenster; hübsch in Flaschengärten
Pflegen: mit kalkarmem Wasser leicht feucht halten; alle 14 Tage schwach dosiert düngen; öfter übersprühen
Vermehren: durch Kindel
Sorten/Verwandte: Von *C. bivittatus* gibt es Sorten mit hübscher Längsstreifung der Blätter, so etwa 'Tricolor' (grün, weiß und rosa gestreift) oder 'Pink Starlight' (rosa mit grünen Streifen); mit verschiedenfarbigen Querbänderungen präsentieren sich Sorten von *C. zonatus*, z. B. 'Zebrinus' (→ Abb.).

BLÜTENPFLANZEN

Guzmanie
Guzmania-Hybriden

Nestananas
Neoregelia-Arten und Hybriden

Nestrosette
Nidularium-Arten

HERKUNFT: tropische Wälder in Mittel- und Südamerika

▸ hübsche Blatt- und Blütenzierde

Familie: Bromelien *(Bromeliaceae)*
Blüten: Blütenstand mit gelben, roten bis orangeroten Hochblättern; Hauptblütezeit im Spätwinter
Blätter: lang, schmal, glänzend grün, teils dekorativ gestreift
Wuchs: dichte Blattrosette, aus der ein kräftiger Blütenschaft treibt
Standort: hell bis halbschattig; warm und luftfeucht
Verwendung: besonders für geschlossene Blumenfenster geeignet oder für warm temperierte Räume bei hoher Luftfeuchtigkeit
Pflegen: mit kalkarmem, zimmerwarmem Wasser mäßig feucht halten, dabei auch in den Blatttrichter gießen; häufig übersprühen; alle 14 Tage schwach dosiert düngen
Vermehren: schwierig, die Aussaat ist langwierig, und Kindel bilden sich nur selten
Hinweis: Die Pflanzen enthalten hautreizende Stoffe.
Sorten/Verwandte: Im Handel sind oft klein bleibende Hybriden (→ Abb.) wie 'Intermedia' und 'Magnifica'.

HERKUNFT: tropische Wälder in Brasilien

▸ attraktives Farbenspiel

Familie: Bromelien *(Bromeliaceae)*
Blüten: flacher Blütenstand; violett, umgeben von leuchtend roten Herzblättern; Blütezeit im Sommer
Blätter: schmal, abrupt zugespitzt; bei Sorten häufig mehrfarbig gezeichnet, auch quer gestreift, gepunktet oder gescheckt, grün oder bunt; die inneren Herzblätter färben sich zur Blütezeit rot
Wuchs: flache, breite Rosette
Standort: sehr hell, aber keine direkte Sonne; ganzjährig warm und luftfeucht, am besten auf Kies in wassergefüllter Schale; kühlerer Stand (bei 12–14 °C) nach Ausfärbung der Herzblätter verlängert die Lebensdauer
Verwendung: sowohl dekorative Blüten- als auch Blattschmuckpflanze, besonders gut im geschlossenen Blumenfenster aufgehoben
Pflegen: mit kalkarmem, temperiertem Wasser mäßig feucht halten und übersprühen; das Rosetteninnere (Zisterne) stets mit Wasser gefüllt halten; alle 14 Tage düngen
Vermehren: durch Kindel

HERKUNFT: tropische Wälder in Brasilien

▸ leuchtend rote Blatttrichter

Familie: Bromelien *(Bromeliaceae)*
Blüten: verzweigter Blütenstand mit farbigen Hochblättern, umgeben von auffällig gefärbten Blattpartien in der Rosettenmitte; die verbreitete Art *N. fulgens* hat einen blauvioletten Blütenstand und eine leuchtend rote Rosettenmitte; Blüte im Sommer
Blätter: etwa 30 cm lang und breit lanzettlich; bei *N. fulgens* dunkel gefleckt, bei *N. innocentii* var. *lineatum* gelb gestreift
Wuchs: breite Trichterrosette
Standort: hell; ganzjährig nicht unter 18 °C, luftfeucht
Verwendung: im warmen Bad, ideal im geschlossenen Blumenfenster
Pflegen: mit kalkarmem, zimmerwarmem Wasser gut feucht halten, besonders im Sommer auch in Blatttrichter gießen; über Winter zurückhaltend gießen; während der Wachstumszeit alle 14 Tage schwach dosiert düngen, auch die Blätter mit Düngerlösung besprühen; trockene Blattspitzen entstehen durch zu geringe Luftfeuchtigkeit
Vermehren: durch Kindel

Bromelien

Tillandsie
Tillandsia-Arten

Vriesea
Vriesea splendens

HERKUNFT: tropisches und subtropisches Amerika

▸ *faszinierende Blütenstände*

Familie: Bromelien *(Bromeliaceae)*
Blüten: Graue Tillandsien haben unterschiedliche Blüten und Blütenstände, blühen aber in Kultur selten. Grüne Tillandsien bringen abgeflachte, ährenähnliche Blütenstände mit rötlichen oder grünlichen Hochblättern hervor, zwischen denen teils kurzlebige, blaue Blüten erscheinen, z. B. bei *T. cyanea* (→ Abb.); Blütezeit je nach Art im Frühjahr oder Sommer
Blätter: je nach Blattfarbe Unterteilung in graue und grüne Tillandsien, bei grauen Tillandsien sind sie weißlich grau; Blätter oft sehr schmal
Wuchs: meist mit Blattrosetten, teils auch stammbildend; außergewöhnlich das Louisiana-Moos *(T. usneoides)* mit langen, fadenartigen Trieben und winzigen, schuppenartigen Blättchen. Die grauen Tillandsien wie *T. argentea*, *T. funckiana* oder Louisiana-Moos leben am Naturstandort epiphytisch auf Gehölzen, Kakteen oder Felsen. Ihre Wurzeln dienen nur dem Festhalten; Wasser und Nährstoffe nehmen sie über Saugschuppen auf, die den Blättern ihre graue Färbung verleihen. Die grünen Tillandsien wie *T. cyanea* und *T. lindenii* dagegen wurzeln in der Erde.
Standort: graue Tillandsien hell bis vollsonnig, über Sommer auch draußen, im Winter bei 10–15 °C; grüne Tillandsien hell, aber nicht in die pralle Sonne stellen, warm und luftfeucht, im Winter nicht unter 15–18 °C
Verwendung: Graue Tillandsien sind ideal für Epiphytenstämme oder dekorative Unterlagen wie knorriges Holz, hübsch auch auf geeigneter Unterlage am Fenster aufgehängt. Grüne Tillandsien gedeihen am besten im geschlossenen Blumenfenster.
Pflegen: Graue Tillandsien befestigt man durch Kleben oder Aufbinden an Ast- oder Korkstücken, Tuffsteinen oder Tonröhren; von Frühling bis Spätsommer täglich ein- bis zweimal mit kalkarmem Wasser übersprühen, über Winter ein- bis zweimal in der Woche; zweimal im Monat dem Wasser sehr schwach dosierten Dünger untermischen. Grüne Tillandsien stets leicht feucht halten, häufig Umgebungsluft besprühen; alle 4 Wochen schwach dosiert (in halber Konzentration) düngen
Vermehren: durch Kindel
Hinweis: Die Pflanzen stehen im Verdacht, Giftstoffe zu enthalten.

HERKUNFT: tropische Wälder in Mittel- und Südamerika

▸ *leuchtende Blütenstände*

Andere Namen: Flammendes Schwert
Familie: Bromelien *(Bromeliaceae)*
Blüten: abgeflachter, langer Blütenstand mit leuchtend roten Hochblättern, die gelbe Einzelblüten umhüllen; Blütezeit im Sommer
Blätter: aufrecht bis überhängend, fleischig, schwertförmig, dunkelrot quer gebändert
Wuchs: epiphytisch; Trichterrosette
Standort: hell bis halbschattig; warm und luftfeucht
Verwendung: ideal im geschlossenen Blumenfenster
Pflegen: mit kalkarmem, temperiertem Wasser gleichmäßig feucht halten, oft übersprühen; im Winter weniger gießen, alle 14 Tage schwach düngen
Vermehren: durch kräftige Kindel
Hinweis: enthält Giftstoffe; Vrieseen lassen sich auf Epiphytenstämme aufbinden oder in Topfkultur halten
Sorten/Verwandte: zahlreiche Hybrid-Sorten mit rot oder gelb gefärbten Hochblättern und glänzend grün oder gebänderten und gefleckten Blättern; sie blühen meist ganzjährig

Fleischfressende Pflanzen

••• Die Pflanzen mit dem ungewöhnlichen Appetit zeigen sich als überaus elegante Erscheinungen. Ihre raffinierten Methoden zur Jagd auf Insekten verblüffen immer wieder aufs Neue.

•••
GIERIGE SCHÖNHEITEN
Ein Pflanzenkabinett der schaurigschönen Sorte: Verschiedene fleischfressende Pflanzen wetteifern eher um Aufmerksamkeit denn um Beute.

GLITZERNDE TROPFEN
Mit süßem Nektar verheißenden, aber tückisch klebrigen Tentakeln lockt der Sonnentau *(Drosera)* die Beute ins Verderben.

DUFTIG VERPACKT
Diese Schlauchpflanzen *(Sarracenia)* recken ihre schlanken Röhrenblätter aus hauchdünnen Organzabeuteln empor, oben jeweils von einem Deckel behütet.

FALLGRUBEN
Die Kannenpflanze *(Nepenthes)* bildet ihre Blätter zu bauchigen Fallen um, aus denen es für kleine Insekten kein Entkommen mehr gibt.

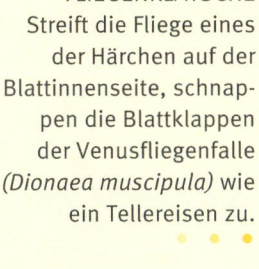

FLIEGENKLATSCHE
Streift die Fliege eines der Härchen auf der Blattinnenseite, schnappen die Blattklappen der Venusfliegenfalle *(Dionaea muscipula)* wie ein Tellereisen zu.

FEUCHT UND WARM
Für alle fleischfressenden Pflanzen wie diese Schlauchpflanze *(Sarracenia)* ist ein heller, warmer Standort mit sehr hoher Luftfeuchte erforderlich.

Grünpflanzen

Grünpflanzen

• • • Auch ohne spektakuläre Blüten sind Zimmerpflanzen allein durch ihre vielfältigen Blattformen und -farben äußerst attraktiv und stehen den Blütenschmuckpflanzen in nichts nach. Sie wirken als eindrucksvolle Solitärpflanzen ebenso wie als filigraner Tischschmuck.

GRÜNPFLANZEN MACHEN insbesondere durch ihr Blattwerk und ihre Wuchsform auf sich aufmerksam. Das bedeutet jedoch nicht, dass sie keine Blüten ausbilden können oder gar weniger attraktiv wären als blühende Zimmerpflanzen. Die meisten von ihnen blühen an ihrem Naturstandort durchaus. Aber es gibt Arten, die erst in hohem Alter zur Blüte kommen und dies im Zimmer nicht erreichen. Häufig erweisen sich auch die Standortbedingungen im Haus einfach nicht als optimal genug. Andere bilden so unscheinbare Blüten, dass sie dem Betrachter kaum auffallen und optisch hinter die attraktiven Blätter treten.

Ob als stattlicher Zimmerbaum, filigrane Ranktriebe oder dichtlaubiger Busch: Grünpflanzen sind vielfältig in ihren Erscheinungsformen und wirken als eindrucksvolle Solitärpflanzen für sich allein ebenso wie als schmucker Begleiter für Blütenpflanzen. Mit mehreren Exemplaren stellt sich das richtige Dschungel-Feeling wie von selbst ein, und viel- oder großblättrige Exemplare sorgen als grüne Lungen zudem für eine spürbare Verbesserung des Raumklimas. Auch gestalterisch sind sie vielseitig einsetzbar: Kletter- und Hängepflanzen bilden ideale Raumteiler, mannshohe Zimmerbäume betonen die Vertikale.

• • • Blattbegonien zeigen in großer Sortenvielfalt ihre beeindruckende Palette an verschiedenen Blattzeichnungen. Auf einem Beistelltisch kann man sie schön in Szene setzen.

Als Blatt- oder Blattschmuckpflanzen fasst man Arten zusammen, die vorwiegend durch hübsche Blattzeichnungen oder farbenprächtiges Laub auffallen. Den oft fehlenden oder unscheinbaren Blütenschmuck machen die Pflanzen damit mehr als wett. Oft handelt es sich beispielsweise bei Rottönen im Blattmuster um eine Art Sonnenschutz, den die Pflanzen an dunklen Standorten wieder einbüßen. Wahre Farbfeuerwerke entfachen beispielsweise Kaladie (*Caladium-Bicolor*-Hybriden) oder Buntnessel (*Solenostemon scutellarioides*). Manche bestechen durch markante Blattzeichnungen, etwa die gefleckten Blätter der Korbmaranten (*Calathea makoyana*) oder das Pfeilblatt (*Alocasia*) mit weißen Blattadern, wieder andere durch ihre außergewöhnlichen Blattformen, z. B. die Palmen mit ihren dekorativen Wedeln, das Fensterblatt (*Monstera deliciosa*) oder die Geigenfeige (*Ficus lyrata*). Auch die Blattgröße ist sehr variabel. Selbst winzig kleine Blätter wie die des Bubiköpfchens (*Soleirolia soleirolii*) oder der Leuchterblume (*Ceropegia linearis*) gehen im grünen Blätterwald des Zimmergartens nicht unter, wenn man sie entsprechend zur Schau stellt.

Zu den Blattschmuckpflanzen rechnet man auch Farne und Gräser, die schon wegen ihres andersartigen Aussehens und ihrer Zuordnung im Pflanzenreich eine Sonderstellung einnehmen. Die für die Zimmerkultur wichtigsten Gräser werden deshalb in einem eigenen Unterkapitel vorgestellt. Den Palmen wird ebenfalls ein eigenes Kapitel gewidmet, denn als einkeimblättrige Pflanzen sind sie aufgrund ihrer Botanik und Pflegeansprüche nicht mit den übrigen Grünpflanzen gleichzusetzen.

• • • Der Zwergpfeffer (*Peperomia caperata*) gehört mit seinen marmorierten Blättern zu den auffälligsten Grünpflanzen. Sein dichtes Blattwerk und die auffällige Struktur der herzförmigen Blätter sind nicht zu übersehen.

GRÜNPFLANZEN

Paradiesnessel
Acalypha-Wilkesiana-Hybriden

Kolbenfaden
Aglaonema-Arten

Pfeilblatt
Alocasia-Arten

HERKUNFT: Inselwelt im südlichen Pazifik

➤ *variable Laubfärbung*

Andere Namen: Kupferblatt, Nesselschön
Familie: Wolfsmilchgewächse (*Euphorbiaceae*)
Blätter: groß, mit gesägtem Rand, je nach Sorte grün, gelblich, rosa oder rotbraun, auch mehrfarbig
Wuchs: buschig, sortenabhängig kompakt oder bis 2 m hoch
Standort: hell, aber nicht vollsonnig, bei zu dunklem Stand vergrünen buntlaubige Sorten; ganzjährig warm
Verwendung: Besonders die rötlich getönten Sorten sind auffällige Blattschmuckpflanzen.
Pflegen: gleichmäßig feucht, aber nicht nass halten; alle 14 Tage düngen, im Winter seltener; mit lauwarmem, weichem Wasser besprühen
Vermehren: Kopfstecklinge im Frühjahr bei mindestens 20 °C Bodenwärme und hoher Luftfeuchtigkeit
Hinweis: In allen Teilen giftig!
Sorten/Verwandte: 'Musaica', bronzerote, gemusterte Blätter; 'Marginata', Blätter grün, rosa gerandet; 'Godseffiana', hellgrün mit weißem Rand

HERKUNFT: Regenwälder in Südostasien

➤ *hübsche Blattzeichnung*

Familie: Aronstabgewächse (*Araceae*)
Blätter: groß, länglich, zugespitzt, dunkelgrün, meist mit weißen oder silbrigen Blattflecken
Wuchs: *A. commutatum* (→ Abb.), häufigste Art, strauchartig aufrecht, bis 50 cm hoch; *A. crispum* bis 1 m; *A. costatum* eher niederliegend
Standort: buntblättrige Sorten sehr hell, aber nicht sonnig, grünblättrige auch halbschattig; ganzjährig warm, im Winter nicht unter 15 °C; steht am besten im feuchtwarmen Blumenfenster oder auf feuchtem Kiesbett
Verwendung: sehr ansprechende Blattpflanze für luftfeuchte Plätze, z. B. im Badezimmer
Pflegen: mäßig feucht halten und häufig übersprühen, beides mit kalkarmem, lauwarmem Wasser; alle 2 Wochen schwach dosiert düngen, im Winter seltener
Vermehren: durch Teilung im Frühjahr oder durch Kopfstecklinge bei mindestens 22 °C Bodentemperatur und hoher Luftfeuchtigkeit
Hinweis: In allen Teilen giftig!

HERKUNFT: tropische Regenwälder Asiens

➤ *metallischer Schimmer*

Andere Namen: Tropenwurz
Familie: Aronstabgewächse (*Araceae*)
Blätter: bis 40 cm lang, pfeil- oder schildförmig, je nach Art mehr oder weniger metallisch glänzend; mit weißen Blattadern auf blau- oder dunkelgrünem Grund (*A. sanderiana* → Abb., *A. lowii*) oder dunkel geäderten, hell kupferfarbenen Blättern (*A. cuprea*)
Wuchs: aufrecht mit lang gestielten, teils hängenden Blättern
Standort: halbschattig; warm und luftfeucht, im Winter nicht unter 18 °C
Verwendung: nobel wirkende Blattschmuckpflanze, am besten für geschlossene Blumenfenster geeignet; braucht recht viel Platz
Pflegen: gleichmäßig leicht feucht halten und öfter übersprühen, dazu möglichst kalkarmes und lauwarmes Wasser verwenden; im Winter weniger gießen; alle 2 Wochen in schwacher Dosierung düngen
Vermehren: durch Ausläufer oder Rhizomteilung
Hinweis: Die Pflanze enthält schleimhautreizende Stoffe.

Scheinrebe
Ampelopsis brevipedunculata

HERKUNFT: Wälder in Ostasien, vorwiegend Ostchina

▸ *Kletter- und Ampelpflanze*

Andere Namen: Jungfernrebe, Zimmerwein
Familie: Weinrebengewächse (*Vitaceae*)
Blätter: dreilappig, bei der als Zimmerpflanze geeigneten Form *A. brevipedunculata* var. *maximowiczii* 'Elegans' (→ Abb.) grün-weiß gescheckt, Jungpflanzen rosa überhaucht
Wuchs: langtriebig, kletternd
Standort: hell, aber nicht prallsonnig, oder halbschattig; im Sommer an einem warmen Platz auch draußen, im Winter hell und kühl, bei 10–15 °C
Verwendung: hübsche Kletter- oder Ampelpflanze für Ost- und Westfenster sowie Wintergarten
Pflegen: im Sommer reichlich gießen, im Winter fast trocken halten; während der Wachstumszeit alle 14 Tage düngen; bei Verwendung als Kletterpflanze Rankhilfe geben und Triebe aufbinden; im Frühjahr zurückschneiden, um buschigen Wuchs zu fördern
Vermehren: durch Kopf- oder Triebstecklinge im Sommer
Hinweis: enthält hautreizende Stoffe

Blattanthurie
Anthurium crystallinum

HERKUNFT: tropische Regenwälder in Mittel- und Südamerika

▸ *markante Blattadern*

Familie: Aronstabgewächse (*Araceae*)
Blätter: groß, herzförmig; dunkelgrün, mit weißen Blattadern
Wuchs: aufrecht, bis 40 cm lange Blattstiele, an denen die Blätter fast senkrecht hängen
Standort: hell bis halbschattig, keine pralle Sonne; warm und luftfeucht, auch im Winter nicht unter 18 °C; möglichst bodenwarmer Stand
Verwendung: vorzugsweise im geschlossenen Blumenfenster
Pflegen: mäßig feucht halten und öfter übersprühen, beides mit kalkarmem, temperiertem Wasser; etwa alle 14 Tage düngen, im Winter seltener
Vermehren: über Kopf- oder Stammstecklinge bei hoher Wärme und Luftfeuchtigkeit, durch Abmoosen oder durch Teilung älterer Exemplare
Hinweis: Anthurien enthalten Stoffe, die Haut- oder Schleimhautreizungen auslösen können.
Sorten/Verwandte: *A. scadens* hat schmale, sehr dekorative meterlange Blätter mit weißer Mittelrippe und hellen Seitenadern.

Zimmertanne
Araucaria heterophylla

HERKUNFT: Wälder der Norfolk-Inseln (Südpazifik)

▸ *Nadelbaumflair fürs Zimmer*

Familie: Araukariengewächse (*Araucariaceae*)
Blätter: dicht stehende Nadeln an wedelartigen Zweigen, anfangs hellgrün, an älteren Exemplaren dunkelgrün; immergrün
Wuchs: Stamm mit etagenartig angeordneten, waagerecht stehenden Zweigen; langsam wachsend, in Zimmerkultur 1–2 m hoch
Standort: hell, braucht für gleichmäßigen Wuchs Licht von allen Seiten; nicht zu warm (optimal bis 18 °C), im Sommer Freiluftaufenthalt vorteilhaft; im Winter hell bei 5–10 °C
Verwendung: für helle, kühle Räume, z. B. Schlafzimmer
Pflegen: mit kalkfreiem Wasser gleichmäßig leicht feucht halten, im Winter trockener; besonders an warmem Standort öfter übersprühen; im Sommer alle 14 Tage düngen, kalkarmen Dünger verwenden
Vermehren: Kopfstecklinge von der Mitteltriebspitze; 25 °C Bodenwärme, hohe Feuchtigkeit und Bewurzelungshormon nötig (schwierig)

GRÜNPFLANZEN

Zierspargel
Asparagus-Arten

Schusterpalme
Aspidistra elatior

HERKUNFT: tropische und subtropische Wälder in Afrika und Asien

▸ *filigrane Scheinblätter*

Familie: Spargelgewächse (*Asparagaceae*)
Blätter: Die Pflanzen besitzen blattartig umgebildete Seitensprosse, die man als Phyllocladien bezeichnet. Die eigentlichen Blätter sind oft zu Dornen umgebildet. Die Scheinblätter von *A. densiflorus* (→ Abb. rechts) und *A. setaceus* sind nadelartig, die von *A. falcatus* (→ Abb. links) etwas breiter.
Wuchs: strauchartig mit kurzem Stamm und z. T. stark verzweigten Trieben; *A. densiflorus* und *A. setaceus* und ihre Sorten besitzen lange, auch bogig überhängende Triebe; *A. falcatus* ist ein stark wachsender Kletterer mit meterlangen Trieben; die Wurzeln teils knollig oder rübenartig verdickt
Standort: hell, aber ohne direkte Sonne; *A. densiflorus* auch sonnig; im Sommer warm, im Winter hell und kühler, aber nicht unter 12 °C; *A. densiflorus* und *A. falcatus* können im Sommer auch ins Freie
Verwendung: hübsche Grünpflanzen mit lockerer, heiterer Wirkung, attraktiv auf Säulen vor großen Fenstern; *A. setaceus* wird gerne als Beiwerk für Blumensträuße verwendet
Pflegen: gleichmäßig leicht feucht halten, aber Staunässe vermeiden; im Winter weniger gießen, die Menge richtet sich nach der Zimmertemperatur; bei warmem Stand gelegentlich einsprühen; während der Vegetationszeit einmal wöchentlich düngen, im Winter einmal im Monat
Vermehren: durch Teilung des fleischigen Wurzelstocks oder durch Aussaat ohne Licht unter einer dünnen Schicht Blumenerde (Dunkelkeimer)
Hinweis: manche Arten und Sorten bilden eher unauffällige, dafür aber oft stark duftende Blüten, aus denen sich kleine, meist rote Beeren entwickeln; die Früchte sind giftig
Sorten/Verwandte: Sorten von *A. densiflorus*: 'Sprengeri' mit langen, überhängenden Trieben, 'Myersii' (früher 'Meyeri') besitzt sehr dicht und buschig „beblätterte" Triebe, die an Katzen- oder Fuchsschwänze erinnern; *A. setaceus* wird manchmal noch unter dem früheren Namen *A. plumosus* geführt, die Sorte 'Nanus' wächst gedrungener; *A. asparagoides*, eine Kletterpflanze mit breiten Scheinblättern, die echten Blättern sehr ähnlich sehen, wird nur noch selten angeboten.

HERKUNFT: gebirgige Wälder in China und Japan

▸ *sehr robust und pflegeleicht*

Andere Namen: Metzgerpalme, Schildblume, Eisenpflanze
Familie: Maiglöckchengewächse (*Convallariaceae*)
Blätter: immergrün; dunkelgrün, ledrig länglich zugespitzt; stehen an langen Stielen und werden inkl. der Blattstiele ca. 80 cm lang und 10 cm breit; 'Milky Way' ist weiß gestreift, 'Variegata' besitzt cremeweiße bis gelbe Streifen
Wuchs: die Blätter schieben sich aus kriechenden Rhizomen hervor; gelegentlich erscheinen bodennah am Austrieb schmutzig violette Blüten
Standort: hell bis schattig, aber keine direkte Sonne; am liebsten kühl, kann jedoch auch wärmer gehalten werden; im Sommer auch draußen; im Winter kühler, nicht unter 2 °C; verträgt auch trockene Luft; die gestreiften Sorten heller und wärmer, sonst vergrünen sie
Verwendung: äußerst robuste Pflanze, auch für Treppenhäuser und Flure
Pflegen: im Sommer gleichmäßig feucht, aber keine Staunässe; einmal monatlich schwach düngen
Vermehren: durch Rhizomteilung

Blattbegonien
Begonia-Arten und -Hybriden

HERKUNFT: Tropen und Subtropen außer Australien, Kultivare

▸ *attraktiver Blattschmuck*

Andere Namen: Schiefblatt
Familie: Begoniengewächse (*Begoniaceae*)
Blätter: asymmetrisch; große Vielfalt an Formen und Färbungen; je nach Art und Sorte sind die Blätter eher rundlich und ganzrandig, gelappt, gezackt oder geteilt und teilweise lang gestielt; unterschiedliche Grüntöne, Braun bis hin zu Rosa und Rot, oft mit sehr auffälligen Zeichnungen
Wuchs: buschig, krautig, teils auch überhängend
Standort: hell, aber keine direkte Sonne; von Frühjahr bis Herbst warm, im Winter kühler, nicht unter 16 °C, *B. metallica* und *B. scharffiana* um 12 °C
Verwendung: attraktiver Blattschmuck fürs helle Zimmer, auch für Ampeln
Pflegen: ganzjährig mit kalkarmem Wasser mäßig feucht halten; braucht hohe Luftfeuchtigkeit, die Blätter aber nicht direkt besprühen; während der Vegetationszeit alle 14 Tage mit kalkarmem Dünger versorgen
Vermehren: Stecklinge, Blatt- und Wurzelschnittlinge, Aussaat bei ca. 24 °C, Saat nicht abdecken, da sie zu den Lichtkeimern gehören
Hinweis: Einige Arten, vor allem Königsbegonien, enthalten Stoffe, welche die Schleimhaut reizen.
Sorten/Verwandte: große Arten- und Sortenfülle; beliebt sind Königs- oder Rexbegonien (*B.-Rex*-Hybriden bzw. *Rex-Cultorum*-Gruppe, → Abb.), Tigerbegonien (*B.-Boweri*-Hybriden), *B.-Mexicross*-Hybriden sowie *B. masoniana* 'Iron Cross' bzw. 'Eisernes Kreuz', *B.* × *erythrophylla*, *B. heracleifolia*, *B. listada*, *B.* × *ricinifolia*, *B. serratipetala*

GRÜNPFLANZEN

Flaschenbaum
Brachychiton rupestris

HERKUNFT: trockene Gebiete in Australien

▸ *bizarrer Wuchs*

Andere Namen: Glücksbaum
Familie: Sterkuliengewächse (*Sterculiaceae*)
Blätter: Blätter an jungen Exemplaren gefingert, an älteren einfach und lanzettlich, immergrün
Wuchs: Am Naturstandort wachsen sie zu großen Bäumen, im Topf bleiben sie klein. Der Stamm ist vor allem am Fuß flaschenförmig verdickt und dient als Wasserspeicher, darüber erhebt sich eine locker verzweigte Krone. Mit der Zeit schieben sich auch die bizarr geformten Pfahlwurzeln heraus.
Standort: sonnig bis sehr hell und warm, im Winter kühl um 10 °C, aber gut belüftet
Verwendung: bonsaiähnliche Bäume mit eigenwilligem Charakter, passen gut zu Sukkulenten-Arrangements
Pflegen: sparsam gießen; alle 4–6 Wochen düngen; im Frühjahr bei Bedarf zurückschneiden
Vermehren: durch Aussaat bei 25 °C, Samen vorher anritzen
Sorten/Verwandte: Ähnlich ist *B. populneus* mit gelappten Blättern.

Kaladie
Caladium-Bicolor-Hybriden

HERKUNFT: Kultivare, ursprünglich aus den Tropenwäldern Südamerikas

▸ *farbenprächtige Blattpflanzen*

Andere Namen: Buntblatt
Familie: Aronstabgewächse (*Araceae*)
Blätter: groß, dünn, auffällig gefärbt; grün, weiß, rosa oder rot gefleckt und marmoriert; an langen Stielen
Wuchs: Blätter schieben sich aus einer flachen Wurzelknolle heraus
Standort: hell bis halbschattig, direkte Sonne nur frühmorgens oder abends; warm und luftfeucht
Verwendung: am besten in einem geschlossenen Blumenfenster oder im Gewächshaus
Pflegen: viel gießen; hohe Luftfeuchtigkeit, Blätter aber nicht direkt besprühen; ab September weniger gießen und Knollen nach dem Blattfall bei 18 °C trocken überwintern; im Frühjahr eintopfen, hell und warm stellen und gießen; bis August alle 14 Tage düngen
Vermehren: Teilung oder Seitenknöllchen im Sommer
Hinweis: Der Pflanzensaft wirkt hautreizend.
Sorten/Verwandte: Die Blätter von *C. lindenii* sind immergrün und weiß gezeichnet.

Korbmarante
Calathea makoyana

HERKUNFT: tropische Regenwälder in Südamerika

▸ *ungewöhnliche Blattzeichnung*

Andere Namen: Pfauenpflanze, Kathedralenpflanze
Familie: Pfeilwurzgewächse (*Marantaceae*)
Blätter: große, bis zu 50 cm lange, länglich ovale Blätter; cremefarbene Grundtönung, unregelmäßig dunkelgrün bis braun-oliv gefleckt
Wuchs: Staude; Blätter stehen an einfachen, wechselnd langen Stielen
Standort: ganzjährig hell bis halbschattig, keine direkte Sonne; warm und luftfeucht; im Winter ca. 15 °C
Verwendung: auf der Fensterbank sehr pflegeintensiv, am besten im Blumenfenster oder Wintergarten
Pflegen: im Sommer gleich bleibend feucht halten und oft übersprühen; im Winter weniger gießen; im Sommer alle 2, im Winter alle 4 Wochen düngen
Vermehren: durch Teilung
Hinweis: bei guten Standortbedingungen safrangelbe Blütenstände
Sorten/Verwandte: Die Blätter von *C. lancifolia* sind gekräuselt. *C. ornata* und *C. roseopicta* haben rosa-silbrig gemustertes Laub.

Callisie
Callisia-Arten

Leuchterblume
Ceropegia linearis ssp. woodii

Grünlilie
Chlorophytum comosum

HERKUNFT: tropische Regenwälder in Mittel- und Südamerika

HERKUNFT: Südafrika; Kapregion bis Zimbabwe

HERKUNFT: subtropische Gebiete in Südafrika

➤ *attraktiver Unterwuchs*

➤ *dankbare Ampelpflanze*

➤ *pflegeleichter Grünschmuck*

Familie: Kommelinengewächse (*Commelinaceae*)
Blätter: je nach Art und Sorte einfarbig dunkelgrün oder gestreift, bei *C. fragrans* rosettig, bei *C. navicularis* schiffchenförmig an fleischigen Trieben
Wuchs: *C. elegans*, *C. repens* (→ Abb.) und *C. navicularis* niederliegend und kriechend bis herabhängend, *C. fragrans* eher aufrecht
Standort: hell bis halbschattig, buntblättrige Sorten heller, ganzjährig warm stellen, auch im Winter nicht unter 16 °C, luftfeucht
Verwendung: hübsche Unterpflanzung im Wintergarten, Blumenfenster oder Gewächshaus, auch als Ampelpflanze gut geeignet
Pflegen: gleichmäßig gut feucht halten und reichlich sprühen, kalkarmes Wasser verwenden; während der Vegetationsperiode wöchentlich, im Winter alle 3–4 Wochen düngen
Vermehren: durch Stecklinge unter einer Plastikhaube
Hinweis: *C. repens* (Golliwoog) ist eine beliebte Futterpflanze für Haustiere.

Andere Namen: Rosenwein
Familie: Schwalbenwurzgewächse (*Asclepiadaceae*)
Blätter: kleine, fleischige, herz- bis nierenförmige Blätter, oberseits hellgrün und silbrig weiß marmoriert, unterseits rötlich
Wuchs: sukkulent, bis zu 2 m lange, dünne Triebe, die aus einem knollig verdickten Wurzelstock entspringen; die Pflanze bildet fast ganzjährig kleine, fleischfarbene Blüten, die an Kerzen oder Leuchter erinnern, daher auch der Name Leuchterblume
Standort: ganzjährig sonnig; normale Zimmertemperatur oder wärmer, im Winter 12–15 °C; kann im Sommer auch wind- und regengeschützt im Freien stehen
Verwendung: beliebte, pflegeleichte und attraktive Ampelpflanze
Pflegen: im Sommer nur mäßig feucht halten, keine Staunässe; im Winter wenig gießen; im Sommer alle 14 Tage Kakteendünger geben
Vermehren: durch in den Blattachseln entstehende Brutknöllchen

Andere Namen: Graslilie, Grüner Heinrich, Fliegender Holländer
Familie: Grasliliengewächse (*Anthericaceae*)
Blätter: lange, schmale, linealische grüne Blätter, bei der Sorte 'Variegata' gelb oder weißlich gestreift und bei 'Curly Locks' (→ Abb.) spiralig gedreht
Wuchs: Blätter stehen in dichten Rosetten; an bis zu 1 m langen, herabhängenden Trieben erscheinen kleine, unscheinbare, weiße Blüten, an denen sich später auch zahlreiche Jungpflanzen (Kindel) entwickeln
Standort: hell bis halbschattig, ganzjährig warm; im Sommer an wind- und regengeschütztem Platz im Freien
Verwendung: pflegeleichte Grünpflanze fürs Zimmer, am besten in Ampeln oder auf einer Säule; wegen ihres starken Wurzelwachstums für Arrangements weniger geeignet
Pflegen: gleichmäßig gut feucht halten, keine Staunässe; in der Vegetationsperiode alle 2 Wochen düngen
Vermehren: Einpflanzen der Kindel
Hinweis: Die Samen sind giftig.

GRÜNPFLANZEN

Klimme
Cissus-Arten

Balsamapfel
Clusia major

HERKUNFT: tropische und subtropische Gebiete

➤ *beliebte Kletterpflanze*

Andere Namen: Zimmerrebe, Zimmerwein; *C. antarctica* auch Känguruwein oder Russischer Wein, *C. rhombifolia* auch Königswein, *C. striata* auch Gestreifte Klimme
Familie: Weinrebengewächse (*Vitaceae*)
Blätter: immergrün; bei einigen Arten geteilt; bei *C. antarctica* dunkelgrün, glänzend, eiförmig, gesägt; bei *C. rhombifolia* (→ Abb.) dreigeteilt mit langen Stielen, dunkelgrün und glänzend, vor allem in der Jugend oft unterseits rötlich behaart; *C. striata* hat kleine, drei- bis fünflappige, ledrige Blätter an gestreiften Trieben, *C. discolor* große, längliche, herzförmige Blätter, oberseits purpurviolett mit heller Zeichnung, unterseits rötlich
Wuchs: Die meisten *Cissus*-Arten sind kletternde Sträucher oder Halbsträucher. Ihre Triebe können mehrere Meter lang werden.
Standort: hell bis halbschattig, ohne pralle Sonne; *C. discolor* ganzjährig warm zwischen 20 und 24 °C und luftfeucht, die übrigen Arten können auch kühler stehen; im Winter zwischen 16 und 18 °C, *C. striata* auch bei niedrigeren Temperaturen
Verwendung: attraktive Ampel- und Kletterpflanzen für Zimmer, Gewächshaus oder Wintergarten; *C. discolor* braucht eine hohe Luftfeuchtigkeit und steht daher am besten im geschlossenen Blumenfenster
Pflegen: gleichmäßig leicht feucht halten, aber keine Staunässe; im Winter bei kühlem Stand nur so viel gießen, dass der Wurzelballen nicht ganz austrocknet; *C. discolor* braucht auch im Winter mehr Wasser, ganzjährig viel sprühen; im Sommer 14-tägig düngen, sonst alle 4 Wochen; brauchen eine Kletterhilfe, z. B. ein Spalier, wenn sie nicht in einer Ampel oder auf einer Säule stehen; im Spätwinter bei Bedarf auslichten und stutzen, das fördert die Verzweigung
Vermehren: durch Kopf- und Triebstecklinge im Frühjahr, die eine hohe Bodentemperatur brauchen, deshalb am besten im beheizbaren Vermehrungsbeet ziehen
Sorten/Verwandte: Von *C. rhombifolia* gibt es die beliebte und sehr robuste Sorte 'Ellen Danica' mit dreigeteilten, fiedrig aussehenden Blättern und gedrungenerem Wuchs.

HERKUNFT: Florida, Westindien, Mexiko bis nördliches Südamerika

➤ *glänzender Auftritt*

Andere Namen: wird oft noch unter dem alten Namen *C. rosea* geführt
Familie: Balsamapfelgewächse (*Clusiaceae*, auch *Guttiferae* genannt)
Blätter: immergrün; verkehrt eiförmig und glattrandig; dunkelgrün, glänzend, ledrig und derb, bis 30 cm lang; Blätter ähneln denen des Gummibaumes
Wuchs: baum- oder strauchartig
Standort: hell, aber ohne direkte Sonne; ganzjährig warm, auch im Winter nicht unter 18–20 °C
Verwendung: repräsentative Blattschmuckpflanze mit ornamentaler Wirkung, schön vor großen Fenstern
Pflegen: gleichmäßig mit entkalktem Wasser leicht feucht halten und öfters sprühen; im Sommer alle 14 Tage mit halber Konzentration düngen
Vermehren: durch Kopfstecklinge bei 25–30 °C
Hinweis: an älteren Exemplaren manchmal duftende, cremeweiße bis hellrosa Blüten
Sorten/Verwandte: Es gibt inzwischen auch buntblättrige Sorten, z. B. 'Marginata' oder 'Aureo Variegata'.

Wunderstrauch
Codiaeum variegatum

HERKUNFT: tropische Wälder auf den Molukken, Kultivare

▸ *farbenprächtiger Schmuck*

Andere Namen: Kroton, Krebsblume
Familie: Wolfsmilchgewächse (*Euphorbiaceae*)
Blätter: immergrün; Form sehr variabel: lang, kurz, breit, schmal, gelappt, ganzrandig, manche in sich gedreht; ledriges, glänzendes Laub in Schattierungen von Grün, Gelb, Orange, Rot bis fast Schwarz, häufig auch gefleckt, gestreift, geädert oder gesprenkelt
Wuchs: strauchig
Standort: hell ohne direkte Sonne, ganzjährig warm und luftfeucht; verträgt keine Bodenkälte oder Zugluft
Verwendung: sehr lebhafter, bunter Schmuck ohne besondere Ansprüche
Pflegen: im Sommer gleichmäßig leicht feucht halten, im Winter trockener; häufig sprühen; kalkarmes Wasser verwenden; alle 2 Wochen schwach düngen
Vermehren: Abmoosen; Kopfstecklinge bei hoher Temperatur (schwierig)
Hinweis: Der Milchsaft kann allergische Hautreaktionen verursachen. Bei zu dunklem Stand geht die bunte Blattfärbung verloren.

Keulenlilie
Cordyline fruticosa

HERKUNFT: Tropenwälder von Asien über Australien bis Hawaii

▸ *interessante Blattzeichnung*

Andere Namen: wird z. T. noch unter dem alten Namen *C. terminalis* geführt
Familie: Agavengewächse (*Agavaceae*)
Blätter: breit lanzettlich bis lang oval, bis zu 50 cm lang, gestielt; die Blätter der Sorten sind meist gestreift und/oder gefleckt, von weiß über gelb und grün bis zu rot
Wuchs: Wurzeln keulig als Speichergewebe verdickt; bildet mit der Zeit einen schlanken Stamm, an dessen Ende der Blattschopf steht
Standort: hell, keine direkte Sonne; ganzjährig warm, auch im Winter nicht unter 18 °C; für möglichst hohe Luftfeuchtigkeit sorgen
Verwendung: grüne Pflanzenskulptur, am besten im geschlossenen Blumenfenster oder Wintergarten
Pflegen: gleichmäßig feucht halten; oft übersprühen; im Sommer wöchentlich, im Winter alle 4 Wochen düngen
Vermehren: Abmoosen; Kopf- oder Stammstecklinge
Sorten/Verwandte: Die beliebten Kübelpflanzen *C. australis* und *C. indivisa* haben lange, schmale Blätter.

Zickzackstrauch
Corokia cotoneaster

HERKUNFT: Wälder und Gebüsche in Neuseeland

▸ *skurriler Wuchs*

Familie: Andenstrauchgewächse (*Escalloniaceae*)
Blätter: sommergrün; kleine, spatelförmige Blätter; oberseits dunkelgrün, unterseits weißfilzig behaart
Wuchs: kleiner Strauch; die Triebe sind dunkel, in der Jugend flaumig weiß behaart; sie ändern nach jedem Blattansatz die Wuchsrichtung, so entsteht das zickzackförmige Erscheinungsbild; im Spätwinter erscheinen kleine, gelbe Blüten
Standort: ganzjährig hell, vor praller Mittagssonne schützen; im Sommer am besten an einem wind- und regengeschützten Platz im Freien, im Winter luftig bei ca. 5 °C
Verwendung: ungewöhnlicher kleiner Strauch für kühle Räume und den kalten Wintergarten
Pflegen: im Sommer leicht feucht halten, im Winter nur sehr sparsam gießen; empfindlich bei Staunässe; im Sommer alle 4 Wochen schwach düngen; Jungpflanzen öfter stutzen
Vermehren: durch noch nicht zu sehr verholzte Stecklinge

GRÜNPFLANZEN

BIZARRE UND SKURRILE SCHÖNHEITEN

Name	Merkmale	Standort, Pflegehinweise
Gespensterpflanze (*Aristolochia littoralis*)	raschwüchsige Schlingpflanze mit großen Blättern und eigenartigen, gemusterten Blüten	hell bis halbschattig, warm und luftfeucht, im Winter kühler bei 10–15 °C; gleichmäßig feucht halten, alle 4 Wochen düngen
Zulukartoffel, Kletterzwiebel *Bowiea volubilis*	rankende, sukkulente Zwiebelpflanze mit schuppenförmigen Blättern	sonnig, warm; sparsam gießen, monatlich düngen, während der Ruhezeit hell, kühl und trocken halten; giftig
Schildkrötenpflanze, Elefantenfuß *Dioscorea elephantipes*	Kletterpflanze mit herzförmigen Blättern und großer Knolle, deren Oberfläche wie ein Schildkrötenpanzer aussieht	hell bis sonnig, warm, im Winter kühler bei 15 °C; mäßig gießen; alle 2 Wochen mit Kakteendünger versorgen
Urnenpflanze *Dischidia pectenoides*	rankende Sukkulente mit ballonartigen, bis 10 cm großen Blättern	sehr hell und ganzjährig sehr warm; mäßig mit kalkarmem Wasser gießen, selten düngen
Ficus Ginseng *Ficus microcarpa* 'Ginseng'	in Form eines Bonsai gezogener kleiner Baum, bei dem auf eine bizarr gewachsene Wurzel eine kleinblättrige Ficus-Art aufgepfropft	hell, nicht vollsonnig, zimmerwarm, im Winter kühler bei 10–15 °C; gleichmäßig feucht halten, gelegentlich düngen
Herzblatt, Herzpflanze, Kleiner Liebling *Hoya kerrii*	immergrüne Kletterpflanze, wird meist als Steckling mit einem großen herzförmigen Blatt angeboten	sonnig bis halbschattig, warm; mäßig gießen, selten schwach düngen
Spiralbinse *Juncus effusus* 'Spiralis'	Sumpfgras mit spiraligen, „gelockten" Trieben	hell und warm; stets reichlich gießen, im Untersetzer darf stets Wasser stehen, gelegentlich düngen
Katzenohr, Pandapflanze, Plüschpflanze *Kalanchoë tomentosa*	sukkulentes Dickblattgewächs mit samtig behaarten Blättern, je nach Sorte grau, silbrig, gelblich bis schokoladenbraun	vollsonnig, im Halbschatten weniger gut gefärbt; warm, im Winter kühl bei 10 °C; sparsam gießen, Kakteendünger geben
Mimose, Schamhafte Sinnpflanze *Mimosa pudica*	kleiner Halbstrauch mit lang gestielten, fein gefiederten Blättern, die bei Berührung zusammenklappen	Hell – sonnig, ganzjährig warm und sehr luftfeucht; gleichmäßig gießen, häufig übersprühen und alle 2 Wochen düngen
Glückskastanie, Flaschenbaum *Pachira aquatica*	kleiner Baum mit verdicktem Stamm, oft mehrere Exemplare zu einem Stamm miteinander verflochten; große, handförmige Blätter	hell (nicht prallsonnig) und warm; in der Wachstumszeit durchdringend, im Winter sparsam gießen, alle 4 Wochen düngen
Ufopflanze, Bauchnabel-, Missionarspflanze *Pilea peperomioides*	kleine Staude, bei der die schüsselförmigen Blätter auf langen Stielen zu schweben scheinen	hell bis halbschattig, ganzjährig warm; gleichmäßig leicht feucht halten, alle 2–3 Wochen schwach düngen
Zylinder-Bogenhanf *Sansevieria cylindrica*	Sukkulente mit teils meterlangen, runden, grünen bis grün-weiß gemusterten Blättern, teils fächerartig oder verflochten	hell bis vollsonnig, warm, im Winter kühler bei 10–15 °C; sehr sparsam gießen, selten mit Kakteendünger versorgen
Fledermausblume, Teufelsblüte *Tacca integrifolia*	orchideenartige Pflanze mit riemenförmigen Blättern und schwarzbraunen bzw. weißlichen Blüten auf langen Stielen	hell bis halbschattig, warm und luftfeucht; mäßig gießen mit weichem Wasser, monatlich schwach düngen

Palmfarn
Cycas revoluta

HERKUNFT: Wälder auf den südlichen japanischen Inseln

▶ *Relikt aus der Urzeit*

Familie: Palmfarngewächse (Cycadaceae)
Blätter: bis zu 2 m lange, gefiederte, starre Wedel mit spitz zulaufenden Fiedern; dunkelgrün und ledrig
Wuchs: aus einem kurzen, dicken Stamm wächst etwa alle 1–2 Jahre ein neuer Blattkranz; die Pflanzen sind zweihäusig, d. h. es gibt männliche und weibliche Exemplare, die männlichen Blüten sehen zapfenförmig aus, die weiblichen stehen wie ein dicht behaarter, gelblicher Schopf in der Mitte des Blattkranzes
Standort: hell bis halbschattig, keine direkte Sonne; warm, im Sommer auch regengeschützt im Freien; im Winter kühler bei 15–18 °C
Verwendung: dekorative Großpflanze für Einzelstellung
Pflegen: im Sommer mäßig feucht halten, im Winter bei kühlem Stand weniger gießen, häufig sprühen; im Sommer wöchentlich am besten mit organischem Dünger versorgen
Vermehren: Aussaat (sehr schwierig)
Hinweis: In allen Teilen giftig!

Dieffenbachie
Dieffenbachia-Arten und -Hybriden

Drachenbaum
Dracaena-Arten

HERKUNFT: tropische Wälder in Mittel- und Südamerika, Kultivare

▸ *dekorativer Schmuck*

Familie: Aronstabgewächse (*Araceae*)
Blätter: breit-eiförmige, große Blätter; dunkelgrün mit sehr unterschiedlich ausgeprägter Zeichnung in hellgrüner, gelblicher bis cremeweißer Färbung
Wuchs: staudig; kurze Stämmchen mit gestielten Blättern
Standort: hell bis halbschattig, keine direkte Sonne, panaschierte Blätter vergrünen bei zu dunklem Stand; ganzjährig warm und luftfeucht; Zugluft und Temperaturschwankungen vermeiden
Verwendung: Jungpflanzen schön auf der Fensterbank, ältere in Wintergarten oder Blumenfenster
Pflegen: gleichmäßig gut feucht halten, Staunässe meiden; oft sprühen; im Sommer alle 2 Wochen, im Winter alle 4 Wochen düngen; zugempfindlich; verkahlende Pflanzen im Frühjahr zurückschneiden
Vermehren: Kopf- oder Stammstecklinge (waagerecht auf Substrat legen) bei hoher Bodentemperatur
Hinweis: haut-/schleimhautreizend
Sorten/Verwandte: viele namenlose Sorten, vor allem Hybriden (→ Abb).

HERKUNFT: Tropen und Subtropen Afrikas, Kanaren

▸ *beliebte Pflanze fürs Büro*

Andere Namen: Drachenlilie
Familie: Drachenbaumgewächse (*Dracaenaceae*)
Blätter: lange, lanzettliche, schmale oder breitere Blätter; je nach Art und Sorte einfarbig grün, gestreift oder auch gesprenkelt
Wuchs: meist Bäume oder Sträucher, in der Regel mit verholzten Trieben; dichte Blattschöpfe auf mehr oder weniger langen, schlanken bis dicken Stämmen; Drachenbäume werden oft mit der sehr ähnlichen Keulenlilie (*Cordyline*) verwechselt (→ Seite 113)
Standort: ganzjährig hell, aber keine volle Sonne; warm und möglichst luftfeucht, auch im Winter nicht unter 18 °C; Vorsicht vor Zugluft und Bodenkälte; *D. draco* mag es im Sommer sonnig und warm und steht an einem wind- und regengeschützen Platz auch gern im Freien; im Winter hell und kühler, aber nicht unter 10–12 °C
Verwendung: attraktive, stattliche und dominierende Grünpflanzen, optimal für Büros; *D. draco* auch gut als Kübelpflanze geeignet
Pflegen: ganzjährig gleichmäßig feucht halten, aber Staunässe vermeiden; öfters einsprühen; *D. draco* während des Sommers mäßig gießen, im Winter trockener halten und bei kühlem Stand nur so viel Wasser geben, dass der Ballen nicht ganz austrocknet; im Sommer alle 14 Tage, im Winter alle 4–6 Wochen düngen; Pflanzen sind für eine gelegentliche Dusche dankbar; einige Arten und Sorten sind empfindlich gegen Blattglanzsprays
Vermehren: durch Kopf- oder Stammstecklinge bei ca. 25 °C Bodentemperatur; manche lassen sich auch durch Aussaat heranziehen
Sorten/Verwandte: Sehr verbreitet ist *D. fragrans* (→ Abb. rechts), von der es einige buntlaubige Sorten gibt. Großer Beliebtheit erfreuen sich auch die sog. Ti-plants, das sind Exemplare mit abgesägten Stämmen, an denen mehrere Blattschöpfe sitzen. Auch von den Arten *D. marginata* (→ Abb. links), *D. reflexa*, *D. deremensis*, *D. sanderiana* und *D. hookeriana* existieren verschiedene Sorten mit panaschiertem Laub. *D. surculosa* und ihre Sorten fallen mit strauchigem Wuchs und breiten, gefleckten Blättern aus dem Rahmen. *D. draco* kann mit der Zeit beachtliche Ausmaße erreichen.

Pflanzen in Form bringen

... Aus manch schlichtem Gewächs lässt sich mit wenig Aufwand eine kunstvolle Pflanzenskulptur schaffen. Straff in die Höhe oder schwungvoll im Bogen gezogen, erscheinen vor allem Kletterpflanzen in einer neuen Gestalt.

...
RANKEN ZUM LIEBHABEN
Eine Mühlenbeckie (*Muehlenbeckia*) umgarnt mit ihren runden Blättchen eine zierliche Kletterhilfe aus Draht, die zu einer Herzform gebogen wurde.

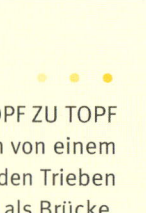

...
VON TOPF ZU TOPF
Ein Drahtbogen spannt sich von einem Gefäß zum anderen. Er dient den Trieben der Leuchterblume (*Ceropegia*) als Brücke.

FEINES FLECHTWERK
Mehrere Exemplare der Glückskastanie (*Pachira aquatica*) stehen dicht zusammen und verflechten ihre Stämme miteinander.

MONUMENTAL
An einem dicken Moosstab finden die kräftigen Sprosse des Fensterblatts (*Monstera*) guten Halt, um die wundersam durchbrochenen Blätter optimal zu präsentieren.

ÜPPIGE KRONE
Der Kaffeestrauch (*Coffea arabica*) wird zum Kaffeebaum: Entfernt man beständig die unteren Seitentriebe, entsteht ein Hochstämmchen.

GRÜNPFLANZEN

Efeutute
Epipremnum pinnatum

Efeuaralie
× *Fatshedera lizei*

Zimmeraralie
Fatsia japonica

HERKUNFT: tropische Wälder der Pazifikinseln

▶ *robuste Kletterpflanze*

Familie: Aronstabgewächse (*Araceae*)
Blätter: herzförmige, ledrige Blätter; je nach Sorte dunkelgrün mit weißlicher oder gelber Zeichnung; es wird nur die Jugendform kultiviert, im Alter werden die Blätter größer
Wuchs: verzweigte, viele Meter lange Triebe, an denen die deutlich gestielten Blätter sitzen
Standort: ganzjährig hell bis halbschattig, keine pralle Sonne; bei zu dunklem Stand vergrünen panaschierte Blätter, und die Blattabstände werden größer; ganzjährig warm
Verwendung: wüchsige Rankpflanze, entweder in Ampeln oder an einem Moosstab bzw. am Spalier aufgeleitet
Pflegen: im Sommer gleichmäßig feucht halten; aber keine Staunässe, im Winter etwas trockener; im Sommer alle 14 Tage, im Winter nur alle 4 Wochen düngen; kann kräftig zurückgeschnitten werden
Vermehren: Kopf- und Triebstecklinge
Sorten/Verwandte: *E. aureum* mit gelbbuntem Laub wird auch als Sorte 'Aureum' geführt.

HERKUNFT: Kreuzung aus *Fatsia japonica* und *Hedera hibernica*

▶ *auch für dunklere Plätze*

Familie: Araliengewächse (*Araliaceae*)
Blätter: immergrüne, große, 3- bis 5-lappige Blätter; dunkelgrün und glänzend; das Laub der Sorte 'Variegata' ist weiß panaschiert (→ Abb. rechts)
Wuchs: buschig aufrecht, kann mehrere Meter hoch werden; raschwüchsig
Standort: hell bis halbschattig, 'Variegata' nicht zu dunkel, sonst vergrünen die Blätter; im Sommer normale Zimmertemperatur, im Winter kühler bei 10–15 °C; kann im Sommer auch an einen vor Sonne und Regen geschützten Platz ins Freie gestellt werden
Verwendung: attraktive, sehr ruhig wirkende Großpflanze, auch für den Wintergarten geeignet
Pflegen: im Sommer gleichmäßig feucht halten, im Winter bei kühlem Stand weniger gießen; öfters übersprühen; im Sommer alle 14 Tage, im Winter alle 4 Wochen düngen; immer wieder stutzen, damit die Pflanze buschiger wächst
Vermehren: durch Kopfstecklinge bei 20–25 °C Bodenwärme oder durch Abmoosen

---

HERKUNFT: Wälder in Japan, Riukiu-Inseln, Südkorea

▶ *attraktive Großpflanze*

Familie: Araliengewächse (*Araliaceae*)
Blätter: immergrüne, 7- bis 9-lappige Blätter an langen Stielen, bis zu 40 cm breit; dunkelgrün und glänzend, im Handel sind auch Sorten mit gelber bis weißer Panaschierung
Wuchs: strauchig, kann mehrere Meter hoch werden
Standort: hell bis schattig; im Sommer kühl, im Winter bei 6–12 °C; buntlaubige Sorten nicht zu dunkel und im Winter nicht unter 15 °C; am besten im Sommer geschützt im Freien halten, aber direkte Sonne vermeiden
Verwendung: gut für Treppenhäuser oder Vorräume; auch als Kübelpflanze für Wintergarten, Balkon und Terrasse
Pflegen: im Sommer gleichmäßig gut feucht halten, aber Staunässe unbedingt vermeiden; im Winter trockener; öfters sprühen, vor allem bei wärmerem Stand; im Sommer alle 2–3, im Winter alle 6 Wochen schwach düngen
Vermehren: durch Aussaat, Kopfstecklinge oder Abmoosen
Hinweis: Die Pflanze enthält in allen Teilen Giftstoffe.

Ficus
Ficus-Arten

HERKUNFT: Tropen und Subtropen der ganzen Welt

> *Grünpflanzen mit Tradition*

Familie: Maulbeergewächse (*Moraceae*)
Blätter: immergrün, sehr variabel; bei den reinen Arten meist einfarbig dunkelgrün und glänzend, auch viele panaschierte Sorten
Wuchs: meist baumförmig, es gibt aber auch Kletterpflanzen
Standort: ganzjährig hell, keine volle Sonne; im Sommer warm, im Winter kühler, nicht unter 18 °C, *F. benjamina* (→ Abb. hinten u. rechts) und *F. pumila* (→ Abb. vorne in der Mitte) auch kühler; panaschierte Pflanzen brauchen mehr Licht, Wärme und Luftfeuchtigkeit als grünblättrige
Verwendung: für Wohnräume, Flur, Büro, Wintergarten; Kletternde in Ampeln
Pflegen: im Sommer mäßig gießen, im Winter bei kühlem Stand trockener; öfter übersprühen, vor allem im Winter bei warmem Stand; im Sommer alle 2, im Winter alle 4 Wochen etwas düngen
Vermehren: Kopfstecklinge bei hoher Temperatur und Luftfeuchtigkeit, Abmoosen, z. T. Aussaat (Lichtkeimer)
Hinweis: bei Zugluft und Temperaturschwankungen vermehrt Blattfall. Ausdünstungen aus den Blättern wie auch der Milchsaft können allergische Reaktionen auslösen und die Haut reizen.
Sorten/Verwandte: baumförmig wachsen *F. elastica* (→ Abb. vorne links), der Gummibaum, mit ovalen Blättern, *F. lyrata*, die Geigenfeige, mit riesigen geigenförmigen Blättern, *F. rubiginosa* mit braunrotem Laub, *F. benjamina*, die Birkenfeige, mit zierlichen Blättern an überhängenden Zweigen, *F. binnendijkii* mit schmalen Blättern. Kletternd wächst *F. pumila*, die Kletterfeige.

GRÜNPFLANZEN

Fittonie
Fittonia-Arten

HERKUNFT: tropische Wälder von Kolumbien bis Bolivien

▸ *hübscher Schattenkünstler*

Andere Namen: Mosaikpflanze
Familie: Akanthusgewächse (*Acanthaceae*)
Blätter: eiförmig; auffällige, mosaikartige Äderung, bei *F. gigantea* dunkelgrün mit roter Zeichnung, *F. albivenis* (→ Abb.) je nach Sorte weiß, silbrig oder rötlich geädert
Wuchs: *F. gigantea* aufrecht, bis 60 cm hoch, *F. albivenis* kriechend, die Triebe wurzeln bei Bodenkontakt
Standort: halbschattig bis schattig; ganzjährig warm, auch im Winter nicht unter 18 °C; möglichst luftfeucht, Zugluft vermeiden
Verwendung: für beengte Plätze, Bodendecker im warmen Wintergarten oder Gewächshaus, für Blumenfenster, Vitrinen, Ampeln und Schalen
Pflegen: mäßig feucht halten, keine Staunässe, oft sprühen; im Sommer alle 2, im Winter alle 4 Wochen düngen
Vermehren: durch Kopfstecklinge bei ca. 20 °C Bodentemperatur
Sorten/Verwandte: Die Zwergform *F. albivenis* 'Minima' wird oft in Flaschengärten gepflanzt.

Gynure
Gynura-Arten

HERKUNFT: tropische Gebiete in Afrika und Asien

▸ *prachtvolle Blüten*

Andere Namen: Samtpflanze
Familie: Korbblütler (*Asteraceae*)
Blätter: länglich, am Rand gezähnt, dunkelgrün, dicht mit violetten bis purpurnen Haaren besetzt
Wuchs: Halbsträucher, die auch lange Triebe zum Klettern bilden
Standort: ganzjährig sehr hell, aber ohne direkte Sonne; Zimmertemperatur, im Winter auch etwas kühler, aber nicht unter 18 °C; luftfeucht; dunkler Stand führt zu Vergrünung
Verwendung: ungewöhnliche Farbwirkung, am besten in Ampeln
Pflegen: gleichmäßig leicht feucht halten; hohe Luftfeuchtigkeit, Blätter nicht direkt besprühen; im Sommer wöchentlich, im Winter alle 3–4 Wochen schwach düngen; regelmäßig stutzen; Pflanzen sind nur jung attraktiv, deshalb spätestens nach 2 Jahren durch selbst gezogene Jungpflanzen ersetzen
Vermehren: Kopfstecklinge
Hinweis: in allen Teilen giftig
Sorten/Verwandte: *G. aurantiaca* 'Purple Passion' (→ Abb.), *G. scandens* und *G. procumbens* sind verbreitet.

Efeu
Hedera-Arten

HERKUNFT: Wälder in Europa, Asien, Nordafrika, Nordamerika

▸ *fleißiger Kletterer*

Familie: Araliengewächse (*Araliaceae*)
Blätter: immergrün, 3- bis 5-fach gelappt, ändern im Alter ihre Form, fürs Zimmer wird nur die Jugendform angeboten; je nach Art und Sorte groß- oder kleinblättrig, stark oder weniger gelappt, rein grün oder weiß, gelb, silbrig bzw. mehrfarbig gefleckt; am weitesten verbreitet ist *H. helix* (→ Abb.)
Wuchs: Klettersträucher; manche werden auch als Hochstämmchen oder an Drahtgeflechten in Form gebracht oder zu Figuren gezogen
Standort: hell bis schattig, keine volle Sonne; mäßig warm, im Winter kühler; buntlaubige und großblättrige Sorten generell heller und wärmer stellen; im Sommer auch draußen
Verwendung: sehr hübsch in Ampeln oder an Klettergerüsten, auch für kühle Treppenhäuser geeignet
Pflegen: gleichmäßig feucht halten, im Winter weniger gießen; im Sommer alle 2, im Winter alle 4 Wochen düngen; im Frühjahr stutzen
Vermehren: Kopf- oder Triebstecklinge
Hinweis: Die Früchte sind stark giftig.

Hüllenklaue
Hypoestes phyllostachya

HERKUNFT: tropische Wälder auf Madagaskar

> wunderschöne Blattzeichnung

Andere Namen: Punktblume
Familie: Akanthusgewächse (*Acanthaceae*)
Blätter: 5–10 cm lange, ganzrandige, eiförmige, oliv- bis dunkelgrüne Blätter, je nach Sorte mit auffälligen roten, rosa oder weißen Punkten
Wuchs: kleiner, dicht verzweigter Strauch, in Kultur eher krautig
Standort: ganzjährig sehr hell, ohne direkte Sonne, bei dunklerem Stand vergrünen die Blätter; warm und möglichst luftfeucht
Verwendung: farbenfrohe Blattpflanze mit geringem Platzbedarf; auch als Bodendecker oder Unterpflanzung
Pflegen: ganzjährig mäßig feucht halten und viel sprühen, beides mit kalkarmem Wasser; im Sommer alle 2, im Winter alle 4 Wochen düngen; meist nur einjährig gezogen, da die Pflanzen rasch sparrig werden und sich die Blattzeichnung verliert, deshalb rechtzeitig für Nachwuchs sorgen; regelmäßiges Stutzen der Jungpflanzen fördert buschigen Wuchs
Vermehren: Aussaat, Kopfstecklinge

Jacaranda
Jacaranda mimosifolia

HERKUNFT: Südamerika, vorwiegend Argentinien

> eleganter Zimmerbaum

Familie: Trompetenbaumgewächse (*Bignoniaceae*)
Blätter: lange, gefiederte Blätter, die an Mimosen oder Farne erinnern; dunkelgrün
Wuchs: wachsen in der Heimat zu beachtlichen Bäumen heran, bleiben in Gefäßkultur aber deutlich kleiner; am Naturstandort erscheinen vor dem Blattaustrieb auffällige blaue Blüten, in Kultur blühen nur große Pflanzen
Standort: ganzjährig sehr hell; im Sommer warm, im Winter etwas kühler, aber nicht unter 14 °C
Verwendung: junge Pflanzen im Zimmer, ältere eignen sich als Kübelpflanze im Wintergarten
Pflegen: im Sommer gleichmäßig leicht feucht halten, im Winter bei kühlem Stand wenig gießen, Ballen aber nicht ganz austrocknen lassen; öfters einsprühen; im Sommer alle 2–3 Wochen, im Winter nicht düngen; verliert im Winter meist alle Blätter, treibt aber im Frühjahr wieder aus
Vermehren: Aussaat bei 20–25 °C, Samen vorher 24 Stunden einweichen

Marante
Maranta leuconeura

HERKUNFT: tropische Regenwälder in Brasilien

> eindrucksvolle Blattmuster

Andere Namen: Bunte Pfeilwurz
Familie: Pfeilwurzgewächse (*Marantaceae*)
Blätter: groß, oval; je nach Sorte hell- oder smaragdgrün mit auffälligen, dunkleren Flecken, häufig zusätzlich mit roten oder rosa gefärbten Blattadern; junge Blätter tütenartig zusammengerollt; in der Nacht falten sich die Blätter nach unten zusammen
Wuchs: krautig mit knolligen Wurzeln, aus denen die lang gestielten Blätter treiben
Standort: hell bis halbschattig, aber ohne direkte Sonneneinstrahlung; ganzjährig warm und luftfeucht; vor Zugluft und Bodenkälte schützen
Verwendung: besonderer Blickfang für warme Zimmer
Pflegen: anspruchsvoll in Bezug auf Wasserversorgung; gleichmäßig feucht halten, kalkarmes Wasser verwenden; hohe Luftfeuchtigkeit, aber nicht direkt ansprühen; im Sommer alle 2, im Winter alle 4 Wochen schwach düngen
Vermehren: durch Teilung oder Kopfstecklinge

GRÜNPFLANZEN

Fensterblatt
Monstera deliciosa

HERKUNFT: tropische Wälder in Mexiko

➤ sehr robust und pflegeleicht

Familie: Aronstabgewächse (*Araceae*)
Blätter: große, ledrige Blätter; zunächst hellgrün und ganzrandig, später dunkelgrün und fiederlappig; es gibt auch panaschierte Sorten
Wuchs: mehrere Meter hohe Kletterpflanze; schickt lange Luftwurzeln nach unten, die sich bewurzeln, wenn sie auf Erde treffen
Standort: ganzjährig warm und hell, aber ohne direkte Sonne; kann im Winter auch kühler stehen; wächst bei Temperaturen unter 15 °C und zu dunklem Stand kaum weiter
Verwendung: imposante, sehr langlebige Großpflanze; benötigt Kletterhilfe
Pflegen: gleichmäßig leicht feucht halten, aber keine Staunässe; häufig sprühen; im Sommer alle 2, im Winter alle 4 Wochen düngen; die Luftwurzeln nicht abschneiden
Vermehren: durch Kopfstecklinge oder Abmoosen
Hinweis: Die Pflanze enthält hautreizende Stoffe. An älteren Exemplaren entwickelt sich manchmal ein kolbenförmiger Blütenstand mit Hüllblatt.

Drahtwein
Muehlenbeckia complexa

HERKUNFT: felsige Gebiete und Wälder Neuseelands

➤ verschlungener Wuchs

Andere Namen: Frauenhaarwein
Familie: Knöterichgewächse (*Polygonaceae*)
Blätter: kleine, rundliche Blättchen, hell- bis frischgrün
Wuchs: kleiner Strauch mit dünnen, meterlangen Trieben, mit denen er über den Boden kriecht oder an einer Stütze emporklettert; 'Nana' bleibt kleiner und windet nicht
Standort: hell bis halbschattig, keine pralle Mittagssonne; ganzjährig eher kühler und luftig
Verwendung: für kühle Zimmer oder Wintergärten; wird häufig um Drahtbögen oder andere Klettergerüste gezogen; auch für Ampeln geeignet
Pflegen: gleichmäßig leicht feucht halten; im Sommer alle 2 Wochen, im Winter alle 4 Wochen düngen; kann beliebig in Form geschnitten werden
Vermehren: durch Teilung oder Stecklinge bei 20–25 °C
Sorten/Verwandte: *M. axillaris* mit kriechendem Wuchs sieht ähnlich aus. Diese Art verträgt im Winter Temperaturen bis 5 °C.

Brautmyrte
Myrtus communis

HERKUNFT: rund um das Mittelmeer, Vorderasien bis Iran

➤ *Pflanze mit langer Tradition*

Familie: Myrtengewächse (*Myrtaceae*)
Blätter: immergrün; kleine, länglich-spitze Blätter; dunkelgrün und ledrig; die Blätter von 'Variegata' haben einen cremeweißen Rand
Wuchs: Strauch, in Kultur 1–1,50 m, sonst höher; im Sommer erscheinen kleine, weiße Blüten, aus denen sich schwarze Beeren entwickeln
Standort: im Sommer sonnig und warm, möglichst im Freien; im Winter hell bei 5–10 °C
Verwendung: im Wintergarten oder als Kübelpflanze
Pflegen: im Sommer mit kalkarmem Wasser leicht feucht halten, im Winter nur so viel gießen, dass der Wurzelballen nicht austrocknet; bis August alle 2 Wochen, im Winter gar nicht düngen; sehr schnittverträglich, kann zu Pyramiden oder Kronenbäumchen gezogen werden; regelmäßiges Stutzen fördert einen buschigen Wuchs
Vermehren: durch halbverholzte Kopfstecklinge im späten Frühjahr
Hinweis: alte Heilpflanze, Blätter duften würzig beim Zerreiben

Dickähre
Pachystachys lutea

Zwergpfeffer
Peperomia-Arten

HERKUNFT: tropische Wälder in Südamerika

▶ *attraktiver Newcomer*

Andere Namen: Dichtähre, Goldähre
Familie: Akanthusgewächse (*Acanthaceae*)
Blätter: ca. 10 cm lang, länglich-oval, dunkelgrün und leicht runzelig
Wuchs: strauchig; an den Triebenden stehen sehr haltbare, kerzenartige Scheinähren aus leuchtend gelben, schuppenartig angeordneten Hochblättern, dazwischen unscheinbare weiße, sehr kurzlebige Blüten
Standort: ganzjährig sehr hell, im Sommer vor praller Mittagssonne schützen; warm, auch im Winter über 18–20 °C; möglichst luftfeucht; Vorsicht vor Bodenkälte!
Verwendung: farbenfrohe Blattpflanze, die wie Blütenschmuck wirkt
Pflegen: ganzjährig leicht feucht halten; öfters einsprühen; im Sommer alle 2, im Winter alle 4–6 Wochen düngen; werden meist mit Wuchshemmstoffen behandelt, deren Wirkung rasch nachlässt, deshalb für Nachwuchs sorgen
Vermehren: Kopfstecklinge bei 25 °C
Sorten/Verwandte: *P. coccinea* hat grüne Hochblätter und rote Blüten

HERKUNFT: tropisches und subtropisches Amerika

▶ *vielgestaltiger Blattschmuck*

Andere Namen: Peperomie
Familie: Pfeffergewächse (*Piperaceae*)
Blätter: immergrün; viele sind an der Oberseite leicht sukkulent; je nach Art und Sorte in Struktur, Form und Farbe sehr unterschiedlich, von vielen eigentlich einfarbigen Arten gibt es buntlaubige Sorten. Beliebt sind: *P. argyreia* mit schildförmigen Blättern an roten Stielen, dunkelgrün mit silbriger, sichelförmiger Zeichnung; *P. caperata* hat stark runzlige, herzförmige Blätter, *P. clusiifolia* verkehrt eiförmige, mittelgrüne, glänzende Blätter mit dunklem Rand, oft auch rötlich überhaucht; *P. fraseri* mit herzförmigen, dunkelgrünen Blätter und unterseits roten Adern; *P. glabella* hat breit elliptische, mittelgrüne Blätter mit schwarzen Drüsen, *P. griseoargentea* herzförmige, silbrig überhauchte Blätter und leicht kupfrige Tönung an den Blattadern; *P. metallica* mit elliptischen, dunkel- bis graugrünen, unterseits rot geäderten Blättern mit hellem Streifen in der Blattmitte; *P. obtusifolia* hat elliptische, ledrige, stumpfgrüne Blätter, *P. rotundifolia* rundliche, fleischige, hellgrüne Blätter und *P. scandens*, herzförmige, blassgrüne Blätter
Wuchs: kletternde, aufrechte oder rosettenbildende Stauden, *P. glabella*, *P. rotundifolia*, *P. scandens* mit kletterndem bzw. hängendem Wuchs; die mäuseschwanzähnlichen Blütenstände ragen in die Höhe
Standort: hell bis halbschattig, auch im Winter, verträgt aber keine direkte Sonne; ganzjährig warm halten, auch im Winter nicht bei Temperaturen unter 18 °C; buntblättrige Sorten müssen heller und wärmer stehen; Arten und Sorten mit zarten Blättern benötigen einen luftfeuchten Standort, solche mit dickeren, sukkulenten Blättern vertragen auch trockenere Luft
Verwendung: variationsreiche Blattpflanzen für Zimmer, Wintergarten, Blumenfenster und Vitrinen, auch als Bodendecker; für Epiphytenstämme geeignet; langtriebige Arten sehr hübsch auch als Ampelpflanzen
Pflegen: ganzjährig leicht feucht halten, aber keine Nässe, zartblättrige Sorten häufig besprühen; im Sommer alle 14 Tage, im Winter nur einmal im Monat mit Dünger versorgen
Vermehren: durch Kopf-, Trieb- oder Blattstecklinge

GRÜNPFLANZEN

Philodendron
Philodendron-Arten

Kanonierblume
Pilea-Arten

HERKUNFT: tropische und subtropische Regenwälder Amerikas

➤ *variantenreicher Dauerbrenner*

Andere Namen: Baumfreund
Familie: Aronstabgewächse (*Araceae*)
Blätter: formenreich je nach Alter oder Standort; von einigen Arten gibt es panaschierte Sorten; beliebt sind: *P. angustisectum* (früher *P. elegans*) mit tief geschlitzten, glänzend dunkelgrünen, großen Blättern an langen Stielen; *P. bipinnatifidum* (auch unter *P. selloum* im Handel) hat tief eingeschnittene, sattgrüne, leicht glänzende, bis 1 m große Blätter; *P. martianum* (→ Abb. links) hat lanzettlich dunkelgrüne Blätter mit aufgeblasen erscheinenden Blattstielen, *P. domesticum* schmale, dreieckige bis pfeilförmige, mittelgrüne und *P. erubescens* länglich-pfeilförmige Blätter an rotbraunen Stielen, oberseits glänzend dunkelgrün, unterseits rötlich, junge Blätter sind rotbraun; *P. ilsemannii* hat große, ovale bis lanzettlich-pfeilförmige, unregelmäßig weiß, grauweiß und grün gezeichnete Blätter; bei *P. melanochrysum* herz- bis eilanzettlich, zuerst rötlich überhaucht, später fast schwarzgrün, die Altersform hat größeres, pfeilförmiges Laub und galt früher als eigene Art *P. andreanum*; *P. pedatum* hat lange, pfeilförmige bis dreieckige, tief eingeschnittene, dunkelgrüne und *P. rugosum* hellere, herzförmige, etwas runzlige Blätter mit weißlichem, durchscheinendem Rand; die von *P. scandens* (→ Abb. rechts) sind herzförmig, glänzend dunkelgrün und im Alter deutlich größer als im Jugendstadium
Wuchs: als Kletterpflanzen, meist mit langen Luftwurzeln oder aufrecht als Bäume oder Sträucher; alle außer Arten *P. bipinnatifidum* und *P. martianum* sind Kletterpflanzen
Standort: ganzjährig hell bis halbschattig, direkte Sonne vermeiden; warmer Stand, im Winter nachts kühler, aber nicht unter 16 °C
Verwendung: robuste Blattpflanzen für Zimmer, Büro oder Wintergarten; kletternde Arten am Spalier, kleinblättrige wie *P. scandens* auch für Ampeln
Pflegen: gleichmäßig leicht feucht halten, häufig übersprühen; im Sommer alle 2 Wochen, im Winter alle 4–6 Wochen düngen; Rückschnitt möglich, Luftwurzeln nicht abschneiden
Vermehren: durch Kopf- oder Stammstecklinge, Abmoosen, Aussaat
Hinweis: *P. scandens* enthält hautreizende, allergieauslösende Stoffe.

HERKUNFT: tropische und subtropische Wälder

➤ *dekorativer Lückenfüller*

Familie: Nesselgewächse (*Urticaceae*)
Blätter: variabel, viele mit auffälliger Blattzeichnung; mehrere, nicht exakt einer Art zuordenbare Sorten; *P. cardierei* (→ Abb.): breit-lanzettliche, mittelgrüne Blätter mit silbrigen, leicht erhabenen Flecken; *P. involucrata:* rundlich-ovale, dunkelgrüne, unterseits rötliche Blätter mit behaarter, blasenartig genoppter Oberfläche, oft ist der Rand heller; *P. microphylla:* kleine, rundliche, hellgrüne Blättchen
Wuchs: niedrige, krautige Pflanzen, einjährig oder ausdauernd
Standort: ganzjährig hell bis halbschattig; warm, *P. cardierei* und *P. microphylla* im Winter nicht unter 10 °C
Verwendung: anmutige, für Abwechslung sorgende Blattschmuckpflanze mit geringem Platzbedarf
Pflegen: gleichmäßig leicht feucht halten, im Winter bei kühlem Stand wenig gießen; im Sommer alle 2, im Winter alle 4–6 Wochen düngen; oft sprühen
Hinweis: reife Staubgefäße schleudern den Blütenstaub bei Berührung fort
Vermehren: durch Kopfstecklinge

Pfeffer
Piper-Arten

Pisonie
Pisonia umbellifera 'Variegata'

Harfenstrauch
Plectranthus-Arten

HERKUNFT: tropische Gebiete der Welt

▸ *zahme Schwester des Gewürzes*

Familie: Pfeffergewächse (*Piperaceae*)
Blätter: *P. ornatum* (→ Abb.) zeigt lang gestielte, breit herzförmige, dunkelgrüne, wachsartige Blätter mit weißer Zeichnung; *P. crocatum* (wird auch als *P. ornatum* 'Crocatum' geführt) hat herzförmige, lang zugespitzte, dunkelgrüne Blätter mit einer rosafarbenen bis weißlichen Äderung
Wuchs: ausdauernde, aber nicht selbst klimmende Kletterpflanzen, benötigt daher eine Kletterhilfe
Standort: hell bis halbschattig, keine direkte Sonne; ganzjährig warm, auch im Winter nicht unter 18 °C; brauchen hohe Luftfeuchtigkeit; Vorsicht vor Zugluft und Bodenkälte
Verwendung: dekorative Ampel- oder Kletterpflanze, am besten im geschlossenen Blumenfenster, in einer Vitrine oder im warmen Wintergarten
Pflegen: gleichmäßig leicht feucht halten und für hohe Luftfeuchtigkeit sorgen; im Sommer alle 1–2 Wochen, im Winter alle 4–6 Wochen düngen
Vermehren: durch Stängelstecklinge bei 25 °C Bodentemperatur

HERKUNFT: Neuseeland, Australien, Mauritius, Norfolk-Inseln

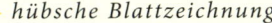

▸ *hübsche Blattzeichnung*

Andere Namen: Vogelfangbaum
Familie: Wunderblumengewächse (*Nyctaginaceae*)
Blätter: elliptische bis lanzettliche, bis 40 cm lange, gekreuzt gegenständige Blätter, dünn, ledrig, glänzend; dunkelgrün mit hellgrüner und cremeweißer Zeichnung; die reine Art ist dunkelgrün
Wuchs: Großstrauch oder kleiner Baum, bleibt in Zimmerkultur aber deutlich niedriger; am Naturstandort erscheinen Blüten und Früchte, die eine so klebrige Substanz ausscheiden, dass Insekten und kleine Vögel daran haften bleiben, daher der Name
Standort: sehr hell, aber ohne direkte Sonne; ganzjährig warm, braucht vor allem im Winter hohe Bodentemperatur
Verwendung: lebhafter Blattschmuck mit ornamentaler Wirkung
Pflegen: stets leicht feucht halten; öfters übersprühen und gelegentlich abduschen; im Sommer alle 1–2 Wochen, im Winter durchschnittlich alle 4–6 Wochen düngen
Vermehren: Kopfstecklinge bei 25 °C Bodentemperatur oder Abmoosen

HERKUNFT: Tropen und Subtropen der Welt, außer Amerika

▸ *Duft fürs Zimmer*

Familie: Lippenblütler (*Lamiaceae*)
Blätter: eiförmig, am Rand gesägt oder gezähnt, verströmen beim Zerreiben einen intensiven Duft; *P. forsteri* 'Marginatus', die Weihrauchpflanze (→ Abb.), früher *P. coleoides* 'Marginatus' genannt, hat hellgrüne Blätter mit breitem, weißem Rand; *P. oertendahlii* trägt kleine, mehr rundliche, hell- bis mittelgrüne, weiß geäderte Blätter
Wuchs: buschig mit langen, hängenden oder niederliegenden Trieben
Standort: sehr hell bis sonnig und luftig, im Sommer auch draußen; warm, im Winter nicht unter 15 °C
Verwendung: Hängepflanze für Ampeln und Schalen, für Balkon und Terrasse oder als Bodendecker im Wintergarten; *P. oertendahlii* auch für Flaschengärten geeignet
Pflegen: im Sommer gleichmäßig feucht halten, im Winter bei kühlem Stand trockener; im Sommer wöchentlich, im Winter alle 4 Wochen düngen
Vermehren: durch Kopfstecklinge
Sorten/Verwandte: Der echte Mottenkönig (*P. fruticosus*) ist pflegeleicht.

GRÜNPFLANZEN

WEITERE GRÜNPFLANZEN

Name	Merkmale	Standort, Pflegehinweise
Spitzblume, Ardisie *Ardisia crenata*	immergrünes Bäumchen mit ledrigen Blättern, weißen, zart duftenden Blüten und auffallend rotem Fruchtschmuck	hell, aber nicht vollsonnig, warm, im Winter kühl bei 10–15 °C; regelmäßig gießen und düngen
Hawaiipalme, Vulkanpalme *Brighamia insignis*	palmenartig wirkendes Glockenblumengewächs mit mächtigem Blattschopf auf sukkulentem Stamm	hell, luftfeucht, warm, im Winter auch kühler; je nach Blattanteil reichlich oder sparsam gießen, im Sommer alle 2–3 Wochen düngen
Kaffeestrauch *Coffea arabica*	immergrüner Strauch; große, schmale, glänzend grüne Blätter; duftende weiße Sternblüten und kirschartige rote Früchte	hell, aber nicht prallsonnig, ganzjährig warm; kalkarm gießen und alle 2 Wochen düngen, häufig übersprühen; giftig
Koprosma *Coprosma × kirkii*	immergrüner Strauch mit schmalen, mattgrünen, weiß gerandeten Blättern	sonnig bis halbschattig, mäßig warm bis kühl; mäßig gießen, alle 2–3 Wochen düngen
Karakabaum *Corynocarpus laevigatus*	kleiner Baum, der mit seinen immergrünen, weichen Blättern dem Gummibaum ähnelt	hell, aber nicht vollsonnig, mäßig warm bis kühl; mäßig feucht halten und alle 3–4 Wochen düngen
Ctenanthe *Ctenanthe lubbersiana*	immergrüne Tropenpflanze mit mehrfarbig gemusterten Blättern, ähnlich der Marante	hell, ganzjährig warm und luftfeucht; gleichmäßig feucht halten, oft besprühen, alle 2 Wochen düngen
Leea *Leea rubra*	immergrüner Strauch mit doppelt gefiederten, lackartig glänzenden Blättern	hell, aber nicht prallsonnig, warm und luftfeucht; leicht feucht halten, alle 3 Wochen düngen
Sommerefeu, Kletter-Mikanie *Mikania scandens*	hängend oder kletternd wachsende Pflanze mit dunkelgrünen, samtig violett behaarten Blättern	hell bis vollsonnig, warm, im Winter kühl bei 12 °C; mäßig gießen und alle 4 Wochen schwach düngen
Schlangenbart *Ophiopogon jaburan*	grasartige Pflanze mit schmalen Blättern, im Sommer blau bis weiße Blüten in langen Trauben	hell bis halbschattig, mäßig warm, im Winter kühl bei 5–10 °C; gleichmäßig feucht halten, monatlich schwach düngen
Regenbogenpellionie *Pellionia pulchra*	kriechende bis hängende Pflanze mit roten Trieben und ovalen, dunkelgrünen Blättern, die hell graugrün marmoriert sind	hell bis halbschattig, aber keine direkte Sonne, mäßig warm; leicht feucht halten, alle 2 Wochen düngen
Zapfenblume, Persischer Schild *Strobilanthes dyerianus*	dicht buschige Pflanze mit breit lanzettlichen Blättern, die dunkelgrün bis blauviolett gemustert sind	hell bis halbschattig, warm; leicht feucht halten, alle 2 Wochen düngen
Purpurtute *Syngonium podophyllum*	kletternde oder überhängende Pflanze mit erst pfeilförmigen, später geteilten Blättern, die eine weiße Nervatur zeigen	hell bis halbschattig, keine direkte Sonne, mäßig warm bis warm; gleichmäßig leicht feucht halten, alle 4 Wochen düngen; giftig

Fiederaralie
Polyscias-Arten

HERKUNFT: tropische Wälder in Asien und Polynesien

➤ interessante Blattformen

Familie: Araliengewächse (*Araliaceae*)
Blätter: immergrün; alle Arten in verschiedenen Sorten; am häufigsten ist *P. scutellaria* 'Balfourii' (früher *P. balfouriana*), die herz- bis nierenförmige mittelgrüne Blätter mit weißen Rändern und Flecken trägt; *P. filicifolia* (→ Abb.) hat farnwedelartige, tief eingeschnittene, hellgrüne Blätter; *P. guilfoylei* und *P. fruticosa,* gefiedertes, je nach Sorte weiß panaschiertes Laub
Wuchs: kleine Bäume oder Sträucher
Standort: hell bis halbschattig, keine direkte Sonne; ganzjährig warm, auch nachts nicht unter 18 °C; für möglichst hohe Luftfeuchtigkeit sorgen
Verwendung: graziler Blattschmuck, jedoch pflegeintensiv; besonders attraktiv sind sie als kleine Bäume nach Bonsai-Art
Pflegen: stets mäßig feucht halten, aber Staunässe meiden; häufig sprühen, beides mit kalkarmem Wasser; im Sommer alle 2 Wochen, im Winter alle 4 Wochen düngen
Vermehren: Kopfstecklinge bei hoher Temperatur und Luftfeuchte (schwierig)

Pseuderanthemum	Zimmeresche	Kapwein
Pseuderanthemum atropurpureum	*Radermachera sinica*	*Rhoicissus capensis*

HERKUNFT: tropische Wälder Polynesiens

➤ *interessante Südseeschönheit*

Familie: Akanthusgewächse (*Acanthaceae*)
Blätter: immergrün; eiförmige bis breit-elliptische, zugespitzte Blätter; dunkelgrün, manchmal auch mit metallischem Glanz, weiß, gelblich, hellgrün, rosa oder purpurn gefleckt
Wuchs: strauchig; häufiges Stutzen regt die Verzweigung an
Standort: hell bis halbschattig, verträgt keine Sonne; ganzjährig warm, auch im Winter nicht unter 18 °C, hohe Bodenwärme; luftfeucht
Verwendung: bunter Blattschmuck, der Farbe zwischen andere Grünpflanzen bringt
Pflegen: gleichmäßig leicht feucht halten, aber Staunässe vermeiden und häufig übersprühen, beides mit kalkarmem Wasser; im Sommer alle 2 Wochen, im Winter alle 4–6 Wochen leicht düngen
Vermehren: durch halbverholzte Stecklinge bei 25 °C Bodenwärme
Sorten/Verwandte: 'Tricolor' mit purpurnem, cremegelbem und rosa gemustertem Laub

HERKUNFT: Gebiete im Südosten Chinas

➤ *elegante Erscheinung*

Familie: Trompetenbaumgewächse (*Bignoniaceae*)
Blätter: immergrün; doppelt gefiederte, dunkelgrüne, glänzende Blätter; die verschiedenen Sorten unterscheiden sich vor allem in der Größe des Laubes
Wuchs: kleiner Baum; wird für einen buschigen Wuchs mit Wuchshemmstoffen behandelt; lässt die Wirkung der Hemmstoffe nach, kann die Pflanze 1,50–2 m hoch werden
Standort: ganzjährig hell; im Sommer warm, auch im Freien, im Winter kühler, aber nicht unter 12 °C
Verwendung: sehr effektvolle Blattschmuckpflanze mit ornamentalem Charakter, gut in Einzelstellung
Pflegen: im Sommer mäßig feucht halten und häufig übersprühen, beides mit kalkarmem Wasser; im Winter nur sparsam gießen, aber den Ballen nicht austrocknen lassen; im Sommer alle 2–3 Wochen düngen
Vermehren: durch Aussaat (Lichtkeimer) oder durch Kopfstecklinge
Hinweis: reagiert auf starken Zigarettenrauch mit Blattfall

HERKUNFT: subtropische Gebiete in Südafrika

➤ *wüchsiger Kletterer*

Andere Namen: Sumachwein
Familie: Weinrebengewächse (*Vitaceae*)
Blätter: immergrün; nahezu herzförmige, eingebuchtete Blätter; ledrig, glänzend dunkelgrün, unterseits rötlich behaart; an langen Stielen
Wuchs: kräftiger, raschwüchsiger Kletterstrauch; besitzt unterirdische knollige Speicherorgane
Standort: hell bis halbschattig, keine direkte Sonne; im Sommer auch gern schattig im Freien; nicht zu warm, im Winter bei etwa 10 °C kühler halten
Verwendung: robuste Kletterpflanze für Treppenhaus, Flur, Eingangsbereich oder kalten Wintergarten
Pflegen: im Sommer gleichmäßig feucht halten, aber Staunässe vermeiden, im Winter bei kühlem Stand trockener; öfters übersprühen; im Sommer alle 2–3, im Winter alle 4–6 Wochen düngen; braucht ein stabiles Klettergerüst; bei Bedarf im Frühjahr zurückschneiden
Vermehren: durch Kopf- oder Triebstecklinge

GRÜNPFLANZEN

Sanchezie
Sanchezia parvibracteata

Bogenhanf
Sansevieria trifasciata

Hängender Steinbrech
Saxifraga stolonifera

HERKUNFT: tropische Regenwälder in Südamerika und pazifische Inseln

➤ *interessante Blattzeichnung*

Andere Namen: Wachsrohr
Familie: Akanthusgewächse (*Acanthaceae*)
Blätter: immergrün; breit-längliche, bis 30 cm lange Blätter; dunkelgrün mit gelblichen Mittelrippen und Blattadern; 'Variegata' weist eine goldgelbe Zeichnung auf
Wuchs: buschiger, wenig verzweigter Halbstrauch
Standort: hell bis halbschattig, verträgt keine pralle Mittagssonne, aber auch nicht zu dunkel stellen; ganzjährig warm, auch im Winter nicht unter 16–18 °C; möglichst luftfeucht
Verwendung: attraktive Blattschmuckpflanze, am besten für ein geschlossenes Blumenfenster, die Vitrine oder den warmen Wintergarten
Pflegen: gleichmäßig leicht feucht halten, aber Staunässe vermeiden; für hohe Luftfeuchtigkeit sorgen; im Sommer alle 2, im Winter alle 4–6 Wochen mit Dünger versorgen; verträgt auch kräftigen Rückschnitt
Vermehren: Kopfstecklinge bei mindestens 25 °C

HERKUNFT: tropische Gebiete in Westafrika

➤ *Comeback einer Unverwüstlichen*

Familie: Drachenbaumgewächse (*Dracaenaceae*)
Blätter: immergrün; schwertförmige, bis 1 m lange, derbe Blätter mit beidseits dunkel- oder hellgrünen Querbändern; verschiedene Sorten: 'Laurentii' mit gelben Blatträndern; 'Silver Cloud': silbrig gemustert; 'Hahnii': grünlaubig; 'Golden Hahnii': gelb gestreift; 'Silver Hahnii': silbrig gefleckt
Wuchs: straff aufrecht, die 'Hahnii'-Sorten wachsen rosettenartig
Standort: sehr hell bis sonnig, die reine Art auch halbschattig; warm, auch im Winter nicht unter 15 °C
Verwendung: pflegeleichte Pflanze mit nostalgischem Charme, gut für Anfänger geeignet
Pflegen: nur gießen, wenn die Erde abgetrocknet ist, im Winter bei kühlem Stand noch weniger; im Sommer monatlich Kakteendünger geben; jährlich umtopfen, da sehr starkwüchsig
Vermehren: durch Teilung oder ca. 5 cm lange Blattstecklinge
Hinweis: in allen Teilen giftig; Vorsicht vor den scharfen Blattspitzen!

HERKUNFT: Wälder in Japan und China

➤ *attraktive Ampelpflanze*

Familie: Steinbrechgewächse (*Saxifragaceae*)
Blätter: rundliche bis nierenförmige, behaarte, am Rand gekerbte Blätter an langen Stielen; oberseits dunkelgrün mit weißen Adern, unterseits purpurn; bei der Sorte 'Tricolor' sind die Blätter grün mit breitem, weißem Rand und rosa überhaucht
Wuchs: Staude mit rosettenartigem Wuchs; an langen Ausläufern entwickeln sich zahlreiche Kindel; in den Sommermonaten erscheinen kleine, weiße Blüten in Rispen
Standort: hell bis halbschattig, im Sommer auch im Freien; luftig und kühl, verträgt im Winter bis 5 °C, 'Tricolor' nicht unter 15 °C
Verwendung: beliebte Ampelpflanze, auch gut als Bodendecker im kalten Wintergarten
Pflegen: mäßig feucht halten, im Winter bei kühlem Stand etwas trockener; im Sommer alle 2 Wochen, im Winter alle 4–6 Wochen düngen
Vermehren: durch Kindel, immer zu mehreren im Topf einsetzen

Schefflera
Schefflera-Arten

Geflekte Efeutute
Scindapsus pictus

HERKUNFT: Taiwan, Australien, Neuguinea, pazifische Inseln

▸ *beliebte Großpflanzen*

Andere Namen: Lackblatt, Strahlenaralie
Familie: Araliengewächse (*Araliaceae*)
Blätter: immergrün; große, handförmig geteilte, glänzende Blätter mit langen Stielen; beliebt ist *S. actinophylla* (gelegentlich auch als *Brassaia actinophylla* geführt) mit breiten, dunkelgrünen, ledrigen, in der Jugend vierfach, später bis zehnfach geteilten Blättern. *S. arboricola* (→ Abb.) ist etwas kleiner und hat weniger ledrige, mittelgrüne Blätter. Von dieser Art gibt es verschiedene Sorten mit buntem Laub. Die Fingeraralien, früher der Gattung *Dizygotheca* zugeordnet, gehören jetzt ebenfalls in diese Gattung: *S. elegantissima* hat schmale, gezähnte Blattfiedern, die dunkel- bis rötlich grün gefärbt sind. Bei *S. veitchii* erscheinen die Blattfiedern etwas breiter und im Jugendstadium rötlich gefärbt. Erst später werden sie dunkelgrün.
Wuchs: strauchig oder baumartig, je nach Art mehr oder weniger stark verzweigt; die Triebe verholzen erst im Laufe der Zeit

Standort: ganzjährig hell bis halbschattig und luftig, im Sommer an einem wind- und regengeschützten Platz auch im Freien; vor Mittagssonne schützen; am besten nicht zu warm, im Winter kühler, ca. 12–15 °C, buntlaubige Sorten nicht unter 15 °C; stehen die Pflanzen im Winter wärmer, brauchen sie einen möglichst hellen Platz; Pflanzen vor Bodenkälte und kalter Zugluft schützen
Verwendung: stattlicher Blattschmuck; kühle Treppenhäuser, helle Eingangshallen, nicht zu warme Wintergärten, auch als Solitäre für Schlafräume und andere kühlere Wohnräume
Pflegen: gleichmäßig, aber nicht zu feucht halten, im Winter bei kühlem Stand weniger gießen; Staunässe unbedingt vermeiden; öfter übersprühen, vor allem im Winter bei warmem Stand; im Sommer alle 2–4, im Winter alle 6 Wochen düngen; zu groß gewordene Pflanzen kann man problemlos zurückschneiden, um die Verzweigung und somit den buschigen Wuchs zu fördern
Vermehren: durch Kopfstecklinge bei 22–25 C° Temperatur, am besten im beheizbaren Vermehrungsbeet; durch Abmoosen oder Aussaat
Hinweis: Die Pflanzen enthalten haut- und schleimhautreizende Stoffe.

HERKUNFT: tropische Wälder in Malaysia

▸ *hübsche Kletterpflanze*

Andere Namen: Buntes Herzblatt
Familie: Aronstabgewächse (*Araceae*)
Blätter: immergrün; nahezu herzförmige, ledrige, dunkelgrüne Blätter mit weißen Flecken; bei der Sorte 'Argyraeus' ist das Laub tief dunkelgrün mit silbrigen Flecken und silbrigem Rand
Wuchs: Kletterpflanze, muss jedoch meist am Rankstab aufgeleitet werden
Standort: ganzjährig hell bis halbschattig; warm, auch im Winter nicht unter 18–20 °C; Vorsicht vor Bodenkälte; braucht hohe Luftfeuchtigkeit
Verwendung: elegant gemusterte Blattschmuckpflanze, gleichermaßen schön als Kletterer wie in der Ampel
Pflegen: stets gleichmäßig feucht halten, aber keine Staunässe; nicht austrocknen lassen; häufig übersprühen; im Sommer alle 2 Wochen, im Winter alle 4 Wochen düngen
Vermehren: durch Triebstecklinge bei ca. 25 °C Boden- und Lufttemperatur
Hinweis: Pflanze enthält giftige Stoffe
Sorten/Verwandte: Bei der als *S. aureus* angebotenen Art handelt es sich um *Epipremnum pinnatum* 'Aureum'.

GRÜNPFLANZEN

GROSSPFLANZEN

Name	Merkmale	Standort, Pflegehinweise
Zimmertanne *Araucaria heterophylla*	immergrüner Baum mit etagenartig abstehenden, dunkel benadelten Ästen; 50–150 cm hoch	hell, aber nicht vollsonnig, kühl; leicht feucht halten, alle 2 Wochen düngen
Brotnussbaum *Brosimum alicastrum*	immergrüner Laubbaum mit überhängenden, lanzettlichen Blättern; 60–200 cm hoch	hell, aber nicht prallsonnig, ganzjährig warm; mäßig gießen, alle 2–3 Wochen düngen
Australische Kastanie *Castanospermum australe*	immergrüner Baum, bei dem die kastanienartigen Samen lange erhalten bleiben	vollsonnig bis halbschattig, ganzjährig warm; regelmäßig gießen und düngen
Kammmaranthe *Ctenanthe lubbersiana*	Grünpflanze mit sehr lang gestielten, großen Blättern, meist als bunte Spielart erhältlich; 50–90 cm hoch	hell, aber keine direkte Sonne, im Sommer warm, im Winter bei 15–18 °C; reichlich gießen, alle 2–3 Wochen düngen
Zimmerzypresse *Cupressus macrocarpa*	immergrünes Nadelgehölz mit hellgrüner Belaubung; über 50 cm hoch	hell, aber nicht prallsonnig, im Sommer warm, im Winter bei 5–10 °C; mäßig gießen, alle 3 Wochen schwach düngen
Dieffenbachie *Dieffenbachia maculata*	prächtige Blattschmuckpflanze mit großen, hell marmorierten Blättern; 50–150 cm hoch	hell bis schattig, warm und luftfeucht; gleichmäßig gießen, alle 2 Jahre düngen; giftig
Drachenbaum *Dracaena deremensis*	palmenartige Grünpflanze mit dichtem Blattschopf; 50–180 cm hoch	hell, aber nicht vollsonnig, warm und luftfeucht; leicht feucht halten, alle 2 Wochen düngen
Birkenfeige *Ficus benjamina*	schlanker Strauch mit ledrigen Blättern, oft weißbunt; 50–200 cm hoch	sehr hell, aber nicht prallsonnig, warm und luftfeucht; gleichmäßig leicht feucht halten, alle 2 Wochen düngen
Silbereiche *Grevillea robusta*	Baum oder Strauch mit filigranem, silbergrünem Laub; 50–180 cm hoch	sehr hell, mäßig warm, im Winter 5–15 °C; reichlich mit kalkfreiem Wasser gießen, alle 2 Wochen düngen
Fensterblatt *Monstera deliciosa*	Grünpflanze mit mächtigen, durchbrochenen Blättern; 50–200 cm hoch	hell, aber nicht vollsonnig, warm und luftfeucht; gleichmäßig leicht feucht halten, alle 2 Wochen düngen; giftig
Glückskastanie, Flaschenbaum *Pachira aquatica*	immergrüner Baum mit großen handförmigen Blättern, oft mit geflochtenem oder gedrehtem Stamm angeboten	hell, aber nicht vollsonnig, ganzjährig Zimmertemperatur; gleichmäßig leicht feucht halten, alle 2 Wochen düngen
Schraubenbaum *Pandanus veitchii*	palmenartige Grünpflanze mit gedrungenem Spross; 100–150 cm hoch	hell, ganzjährig warm; in großen Abständen durchdringend gießen, sonst trockener halten, sprühen, alle 2 Wochen düngen
Gefiederter Baumfreund *Philodendron angustisectum*	kräftige Grünpflanze mit dickem Spross und großen, tief eingeschnittenen Blättern; 50–150 cm hoch	hell bis halbschattig, warm und luftfeucht; gleichmäßig leicht feucht halten, alle 4 Wochen schwach düngen; giftig
Fingeraralie *Schefflera actinophylla*	kräftige Grünpflanze mit großen, handförmig geteilten Blättern; 50–200 cm hoch	hell bis halbschattig, warm, im Winter bei 15–20 °C; leicht feucht halten, alle 2 Wochen düngen

Bubiköpfchen
Soleirolia soleirolii

HERKUNFT: Mauerfugen und Felsen auf Korsika, Balearen, Sardinien

▸ wüchsige Polsterpflanze

Familie: Nesselgewächse (*Urticaceae*)
Blätter: immergrün; kleine, rundliche Blättchen an kurzen, dünnen Stielchen; mittelgrün und glänzend; es gibt verschiedene Sorten mit gelbgrünem, silbrig grünem oder panaschiertem Laub
Wuchs: kleine, teppichbildende Staude mit dünnen, manchmal rosa überhauchten Trieben
Standort: ganzjährig hell bis halbschattig, vor praller Mittagssonne schützen; verträgt sowohl Zimmertemperatur als auch kühleren Stand; im Sommer an geschütztem Platz auch im Freien
Verwendung: anmutiger Grünschmuck für beengte Plätze, in Ampeln, auch als raschwüchsiger Bodendecker im Blumenfenster, für Vitrinen oder den Wintergarten geeignet; wird auch im Flaschengarten angeboten
Pflegen: gleichmäßig feucht halten, aber über den Untersetzer gießen; bei kühlem Stand weniger Wasser geben; steht die Pflanze warm, öfters übersprühen; im Sommer alle 3–4 Wochen, im Winter alle 6–8 Wochen düngen
Vermehren: durch Teilung

Buntnessel
Solenostemon scutellarioides

▶ *farbenfroh und pflegeleicht*

Andere Namen: *Coleus-Blumei*-Hybriden
Familie: Lippenblütler (*Lamiaceae*)
Blätter: eiförmige, gekerbte bis gezähnte, ca. 8 cm lange Blätter; im Handel fast nur buntlaubige Sorten mit variabler gelber, weißer, grüner, rosa, roter und violetter Musterung
Wuchs: immergrün; buschige Stauden mit vierkantigen Stängeln; die Kleine Buntnessel (früher *Coleus pumilus*) hat kriechende bzw. hängende Triebe
Standort: ganzjährig hell und sonnig; im Sommer warm, auch im Freien, im Winter auch kühler um 10 °C
Verwendung: attraktiver Blickfang fürs Zimmer, auch im Balkonkasten
Pflegen: im Sommer reichlich gießen, im Winter bei kühlem Stand trockener halten; im Sommer alle 2, im Winter alle 4 Wochen düngen; im Frühjahr kräftig zurückschneiden und auch während des Jahres immer wieder stutzen
Vermehren: Kopfstecklinge oder Aussaat (Dunkelkeimer)
Hinweis: Pflanze enthält Giftstoffe; im Sommer blassblaue Lippenblüten

Zimmerlinde
Sparrmannia africana

▶ *beliebte Solitärpflanze*

Familie: Lindengewächse (*Tiliaceae*)
Blätter: große, rundliche bis herzförmige, gelappte, weiche, behaarte Blätter; lindgrün
Wuchs: immergrün; strauchförmig bis baumartig; bei guter Pflege erscheinen weiße Blüten mit auffälligen gelben Staubgefäßen
Standort: ganzjährig sehr hell und luftig, im Sommer auch im Freien; im Sommer warm, im Winter um 10 °C
Verwendung: Einzelstellung im Zimmer, für Wintergärten, helle Dielen und Flure; auch als Kübelpflanze
Pflegen: gleichmäßig gut feucht halten, im Winter bei kühlem Stand weniger gießen; im Sommer alle 1–2, im Winter alle 3–4 Wochen düngen; öfters übersprühen; kann problemlos zurückgeschnitten werden
Vermehren: durch nicht zu stark verholzte Stecklinge bei ca. 20 °C
Hinweis: Die Blätter können bei empfindlichen Personen Hautreizungen hervorrufen.
Sorten/Verwandte: Die Sorte 'Plena' hat gefüllte Blüten.

Kastanienwein
Tetrastigma voinierianum

▶ *ungestümer Kletterer*

Andere Namen: Tonkingwein
Familie: Weinrebengewächse (*Vitaceae*)
Blätter: immergrün; handförmige, 3- bis 5-fach geteilte, am Rand gesägte Blätter; können bis 40 cm groß werden; oberseits dunkelgrün und glänzend, unterseits braunfilzig behaart
Wuchs: Kletterpflanze mit kräftigem Wuchs; die Ranken können pro Jahr mehrere Meter wachsen
Standort: ganzjährig hell bis halbschattig, im Sommer vor Mittagssonne geschützt; warm, kann im Winter aber auch kühler stehen, bis 10 °C
Verwendung: für große Räume, Flure, Wintergärten, als Raumteiler
Pflegen: im Sommer gleichmäßig feucht halten, im Winter bei kühlem Stand weniger gießen; im Sommer wöchentlich, im Winter alle 3–4 Wochen düngen; kann kräftig zurückgeschnitten werden; braucht ein starkes Spalier
Hinweis: junge Triebe sind brüchig
Vermehren: durch halbverholzte Stecklinge mit mindestens einem Auge bei 25 °C Bodenwärme

GRÜNPFLANZEN

Henne mit Küken
Tolmiea menziesii

HERKUNFT: Wälder an der Westküste Nordamerikas

▸ *nachwuchsfreudiger Klassiker*

Andere Namen: Kindchen im Schoß
Familie: Steinbrechgewächse (*Saxifragaceae*)
Blätter: herzförmige, leicht gelappte, am Rand gesägte Blätter; hell- bis lindgrün; es gibt auch Sorten mit gelber bis cremefarbener Zeichnung
Wuchs: niedrige Staude mit kriechenden oder überhängenden Trieben; am Stielansatz der Blätter bilden sich kleine Brutpflänzchen
Standort: ganzjährig hell bis halbschattig, im Sommer an einem vor direkter Sonne geschützten Platz auch im Freien; luftig und nicht zu warm, im Winter nicht unter 5 °C
Verwendung: frisch und heiter wirkende, anspruchslose Grünpflanze; auch sehr hübsch in Ampeln; ideal fürs Kinderzimmer
Pflegen: im Sommer reichlich gießen, im Winter bei kühlem Stand aber trockener halten; im Sommer alle 14 Tage, im Winter nur noch alle 4–6 Wochen düngen
Vermehren: durch Brutpflänzchen oder durch Ausläufer

Dreimasterblume
Tradescantia-Arten

HERKUNFT: Wälder in Mittel- und Südamerika

▸ *unverwüstliche Ampelpflanze*

Familie: Kommelinengewächse (*Commelinaceae*)
Blätter: meist lanzettlich bis spitz eiförmig; für die Kultur im Zimmer eignen sich folgende Arten und Sorten:
T. cerinthoides (früher *T. blossfeldiana*): Triebe und fleischige Blätter behaart, oberseits bräunlich grün, unterseits rot, 'Variegata' mit cremefarben gestreiftem, rosa überhauchtem Laub;
T. fluminensis (früher *T. albiflora*): kleine, oberseits hellgrüne, unterseits purpurne Blätter; verschiedene Sorten mit gelblichen oder weißen Streifen, 'Tricolor' (→ Abb.) hat sogar dreifarbiges Laub; *T. pallida* 'Purple Heart' (früher *Setcreasea purpurea*), das Rotblatt, hat große, fleischige, purpurrote Blätter;
T. spathacea (früher *Rhoeo spathacea*): lange, lineal-lanzettliche Blätter, oberseits dunkelgrün, unterseits purpurrot, 'Vittata' zusätzlich mit gelben Längsstreifen; *T. zebrina,* Zebrakraut (früher *Zebrina pendula*): oberseits dunkelgrün mit breiten, silbrigen Längsstreifen, unterseits rötlich, 'Quadricolor' besticht durch vierfarbiges Laub
Wuchs: Staude; *T. fluminensis, T. pallida, T. cerinthoides* und *T. zebrina* bilden eher kriechende, überhängende Triebe, *T. spathacea* wächst rosettig; bei manchen Arten und Sorten erscheinen in den Blattachseln kleine weiße oder rosa Blüten
Standort: ganzjährig hell und luftig, aber ohne direkte Sonneneinstrahlung; buntlaubige Sorten brauchen mehr Licht als grünblättrige; im Sommer an einem geschützten Platz auch draußen; warm, kann im Winter kühler, aber nicht unter 10 °C stehen
Verwendung: pflegeleichte und schier unverwüstliche Pflanzen fürs Zimmer, im Wintergarten auch als Bodendecker, Arten und Sorten mit überhängendem Wuchs sind auch gut als Ampelpflanzen geeignet
Pflegen: gleichmäßig leicht feucht halten, aber Staunässe vermeiden; im Winter bei kühlem Stand trockener halten und nur gießen, wenn die Erde ganz abgetrocknet ist; bei warmem Stand häufig übersprühen; im Sommer alle 14 Tage, im Winter nur einmal im Monat düngen; die Triebe neigen zum Verkahlen, deshalb rechtzeitig Jungpflanzen heranziehen
Vermehren: durch Kopfstecklinge in Erde oder Wasser

Palmlilie
Yucca-Arten

Glücksfeder
Zamioculcas zamiifolia

HERKUNFT: Trockengebiete in USA, Mexiko, Westindische Inseln

➤ *unverzichtbarer Zimmerbaum*

Familie: Agavengewächse (*Agavaceae*)
Blätter: sehr lange, breite bis schmale, schwertförmige, zugespitzte, oft überhängende Blätter; ledrig-derb und zum Schutz vor Austrocknung von wachsiger Schicht überzogen; mittel- bis dunkelgrün, es gibt auch einige buntlaubige Sorten; *Y. aloifolia* (→ Abb. links), Blätter schmal und spitz zulaufend, am Rand gesägt; *Y. elephantipes* (→ Abb. rechts) mit etwas breiterem Laub
Wuchs: immergrün; strauchig bis baumartig; bei *Y. aloifolia* werden die vorwiegend unverzweigten, dicken, borkigen Stämme in gewünschter Höhe abgesägt und die dichten, rosettigen Blattschöpfe bilden sich aus Knospen an der Spitze der Stämme, die Blattschöpfe strecken sich mit der Zeit in die Länge; bei *Y. gloriosa* fehlen die Stämme oft bzw. bleiben sehr kurz
Standort: ganzjährig vollsonnig oder zumindest sehr hell, im Sommer möglichst im Freien; warm bei Zimmertemperatur, im Winter idealerweise kühl bei 5–10 °C, ein wärmerer Stand wird aber auch vertragen
Verwendung: beliebte Großpflanze mit etwas strengem Charme; eignet sich als ornamentaler Zimmerschmuck, auch paarweise als grünes Spalier in Treppenhäusern, als Blickfang in kühlen Wintergärten; als anspruchslose Büropflanze geeignet; Jungpflanzen auch auf der Fensterbank
Pflegen: im Sommer gleichmäßig leicht feucht halten, aber zu viel Nässe unbedingt vermeiden, sonst faulen die fleischigen Wurzeln sehr schnell; im Winter bei kühlem Stand nur gelegentlich gießen; im Sommer reicht es, alle 3–4 Wochen zu düngen; Blätter gelegentlich entstauben; beim Umtopfen große, möglichst hohe und standsichere Gefäße wählen, insbesondere bei älteren, sehr hoch gewachsenen Pflanzen; auch radikaler Rückschnitt bis in den Stamm wird vertragen, Schnittflächen vorsichtshalber zum Schutz vor Pilzsporen mit einem Wundverschlussmittel (im Fachhandel) bestreichen
Vermehren: durch Kopf- oder Stammstecklinge; die Stücke sollten mindestens 10 cm lang sein; auf die richtige Wuchsrichtung achten; zur Bewurzelung ist eine hohe Bodenwärme von 22–26 °C erforderlich
Hinweis: Vorsicht vor den spitzen, scharfkantigen Blättern!

HERKUNFT: Gebiete in Ost- und Südafrika

➤ *ungewöhnliche Blätter*

Familie: Aronstabgewächse (*Araceae*)
Blätter: kräftige, steife Fiederblätter mit am Grund keulig verdickten Blattstielen und fleischigen Mittelrippen; dunkelgrün, glänzend; einzelne Fiedern fallen oft schon im Jugendstadium ab und bilden auf feuchtem Substrat kleine Knöllchen, die sich bewurzeln und zu neuen Pflanzen wachsen
Wuchs: immergrün; straff aufrecht; Blätter treiben direkt aus einem fleischigen, dicken Rhizom
Standort: ganzjährig hell bis halbschattig ohne direkte Sonne; im Sommer warm, im Winter kühler, aber nicht unter 16 °C
Verwendung: extravagante Blattpflanze für gut temperierte Wohnräume oder den Wintergarten
Pflegen: während der Vegetationsperiode gleichmäßig leicht feucht halten, keinesfalls Staunässe; im Winter bei kühlerem Stand weniger gießen; gelegentlich sprühen; im Sommer etwa alle 4 Wochen düngen
Vermehren: durch Teilung oder durch Blattstecklinge

GRÜNPFLANZEN

Palmen

••• Palmen sind für viele der Inbegriff des Urlaubs, werden sie doch meist mit südlicher Sonne und exotischen Stränden in Verbindung gebracht. Kein Wunder, dass man davon gern ein Stück zu sich nach Hause holt.

Betelnusspalme
Areca catechu

HERKUNFT: tropischer Regenwald auf den Philippinen

▸ elegante Erscheinung

PALMEN ZÄHLEN ZU den elegantesten Erscheinungen im Pflanzenreich. Die Ordnung der *Arecales*, zu der die einzige Familie der *Arecaceae* oder *Palmae* gehört, wurde deshalb auch *Principes* genannt – die Königlichen. Sie sind in den gesamten Tropen und Subtropen der Erde verbreitet, am Meer, in Regenwäldern und Bergregionen. Die einzelnen Arten haben deshalb ganz unterschiedliche Ansprüche an Standort und Pflege. Botanisch zählen Palmen zu den Monokotyledonen, den Einkeimblättrigen Pflanzen. Meist bilden sie unverzweigte, lange, schlanke Stämme, an deren Ende ein Blattschopf sitzt. Die einzelnen Wedel sind wie Fächer flach ausgebreitet (Fächerpalmen) oder fiedrig (Fiederpalmen) und im Jugendstadium immer ungeteilt. Auch fehlt Palmen das sekundäre Dickenwachstum, wie es etwa Laubbäume haben. Das bedeutet, dass der Stamm annähernd seinen späteren Umfang erreicht hat, bevor er in die Länge wächst. Attraktiv sind bei vielen Arten auch die Blüten, die im Zimmer allerdings nur bei wenigen Palmen erscheinen.

Familie: Palmen (*Arecaceae, Palmae*)
Blätter: Wedel mit breit-lanzettlichen, kammförmig abstehenden Fiedern; sattgrün; meist als Jungpflanze mit noch ungeteilten, an der Spitze V-förmig eingeschnittenen Wedeln im Handel erhältlich
Wuchs: einstämmig, schlank, langsam wachsend
Standort: hell bis halbschattig; warm und luftfeucht, auch im Winter bei Temperaturen nicht unter 18 °C
Verwendung: vorzugsweise für feuchtwarme Wintergärten und Gewächshäuser, als Jungpflanze auch für das geschlossene Blumenfenster; als Zimmerpflanze etwas heikel
Pflegen: gut feucht halten, der Wurzelballen darf nie austrocknen; bei genügend Bodenwärme ist ein wassergefüllter Untersetzer vorteilhaft; öfter übersprühen; im Sommer alle 14 Tage schwach dosiert düngen
Vermehren: aus Samen bei 25–30 °C Bodenwärme (2–3 Monate Keimdauer)
Hinweis: Die Nüsse enthalten ein in höherer Dosis giftiges Alkaloid.

Palmen

Hesperidenpalme
Brahea-Arten

HERKUNFT: trockene Regionen in Kalifornien und Mexiko

▸ *robuste Fächerpalme*

Familie: Palmen (*Arecaceae, Palmae*)
Blätter: große, rundliche, steife Wedel; bei *B. armata* (→ Abb.), der Blauen Hesperidenpalme, silbrig blaugrün, bei *B. edulis*, der Guadeloupepalme, kräftig grün gefärbt
Wuchs: breitwüchsig, mit an der Basis verdicktem Stamm; langsam wachsend; *B. armata* kann im Kübel 3 m Höhe erreichen, *B. edulis* bleibt etwas kleiner, wächst aber stark in die Breite
Standort: hell, auch sonnig; im Sommer gern draußen; verträgt trockene Luft; Überwinterung bei etwa 5 °C, notfalls auch wärmer (maximal 15 °C)
Verwendung: mit den Jahren stattliche Palme für große, helle Räume und Wintergärten; auch als Kübelpflanze für Balkon und Terrasse
Pflegen: nur leicht feucht halten, keinesfalls nass; im Sommer alle 14 Tage düngen; braucht eine gute Dränage im Topf, dem Substrat daher am besten etwas Sand untermischen
Vermehren: durch Aussaat; Keimdauer etwa 2 Monate, *B. edulis* braucht allerdings teils etwas länger

Fischschwanzpalme
Caryota mitis

HERKUNFT: Südostasien, Malaiischer Archipel

▸ *ungewöhnliche Blattform*

Familie: Palmen (*Arecaceae, Palmae*)
Blätter: doppelt gefiederte Wedel; Fiedern dreieckig bis keilförmig, erinnern in der Form an Schwanzflossen der Fische; dunkelgrün
Wuchs: mehrstämmig mit schlanken Trieben, mittelgroß
Standort: hell, aber nicht in der prallen Sonne, verträgt notfalls auch Halbschatten; warm (optimal bei 22–25 °C) und luftfeucht; auch im Winter nicht unter 16 °C halten
Verwendung: hübsche, etwas außergewöhnliche Palme, die sich bei genügend Luftfeuchtigkeit bzw. häufigem Besprühen im Zimmer halten lässt; gedeiht besonders gut in feuchtwarmen Wintergärten, Gewächshäusern oder großen geschlossenen Blumenfenstern
Pflegen: mit kalkarmem, temperiertem Wasser gut feucht halten, aber Staunässe vermeiden; öfter übersprühen; im Sommer monatlich düngen; bei kühlerem Winterstand sparsam gießen
Vermehren: durch Aussaat oder Abtrennen von Seitensprossen, für Anzucht hohe Bodenwärme erforderlich

Bergpalme
Chamaedorea elegans

HERKUNFT: tropische Regionen Mittelamerikas

▸ *hübsch und pflegeleicht*

Familie: Palmen (*Arecaceae, Palmae*)
Blätter: bis 60 cm lange Wedel mit linealischen bis lanzettlichen Fiedern; frischgrün
Wuchs: eher zierlich, mit schlankem Stamm und leicht überhängenden Wedeln; bildet schon an jungen Pflanzen gelbe bis cremefarbene Blütenrispen, die ganzjährig erscheinen; zweihäusige Pflanze, d. h. männliche und weibliche Blüten stehen an unterschiedlichen Exemplaren
Standort: hell bis halbschattig; warm (um 20 °C) und luftfeucht, im Sommer auch draußen; im Winter kühler halten bei 12–15 °C
Verwendung: robuste Zimmerpalme, auch als Kübelpflanze und im kühlen Wintergarten gut zu kultivieren
Pflegen: im Sommer gut feucht, aber nicht staunass halten und alle 14 Tage düngen; gelegentlich übersprühen
Vermehren: durch Aussaat oder Schösslinge
Sorten/Verwandte: *C. metallica* hat ungeteilte, metallisch glänzende Blätter und wird nur etwa 1 m hoch.

GRÜNPFLANZEN

Goldfruchtpalme
Chrysalidocarpus lutescens

HERKUNFT: tropische Wälder auf Madagaskar

▸ *üppiger Wuchs*

Andere Namen: jetzt unter *Dypsis lutescens* geführt
Familie: Palmen (*Arecaceae, Palmae*)
Blätter: kammartig gefiederte, lange Wedel, die leicht überhängen; hellgrüne Blättchen
Wuchs: die Wedel sitzen an dünnen Stämmchen, die immer zu mehreren zusammenstehen und damit die Pflanze sehr üppig wirken lassen
Standort: ganzjährig hell, aber keine pralle Sonne; warm, auch im Winter nicht unter 16 °C, Jungpflanzen nicht unter 20 °C; im Sommer an einem geschützten Platz auch draußen
Verwendung: elegante Solitärpflanze für Zimmer, Wintergarten oder Gewächshaus; auch als Kübelpflanze auf der Terrasse
Pflegen: im Sommer stets gut feucht halten, im Winter bei kühlerem Stand etwas weniger gießen; öfters übersprühen, vor allem bei trockener Heizungsluft; im Sommer alle 3–4, im Winter alle 6 Wochen düngen
Vermehren: durch Aussaat oder Abtrennen von Ausläufern

Kokospalme
Cocos nucifera

HERKUNFT: in allen tropischen Regionen der Welt

▸ *anspruchsvolle Exotin*

Familie: Palmen (*Arecaceae, Palmae*)
Blätter: sehr lange, gefiederte, überhängende Wedel; leuchtend frischgrün; im Handel sind jedoch nur Kokospalmen im Jugendstadium mit noch ungeteilten, breit lanzettlichen Blättern
Wuchs: Bei den Jungpflanzen sind die Blätter noch mit der Frucht verbunden. Am Naturstandort werden die Pflanzen bis 30 m hoch.
Standort: ganzjährig sonnig bis sehr hell, braucht im Winter künstliche Zusatzbeleuchtung; warm, verträgt im Winter auch bis 18 °C, wenn genug Licht vorhanden ist; bei möglichst hoher Luftfeuchtigkeit
Verwendung: attraktive Solitärpflanze, am besten im warmen Wintergarten
Pflegen: gleichmäßig feucht halten, im Winter bei kühlerem Stand weniger gießen, aber Wurzelballen nie austrocknen lassen; für hohe Luftfeuchtigkeit sorgen; im Sommer alle 2, im Winter alle 4 Wochen düngen
Vermehren: aus Kokosnüssen, am besten bereits vorgekeimte Exemplare kaufen, da sonst sehr schwierig

Kentiapalme
Howea-Arten

HERKUNFT: Lord-Howe-Inseln im Pazifik

▸ *beliebte, unkomplizierte Palme*

Andere Namen: Howeapalme, Howeia
Familie: Palmen (*Arecaceae, Palmae*)
Blätter: lange, gleichmäßig gefiederte Wedel; dunkelgrün, bei *H. forsteriana* (→ Abb.) unterseits gepunktet
Wuchs: einstämmig, werden aber meist zu mehreren gepflanzt, damit sie üppiger wirken; bei *H. belmoreana* stehen die Wedel steil nach oben und hängen leicht über, bei *H. forsteriana* spreizen sich die Blätter seitlich ab
Standort: ganzjährig hell bis halbschattig, ohne pralle Sonne; warm und luftig, auch im Winter nicht unter 18 °C; ältere Pflanzen im Sommer an einem geschützten Platz auch draußen
Verwendung: dekorative Palme für Zimmer und Wintergarten, auch als Kübelpflanze im Sommer draußen
Pflegen: gleichmäßig leicht feucht halten, aber keine Staunässe, im Winter bei kühlerem Stand weniger gießen, Substrat jedoch nicht austrocknen lassen; im Sommer alle 14 Tage, im Winter alle 4–6 Wochen schwach düngen, öfters übersprühen
Vermehren: durch Aussaat

Palmen

Latanie
Latania lontaroides

Livistonie
Livistona-Arten

Kokospälmchen
Lytocaryum weddelianum

HERKUNFT: Mauritius und die Maskarenen

▸ *attraktive Fächerpalme*

Familie: Palmen (*Arecaceae, Palmae*)
Blätter: große Fächer an langen, rötlich überhauchten Stielen; graugrün
Wuchs: aufrecht; die Blätter bilden einen dichten Schopf
Standort: ganzjährig hell bis halbschattig, verträgt keine direkte Sonne; gleich bleibend warm, die Temperatur darf auch im Winter und in der Nacht nicht unter 18 °C fallen; möglichst hohe Luftfeuchtigkeit
Verwendung: elegante, aber etwas heikle und anspruchsvolle Exotin, ideal im warmen Wintergarten
Pflegen: ganzjährig feucht halten, am besten den Topf in einen wassergefüllten Untersetzer stellen; im Winter bei kühlerem Stand etwas weniger gießen, aber niemals austrocknen lassen; für hohe Luftfeuchtigkeit sorgen; im Sommer alle 2 Wochen, im Winter alle 4 Wochen düngen
Vermehren: durch Aussaat
Sorten/Verwandte: Gelegentlich werden auch *L. loddigesii* mit graugrünen, bedornten Blättern und *L. verschaffeltii* mit gelblichen Stielen angeboten.

HERKUNFT: Japan, Taiwan, südostasiatische Inseln bis Australien

▸ *Schönheit mit langer Tradition*

Familie: Palmen (*Arecaceae, Palmae*)
Blätter: bereits in jungen Jahren große, tief geteilte Fächer an gezähnten Blattstielen; glänzend dunkelgrün
Wuchs: Blätter in dichten Schöpfen, stehen meist steif nach oben, die Enden hängen bogig über
Standort: ganzjährig möglichst hell bis sonnig, im Sommer an einem geschützten Platz auch draußen; warm und luftig, im Winter kühler, um 15 °C
Verwendung: attraktive Pflanze für große Räume, Eingangshallen und Wintergärten
Pflegen: während der Wachstumszeit gleichmäßig feucht halten, im Winter bei kühlem Stand wenig gießen, Wurzelballen aber nicht austrocknen lassen; im Sommer alle 2, im Winter alle 4–6 Wochen düngen; öfter sprühen
Vermehren: durch Aussaat
Hinweis: Verletzungsgefahr an scharf gezähnten Blattstielen
Sorten/Verwandte: *L. australis* und *L. chinensis* (→ Abb.) mit etwas geringeren Lichtansprüchen und *L. rotundifolia* mit rundlichen Blättern

HERKUNFT: tropische Regenwälder in Brasilien

▸ *zierliche Fiederpalme*

Andere Namen: hieß früher *Microcoelum weddelianum*
Familie: Palmen (*Arecaceae, Palmae*)
Blätter: filigrane Wedel mit schmalen Fiederblättchen; oberseits hellgrün, unterseits graugrün; die Blattstiele und Mittelrippe sind mit schwarzroten Schuppen besetzt
Wuchs: aufrecht, die Blätter sitzen an einem schlanken Stamm und hängen leicht über; meist werden mehrere Exemplare zusammengepflanzt
Standort: ganzjährig hell, aber ohne direkte Sonne; warm, auch im Winter und nachts nicht unter 20 °C; verträgt keine Zugluft und keine Bodenkälte; möglichst hohe Luftfeuchtigkeit
Verwendung: hübscher Schmuck für das geschlossene Blumenfenster, die Vitrine oder den warmen Wintergarten
Pflegen: ganzjährig gleichmäßig feucht halten, aber Staunässe unbedingt vermeiden; für hohe Luftfeuchtigkeit sorgen; im Sommer alle 2, im Winter alle 4–6 Wochen düngen
Vermehren: durch Aussaat bei 30 °C Bodenwärme

GRÜNPFLANZEN

Dattelpalme
Phoenix-Arten

HERKUNFT: Kanarische Inseln, Afrika, West-, Süd- bis Südostasien

▶ *Platz eins auf der Palmenhitliste*

Familie: Palmen (*Arecaceae, Palmae*)
Blätter: große Wedel; bei *P. canariensis,* der Kanarischen Dattelpalme, ledrig und dunkelgrün; bei *P. dactylifera,* der Echten Dattelpalme, steif und graugrün; bei *P. roebelenii* (→ Abb.), der Zwergdattelpalme, dunkelgrün, weich
Wuchs: *P. canariensis*: abstehende bis überhängende Wedel an einem dicken, nicht zu hohen Stamm; *P. dactylifera*: lockerer, abstehender bis überhängender Blattschopf an einem hohen, schlanken Stamm; *P. roebelenii*: überhängende Wedel an niedrigem, schlankem Stamm, oft mehrstämmig
Standort: ganzjährig sonnig, im Sommer am besten draußen, außer *P. roebelenii*; warm, im Winter auch um 10 °C, *P. roebelenii* mindestens 18 °C
Verwendung: für Zimmer und Wintergarten; auch als Kübelpflanzen; *P. roebelenii* am besten im Blumenfenster
Pflegen: gleichmäßig leicht feucht halten, bei kühlem Stand im Winter trockener; *P. roebelenii* öfters einsprühen; im Sommer alle 2 Wochen düngen
Vermehren: durch Aussaat

WEITERE PALMEN

Name	Merkmale	Standort, Pflegehinweise
Herrscherpalme *Archontophoenix cunninghamiana*	stattliche Fiederpalme mit schlankem Stamm, deren Wedel sich erst mit der Zeit in die Fiedern spalten	hell bis halbschattig, nicht prallsonnig, warm, im Winter bei 10–15 °C; mäßig feucht halten, alle 2 Wochen düngen
Bismarckpalme *Bismarckia nobilis*	stattliche Fächerpalme mit gedrungenem Stamm und großen, runden, silbergrauen Wedeln	sonnig und warm, im Winter auch kühler bei 10 °C; regelmäßig gießen, für hohe Luftfeuchte sorgen
Geleepalme *Butia capitata*	kleine Fiederpalme mit weit überhängenden Wedeln	hell, auch vollsonnig, warm, im Winter 10–15 °C; gleichmäßig feucht halten, im Winter sparsam gießen, alle 2–3 Wochen düngen
Zwergpalme *Chamaerops humilis*	kleine Fächerpalme mit buschigem Wuchs, Wedel bläulich grün und tief geschlitzt	hell bis sonnig, warm, im Winter kühl bei 10–15 °C; gleichmäßig feucht halten, im Winter sparsam gießen, alle 2–3 Wochen düngen
Assai-Palme *Euterpe edulis*	elegante Fiederpalme mit sehr schlankem Stamm und schwungvollen Wedeln	hell bis halbschattig, ganzjährig warm; gleichmäßig feucht halten, alle 3–4 Wochen düngen
Kohlpalme, Assaipalme *Euterpe edulis*	raschwüchsige, mehrstämmige Fiederpalme mit frischgrünen Blättern	hell bis halbschattig, ganzjährig warm, im Winter auch kühl bei 15 °C; braucht viel Wasser, Staunässe vermeiden, häufig sprühen
Futterpalme *Hyophorbe verschaffeltii*	Fiederpalme mit flaschenförmig verdicktem Stamm	hell bis halbschattig, ganzjährig warm; gleichmäßig feucht halten, Nässe unbedingt vermeiden; alle 3–4 Wochen düngen
Mazaripalme *Nannorrhops ritchiana*	robuste Fächerpalme mit kurzem, niederliegendem Stamm; blaugrau bereifte, tief eingeschnittene Wedel	hell, auch vollsonnig, warm, im Winter bei 10–15 °C; durchlässiges Substrat, leicht feucht halten
Weißstammpalme *Ravenea rivularis*	Fiederpalme mit hellem, glattem, geringeltem Stamm und eleganten, weichen Wedeln	hell bis halbschattig, nicht prallsonnig, warm (Winter 15 °C); gleichmäßig feucht halten (weiches Wasser), monatlich düngen
Romanzoffsche Kokospalme *Syagrus romanzoffiana*	schlanke Fiederpalme mit glattem, grauem Stamm und Wedeln mit sehr langen Fiedern	sehr hell bis halbschattig, nicht prallsonnig, warm (Winter 15 °C); gleichmäßig feucht (im Winter fast trocken), monatlich düngen
Hanfpalme *Trachycarpus fortunei*	anspruchslose Fächerpalme mit dickem, von braunen Fasern überzogenem Stamm	sonnig bis halbschattig, warm, im Winter kühl bei 5–10 °C; gleichmäßig feucht halten, alle 3–4 Wochen düngen
Manilapalme *Veitchia merrillii*	Fiederpalme mit schlankem, ringförmig gemasertem Stamm und federartigen Wedeln in dichtem Schopf	sehr hell, aber keine pralle Sonne, ganzjährig warm und luftfeucht; gleichmäßig leicht feucht halten, alle 3–4 Wochen düngen

Palmen

Steckenpalme
Rhapis-Arten

HERKUNFT: Waldgebiete im Süden Chinas

> *asiatisches Flair*

Andere Namen: Rutenpalme
Familie: Palmen (*Arecaceae, Palmae*)
Blätter: fingerförmige Fächer; dunkelgrün und glänzend; bei *R. humilis* sind die einzelnen Fiedern zierlicher und zahlreicher als bei *R. excelsa* (→ Abb.)
Wuchs: bilden vielstämmige, strauchige Gruppen; die schlanken, bambusähnlichen Stämmchen wachsen aus unterirdischen Rhizomen; *R. humilis* wird nur ca. 1 m hoch, *R. excelsa* wird etwas höher und breiter
Standort: hell bis halbschattig, vertragen keine direkte Sonne; im Sommer an einem geschützten Platz auch im Freien; Zugluft meiden; nicht zu warm, im Winter kühl, zwischen 5 und 10 °C
Verwendung: attraktive, zierliche Palme für Zimmer, Treppenhaus, Eingangshalle und kühlen Wintergarten; auch als Bonsai gezogen
Pflegen: im Sommer kräftig wässern, im Winter nur so viel gießen, dass der Wurzelballen nicht ganz austrocknet; öfters übersprühen; im Sommer alle 2 Wochen düngen
Vermehren: Aussaat oder Teilung

Sabalpalme
Sabal-Arten

HERKUNFT: subtropische Gebiete der USA, einige Karibikinseln

> *robuste Fächerpalme*

Andere Namen: Palmettopalme
Familie: Palmen (*Arecaceae, Palmae*)
Blätter: große, tief eingeschnittene, lang gestielte Fächer; bei *S. minor* (Zwerg-Palmettopalme, → Abb.) blaugrün, bei *S. palmetto* (Gewöhnliche Palmettopalme) dunkelgrün
Wuchs: *S. minor*, eine kleinwüchsige Art, bildet einen kurzen, knapp über die Erde reichenden unterirdischen Stamm, dem der buschige Blattschopf entspringt; *S. palmetto* mit dichtem, gedrungenem Blattschopf am langen, schlanken, durch Blattstielreste auffällig gemusterten Stamm
Standort: ganzjährig sehr hell, aber nicht zu sonnig; im Sommer am besten draußen halten; warm, im Winter kühler bei 10–15 °C
Verwendung: subtropisches Flair für das Zimmer und den nicht zu warmen Wintergarten, auch als Kübelpflanze
Pflegen: im Sommer reichlich gießen, im Winter nur so viel, dass der Wurzelballen nicht austrocknet; im Sommer alle 2 Wochen schwach düngen
Vermehren: durch Aussaat

Washingtonie
Washingtonia-Arten

HERKUNFT: Südkalifornien, Arizona und Mexiko

> *wüchsiger Solitär*

Andere Namen: Priesterpalme, Petticoatpalme
Familie: Palmen (*Arecaceae, Palmae*)
Blätter: tief eingeschnittene, große Fächer mit scharf gesägten Blattstielen; abgestorbene Blätter bleiben am Stamm haften und hängen herunter, deshalb der Name Petticoatpalme; *W. filifera* (→ Abb.): graugrüne, zuerst aufrechte, später überhängende Blätter mit auffälligen Bastfäden; *W. robusta*: glänzend grüne Fächer mit nur wenigen oder gar keinen Bastfäden
Wuchs: raschwüchsige, hohe Palmen
Standort: ganzjährig hell bis sonnig und luftig, im Sommer auch draußen; warm, im Winter kühl bei 8–10 °C; verträgt keine Heizungsnähe
Verwendung: attraktive Großpflanze für helle Treppenhäuser, Eingangshallen oder kühle Wintergärten
Pflegen: im Sommer kräftig gießen, aber Vorsicht vor Staunässe, im Winter relativ trocken halten; im Sommer alle 2 Wochen düngen; vor allem im Winter öfter einsprühen
Vermehren: durch Aussaat

GRÜNPFLANZEN

Farne und Gräser

••• Grün und dekorativ – das sind die Attribute, die diesen attraktiven Pflanzengruppen zugesprochen werden. Zu Recht, denn die grünen Wedel und Halme schmücken als filigrane Kunstwerke jeden Raum.

FARNE ÜBEN eine ganz eigene Faszination aus. Sie sind weltweit verbreitet, in den verschiedensten Lebensräumen zu Hause und in ihrem Habitus sehr variabel. Manche wachsen baumartig, andere krautig, sie besiedeln den Boden, sitzen in Astgabeln oder zwängen sich in Felsspalten, und einige leben am Wasser. Botanisch sind sie eine Klasse für sich, die *Pteridopsida*. Sie unterscheiden sich von den höheren Pflanzen dadurch, dass sie weder Blüten noch Samen, sondern Sporen an den Blattunterseiten bilden.

Die Gräser machen in der Gesamtheit der gängigen Zimmerpflanzen nur einen sehr kleinen Teil aus. Zu ihnen gehören etwa das überaus beliebte Zypergras (*Cyperus*) oder die Segge (*Carex brunnea*). Auch die Getreidearten zählen übrigens zu den Gräsern. Botanisch werden sie wie auch die Palmen, Orchideen oder Liliengewächse zu den einkeimblättrigen Pflanzen, den Monokotyledonen, gerechnet. Manche Gräser bilden dichte Blatthorste, andere dagegen breiten sich durch zahlreiche Ausläufer aus.

Graskalmus
Acorus gramineus

HERKUNFT: Sumpfgebiete in China, Indien und Japan

▸ robuste Sumpfpflanze

Familie: Kalmusgewächse (*Acoraceae*)
Blätter: sehr schmal, steif aufragend bis überhängend; Sorten mit gelb- oder weißgrünen Streifen
Wuchs: grasartig, in dichtem Horst, mit kriechendem Wurzelstock
Standort: hell, grünblättrige Pflanzen auch halbschattig; kühl und luftig, über Sommer am besten im Freien; im Winter kalt, aber frostfrei
Verwendung: zierlich wirkende Grünpflanze für helle, kühle Treppenhäuser und Wohnräume
Pflegen: über Sommer gut feucht halten, der Wurzelballen darf nie austrocknen; verträgt auch Wasser im Untersetzer; alle 14 Tage düngen, im Winter nur gelegentlich
Vermehren: durch Teilung des Wurzelstocks im Frühjahr
Hinweis: Der Wurzelstock ist giftig.
Sorten/Verwandte: Die grünblättrige Sorte 'Pusillus' wird nur etwa 10 cm hoch. 'Variegatus' (→ Abb.), 'Ogon' und 'Aureovariegatus' haben gelb gestreifte Blätter, 'Albovariegatus' hat weiße Streifen auf den Blättern.

Farne und Gräser

Frauenhaarfarn
Adiantum-Arten

HERKUNFT: Regenwälder in Mittel- und Südamerika

▸ *filigrane Blättchen*

Andere Namen: Venushaar
Familie: Frauenhaarfarngewächse (*Adiantaceae*)
Blätter: fein gefiederte Wedel mit dünnen, schwarz glänzenden Stielen und zarten, keilförmigen bis rundlichen Fiederblättchen; *A. raddianum* (→ Abb.) mit fast dreieckigen, *A. tenerum* mit fächerförmigen Wedeln
Wuchs: aufrecht, buschig; *A. raddianum* bis 40 cm hoch, *A. tenerum* bis 100 cm
Standort: halbschattig bis schattig; warm, bei 20–25 °C, und luftfeucht; steht am besten im geschlossenen Blumenfenster oder auf feuchtem Kiesbett; Zugluft vermeiden
Verwendung: ansprechende Grünpflanze für feuchtwarme, schattige Plätze
Pflegen: gleichmäßig feucht halten und häufig die Umgebungsluft besprühen, kalkarmes, angewärmtes Wasser verwenden; alle 14 Tage schwach dosiert mit Dünger versorgen
Vermehren: durch Sporenaussaat bei hoher Bodenwärme oder Teilung

Streifenfarn
Asplenium-Arten

HERKUNFT: tropische Regenwälder in Asien, Afrika und Australien

▸ *dekorative, glänzende Wedel*

Familie: Streifenfarngewächse (*Aspleniaceae*)
Blätter: große, ungeteilte Wedel, glänzend grün; Sorten auch mit eingeschnittenen oder gefransten Wedeln
Wuchs: *A. nidus* (→ Abb.), der Nestfarn, bildet mit seinen Blättern eine trichterförmige Rosette, ebenso *A. antiquum*; der Hirschzungenfarn *A. scolopendrium* (früher *Phyllitis scolopendrium*) wächst büschelförmig
Standort: hell bis halbschattig; Nestfarn und *A. antiquum* warm, auch im Winter nicht unter 18 °C; Hirschzungenfarn ganzjährig kühl
Verwendung: Nestfarn und *A. antiquum* für warme, luftfeuchte Räume oder Blumenfenster, Hirschzungenfarn für kühle Plätze
Pflegen: mit kalkarmem Wasser gleichmäßig feucht halten; öfter übersprühen; im Sommer alle 14 Tage schwach dosiert düngen
Hinweis: Streifenfarne reagieren empfindlich auf Blattglanzspray.
Vermehren: durch Sporenaussaat (schwierig)

Segge
Carex brunnea

HERKUNFT: Grasländer in Südasien und Australien

▸ *zierliche Halme*

Andere Namen: wird teils auch als *C. elegantissima* geführt
Familie: Sauergräser (*Cyperaceae*)
Blätter: sehr schmal, bis 30 cm lang, weiß gestreift
Wuchs: rasenartig, bildet dichte Horste; aufrecht bis leicht überhängend
Standort: hell, aber nicht in der prallen Sonne, oder halbschattig; mäßig warm und nicht zu lufttrocken; im Winter um etwa 10 °C
Verwendung: hübsch in breiten Schalen; gut geeignet für helle Räume und Wintergärten
Pflegen: gleichmäßig gut feucht, aber keinesfalls staunass halten; Umgebungsluft öfter besprühen; einmal im Monat schwach dosiert düngen
Vermehren: durch Teilung älterer Pflanzen
Sorten/Verwandte: Die Sorte 'Variegata' schmückt sich mit gelben Streifen. Eine ebenfalls zimmertaugliche Verwandte ist die Japanische Segge, *C. morrowii*. Sie braucht einen schattigen, kühlen Standort und wird etwas trockener gehalten.

GRÜNPFLANZEN

Zypergras
Cyperus-Arten

Frauenhaar
Isolepis cernua

HERKUNFT: vorwiegend in Feuchtgebieten der Tropen und Subtropen

▸ *liebt eine feuchte Umgebung*

Familie: Sauergräser (*Cyperaceae*)
Blätter: schmale, lange, je nach Art zarte oder derbe Blätter sitzen in regenschirm- oder perückenartigen Schöpfen auf langen, dreikantigen Stielen; *C. involucratus* (→ Abb. links, früher *C. alternifolius*): die am meisten angebotene Art, mit dunkelgrünen, schmalen Blättern; von ihr gibt es die Sorte 'Variegatus' mit weiß gemustertem Laub; *C. gracilis:* das Zwergzypergras, ähnelt *C. involucratus,* nur insgesamt kleiner und zierlicher; *C. albostriatus:* gelegentlich als *C. diffusus* angeboten, mit langen, mittelgrünen, deutlich blasser geäderten Blättern; *C. papyrus* (Echter Papyrus, → Abb. rechts) mit dichten Büscheln aus fadenartigen, langen, mittelgrünen Blättern; *C. haspan* sieht *C. papyrus* sehr ähnlich, ist aber insgesamt kleiner
Wuchs: aufrecht mit steifen Stängeln; viele bilden Rhizome, mit deren Hilfe sie sich rasch ausbreiten; *C. gracilis, C. albostriatus* und *C. haspan* bleiben mit 30–50 cm Höhe eher klein, *C. involucratus* wird etwa doppelt so hoch, *C. papyrus* kann bis zu 2 m hoch werden; bei vielen Arten erscheinen in der Mitte der Blattschöpfe Blüten
Standort: ganzjährig hell bis sonnig; können mit Ausnahme von *C. albostriatus* im Sommer auch ins Freie; vertragen im Sommer hohe Temperaturen, wenn für genügend Luftfeuchtigkeit gesorgt wird; können im Winter auch etwas kühler gehalten werden
Verwendung: beliebte Grünpflanze fürs Zimmer oder den Wintergarten, der Echte Papyrus auch im Warmwasserbecken, die kleineren Arten eignen sich auch für Mini-Teiche
Pflegen: am besten in eine Schale mit Wasser stellen; bei hohen Temperaturen kann die Erde auch mit Wasser bedeckt sein; *C. albostriatus* verträgt keine ständigen Fußbäder, deshalb nur gleichmäßig feucht halten; vor allem im Winter im geheizten Zimmer häufig sprühen; bei kühlem Stand im Winter nur feucht halten und viel sprühen; im Sommer alle 2 Wochen, im Winter nur bei hellem, warmen Stand alle 4–6 Wochen schwach düngen
Vermehren: durch Aussaat (Lichtkeimer, Saat daher nicht bedecken), Teilung oder durch abgeschnittene Blattschöpfe, die sich, kopfüber in ein Glas Wasser gestellt, bewurzeln

HERKUNFT: Mittelmeerraum, Süd- und Ostafrika, Australien, Neuseeland

▸ *Nomen est omen*

Andere Namen: hieß früher *Scirpus cernuus*
Familie: Sauergräser (*Cyperaceae*)
Blätter: lange, dünne, binsenartige Halme; frischgrün
Wuchs: horstig mit aufrechten bis leicht überhängenden Halmen, an deren Enden kleine, bräunliche Blütchen erscheinen
Standort: ganzjährig hell bis halbschattig, keine pralle Sonne; warm, kann im Winter auch kühler stehen, aber nicht unter 12 °C; möglichst luftfeucht
Verwendung: für Ampeln oder auf Säulen; gut zur Bepflanzung von Wasser- oder Sumpfgärten geeignet, sollte aber nicht komplett im Wasser stehen
Pflegen: gut feucht halten, verträgt bei warmem Stand auch Fußbäder; bei kühler Überwinterung trockener, keinesfalls austrocknen lassen; für hohe Luftfeuchtigkeit sorgen; im Sommer alle 2, im Winter alle 6 Wochen düngen
Vermehren: Teilung oder Aussaat
Hinweis: Besser keine chemischen Insektizide verwenden, sie werden schlecht vertragen!

Farne und Gräser

Schwertfarn
Nephrolepis exaltata

HERKUNFT: tropische Wälder auf der ganzen Welt

▸ *dicht buschiger Wuchs*

Familie: Schwertfarngewächse (*Nephrolepidaceae*)
Blätter: lange, schwertförmige Wedel mit sichelförmigen Fiedern; hellgrün; verschiedene, teils sehr alte Zuchtformen mit gewellten, gekrausten, gedrehten oder doppelt gefiederten Wedeln, auch mit gelbgrüner Färbung
Wuchs: bildet dichte Horste mit aufrechten bis überhängenden Wedeln, je nach Sorte groß und breit ausladend oder zierlich und gedrungen; aus den Rhizomen treiben viele Ausläufer
Standort: ganzjährig hell bis halbschattig; warm, auch im Winter nicht unter 18 °C; möglichst luftfeucht
Verwendung: attraktiv als Ampelpflanze oder auf einer Säule
Pflegen: gleichmäßig leicht feucht halten, aber Staunässe unbedingt vermeiden, im Winter bei kühlem Stand trockener; häufig einsprühen; im Sommer wöchentlich düngen
Vermehren: durch Ausläufer, Teilung oder Aussaat der Sporen
Sorten/Verwandte: *N. cordifolia* hat schmalere Wedel.

Pellefarn
Pellaea-Arten

HERKUNFT: Amerika, Neuseeland, Afrika, Maskarenen, Sri Lanka

▸ *anspruchslos und zierlich*

Familie: Frauenhaarfarngewächse (*Adiantaceae*)
Blätter: am häufigsten im Handel ist *P. rotundifolia* (Knopffarn, → Abb.) mit kleinen, rundlichen, ledrigen Fiederblättchen, dunkelgrün mit oft rötlicher Mittelrippe; *P. atropurpurea* mit rotbraunen, teils zweifach gefiederten Wedeln; *P. viridis* mit dunkelgrünen, zwei- bis dreifach gefiederten Wedeln an schwärzlichen Stielen
Wuchs: horstig mit überhängenden Wedeln, die kurzen Rhizomen entspringen; *P. rotundifolia* und *P. atropurpurea* sind klein und zierlich, *P. viridis* wird etwas größer
Standort: hell bis halbschattig, auch sonnig, aber keine pralle Mittagssonne, im Sommer an einem geschützten Platz im Freien; ganzjährig Zimmertemperatur, im Winter auch etwas kühler
Verwendung: hübsche Ampelpflanze
Pflegen: im Sommer leicht feucht halten, im Winter trockener; im Sommer alle 2 Wochen schwach düngen
Vermehren: durch Teilung oder Aussaat der Sporen

Geweihfarn
Platycerium bifurcatum

HERKUNFT: Wälder in Neu-Guinea und Australien

▸ *ungewöhnlicher Epiphyt*

Familie: Tüpfelfarngewächse (*Polypodiaceae*)
Blätter: zwei verschiedene Wedeltypen: sterile Nischenblätter: braun, dienen als Halteorgan sowie zur Wasser- und Nährstoffaufnahme, rollen sich übereinander auf und sterben mit der Zeit ab; sporentragende Wedel: große ledrig, dunkelgrün, geweihartig gelappt, mit filzigem Belag
Wuchs: epiphytisch; Wedel schräg aufrecht, Lappen hängen nach unten
Standort: ganzjährig hell bis halbschattig, ohne direkte Sonne; warm, im Winter über 15 °C; luftfeucht
Verwendung: für Ampeln, Epiphytenstämme, Orchideenkörbe, geschlossene Blumenfenster oder in der Vitrine
Pflegen: in die Nischenblätter gießen (entkalktes Wasser) oder wöchentlich tauchen; im Sommer alle 3–4 Wochen sehr schwach düngen; für hohe Luftfeuchtigkeit sorgen, aber nicht sprühen; Orchideensubstrat verwenden
Vermehren: durch Seitentriebe
Sorten/Verwandte: Es sind auch verschiedene Sorten im Handel.

GRÜNPFLANZEN

WEITERE FARNE UND GRÄSER

Name	Merkmale	Standort, Pflegehinweise
Schlangenhautfarn *Aglaomorpha* 'Snake Leaf'	tropischer Farn mit langen, ungeteilten Wedeln mit schuppenartigen Einprägungen	halbschattig bis schattig, luftfeucht, ganzjährig warm; gleichmäßig gießen, häufig sprühen, gelegentlich schwach düngen
Bambusgras *Bambusa*-Arten	Graspflanzen mit stammartigen Halmen, aus denen Blattschöpfe treiben	sehr hell, auch sonnig, warm, im Winter nicht unter 5 °C; gleichmäßig feucht halten, alle 4 Wochen düngen
Rippenfarn *Blechnum gibbum*	lange Wedel mit schmalen Fiedern, im Alter stammbildend	halbschattig, warm, im Winter nicht unter 12 °C, luftfeucht; reichlich kalkfrei gießen, alle 4 Wochen schwach düngen
Hasenpfotenfarn, Krugfarn *Davallia*-Arten	mehrere ähnliche Arten mit dreieckigen, grazil gefiederten Wedeln und fingerdickem, braunhaarig wirkendem Rhizom	hell bis halbschattig, keine direkte Sonne, ganzjährig warm und luftfeucht; kalkfrei gießen, alle 2–3 Wochen schwach düngen
Doppelhüllenfarn, Mantelfarn *Didymochlaena trunculata*	lange, braunrot gestielte Wedel mit breiten, glänzend grünen Fiedern	hell bis schattig, keine pralle Sonne, warm und feucht (Winter 15–18 °C); gleichmäßig gießen, alle 2–3 Wochen schwach düngen
Herzfarn *Hemionitis arifolia*	Zwergfarn mit dreieckig-herzförmigen, rotbraun gestielten Blättern	halbschattig bis schattig, luftfeucht, ganzjährig warm; gleichmäßig gießen, häufig sprühen, gelegentlich schwach düngen
Spiralbinse *Juncus effuses* 'Spiralis'	Gras mit korkenzieherartigen Halmen	sehr hell, aber nicht vollsonnig, mäßig warm; stets leicht feucht halten, alle 2 Wochen düngen
Kleiner Schuppenfarn *Microlepia speluncae*	grazile, weiche Wedel, elegant überhängend	schattig, warm und luftfeucht; mit kalkarmem Wasser gießen, monatlich schwach düngen
Stachelspelze, Ampelhirse *Oplismenus hirtellus* 'Variegatus'	Gras mit überhängenden Blättern, weiß-grün oder rot-weiß-grün gestreift	hell bis halbschattig, keine direkte Sonne, warm und luftfeucht; stets leicht feucht halten, alle 2–3 Wochen düngen
Goldtüpfelfarn *Phlebodium aureum*	tropischer Farn mit langen Wedeln und von goldbraunen Schuppen überzogenen Rhizomen	halbschattig bis schattig, luftfeucht und ganzjährig warm; gleichmäßig gießen, alle 4 Wochen schwach düngen
Goldtüpfelfarn, Hasenfußfarn *Phlebodium aureum*	buschiger Farn mit straffen Wedeln, die breite Fiedern tragen	hell, aber nicht sonnig, warm und luftfeucht; reichlich mit kalkarmem Wasser gießen, alle 2 Wochen schwach düngen
Ilexfarn, Sichelfarn *Polystichum falcatum*	dichte Wedel mit ledrigen, glänzenden, sichelartigen Fiedern	halbschattig, kühl, im Winter bei 10 °C; reichlich gießen, alle 4 Wochen schwach düngen

Zimmerbambus
Pogonatherum paniceum

HERKUNFT: Grasländer in China, Malaysia und Australien

▸ *graziler Asia-Look*

Familie: Süßgräser (*Poaceae*)
Blätter: immergrün, kurze, schmale Blätter an dünnen, aber kräftigen Stielen; frischgrün; es gibt auch verschiedene Sorten mit teilweise gelb panaschiertem Laub
Wuchs: niedrig, je nach Sorte bis 60 cm hoch; horstig, die Halme stehen dicht gedrängt, zunächst aufrecht, später überhängend; sie sind im oberen Teil stark verzweigt
Standort: ganzjährig sonnig bis hell, im Sommer auch im Freien; warm, kann im Winter aber auch kühler stehen bis max. 16 °C
Verwendung: hübsch im Zimmer; Katzen lieben dieses Gras und knabbern gerne daran, kann deshalb anstelle des „richtigen" Katzengrases angeboten werden
Pflegen: ganzjährig reichlich gießen, verträgt im Sommer auch Fußbäder, im Winter auch bei kühlem Stand nicht austrocknen lassen; im Sommer alle 2, im Winter alle 6 Wochen düngen
Vermehren: durch Teilung oder Wurzelausläufer

Farne und Gräser

Schildfarn	Saumfarn	Moosfarn
Polystichum tsus-simense	*Pteris*-Arten	*Selaginella*-Arten

HERKUNFT: Wälder in Japan, China, Korea, Taiwan

▶ *zierlich und pflegeleicht*

Familie: Wurmfarngewächse (*Dryopteridaceae*)
Blätter: kleine, gefiederte Wedel, die einzelnen Fiederblättchen sind ledrig, gesägt und laufen in eine stechende Spitze aus; dunkelgrün; die Blattstiele sind mit dunkelbraunen Schuppen besetzt
Wuchs: bildet niedrige, federballartige Rosetten; Wedel stehen zuerst aufrecht und hängen später über
Standort: ganzjährig hell bis halbschattig, im Sommer an einem geschützten Platz auch draußen; nicht zu warm, im Winter auch kühl, nicht unter 5 °C
Verwendung: hübscher Farn fürs Zimmer oder den kalten Wintergarten, auch für Flaschengärten geeignet
Pflegen: im Sommer gleichmäßig feucht halten, im Winter bei kühlem Stand weniger gießen; im Sommer alle 2–3 Wochen schwach düngen
Vermehren: Teilung oder Aussaat
Sorten/Verwandte: Gelegentlich wird auch *P. auriculatum* fürs Warmhaus oder für geschlossene Blumenfenster angeboten.

HERKUNFT: tropische und subtropische Wälder, Mittelmeergebiet

▶ *beliebte Dauerbrenner*

Familie: Saumfarngewächse (*Pteridaceae*)
Blätter: Wedel ein- oder mehrfach gefiedert, manche sind an der Spitze gekraust; am beliebtesten ist der robuste *P. cretica* (→ Abb.): zahlreiche Sorten mit sehr variablen, teils panaschierten Wedeln; *P. ensiformis* gibt es in Sorten mit weißer oder silbriger Panaschierung; *P. argyraea* (früher *P. quadriaurita* 'Argyrea') ist dunkelgrün mit silbernem Mittelstreifen; *P. tremula* hat lange, mittelgrüne Wedel
Wuchs: zierlich, buschig aus Rhizomen, *P. tremula* größer, starkwüchsig
Standort: halbschattig; warm, im Winter bis 12 °C; vertragen keine Zugluft; bunte Sorten heller und wärmer; *P. argyraea* nicht unter 20 °C
Verwendung: im Zimmer oder nicht zu warmen Wintergarten, *P. argyraea* im geschlossenen Blumenfenster
Pflegen: gleichmäßig gießen mit kalkarmem Wasser, im Winter trockener halten; häufig sprühen; im Sommer alle 2 Wochen sehr schwach düngen
Vermehren: Teilung oder Aussaat

HERKUNFT: weite Teile Europas, Amerikas und Afrikas

▶ *hübsche Bodendecker*

Familie: Moosfarngewächse (*Selaginellaceae*)
Blätter: kleine, ledrige, schuppenartige Blättchen an verzweigten Sprossen; die Sprosse sind oft zu wedelartigen Gebilden zusammengewachsen; je nach Art hell- bis mittelgrün; es gibt auch Sorten mit panaschiertem Laub
Wuchs: *S. apoda* und *S. kraussiana* (→ Abb.) sind niedrige, kriechende Pflanzen mit fiederartigen „Wedeln", *S. martensii* bildet ebenfalls Teppiche, wächst aber etwas in die Höhe.
Standort: ganzjährig halbschattig, verträgt keine Sonne; im Sommer warm, im Winter auch kühler bis 10 °C; möglichst luftfeucht
Verwendung: für Schalen und Ampeln, teppichbildende Sorten gut als Bodendecker im Wintergarten, Blumenfenster, in Vitrinen oder Flaschengärten
Pflegen: gleichmäßig feucht, aber nicht nass halten; bei kühler Überwinterung trockener, häufig sprühen; monatlich schwach düngen
Vermehren: durch Teilung oder Triebstecklinge

Kakteen und andere Sukkulenten

Kakteen und andere Sukkulenten

••• Diese oft bizarren Gewächse sind in Regionen zu Hause, die von starker Sonneneinstrahlung, Hitze und Wasserknappheit geprägt sind. Wie schaffen sie es nur, sich dort zu behaupten und auch noch mit farbenprächtigen Blüten zu schmücken?

Pflanzen, die in so extremen Gebieten wie beispielsweise in Wüsten beheimatet sind, haben ganz besondere Strategien entwickelt, um trotz der sengenden Sonne und der Trockenheit überleben zu können. Sie bilden Wasserspeicher aus, mit deren Hilfe sie regenarme Zeiten ausreichend lange überdauern können. Diese nützliche Eigenschaft wird in der Fachsprache als Sukkulenz bezeichnet.

Während Kakteen nur in der neuen Welt beheimatet sind, trifft man die übrigen Sukkulenten auf der ganzen Erde an. Sie gehören zu verschiedenen Pflanzenfamilien und können daher sehr unterschiedlich aussehen. Die Palette reicht von Miniaturformen wie den „Lebenden Steinen" bis hin zu baumhohen Wolfsmilchgewächsen. Allen gemeinsam aber ist die Anpassung an eine Lebensweise in Trockengebieten. Gattungen wie *Aloe* oder *Agave* nutzen ihre Blätter als Wasserspeicher – man spricht deshalb von Blattsukkulenz, während andere, wie etwa der Elefantenfuß (*Beaucarnea*) mit seiner flaschenartig verdickten Basis, eine Stammsukkulenz aufweisen.

Auch Kakteen sind sukkulente Pflanzen, die jedoch einige morphologische Besonderheiten aufweisen. Ein mehr oder weniger umfangreicher, sukkulenter Körper übernimmt die Aufgabe der Blätter: Er lagert Blattgrün für die Energiegewinnung mittels Photosynthese ein. Zusätzlich schützen sich viele noch durch eine derbe Haut, haarige Überzüge, Wachsflöckchen und andere Anpassungen vor starker Sonneneinstrahlung und hoher Verdunstung. Viele Kakteen haben ihre Oberfläche zur Kugelform reduziert, um die Transpiration möglichst gering zu halten. Um die Wasserausbeute zu optimieren, bilden sie ein flaches, verzweigtes Wurzelnetz aus. Manche entwickeln auch rübenartige Wurzeln als Wasserspeicher. Die eigentlichen Blätter sind meist zu Dornen bzw. Stacheln umgewandelt, um dadurch die Verdunstungsfläche zusätzlich zu reduzieren, aber auch zum Schutz vor Tierfraß.

Dornen und Stacheln sehen sich zwar äußerlich ähnlich, unterscheiden sich aber in ihrem Aufbau. Da selbst Spezialisten diese wissenschaftliche Feinheit bei Kakteen oft nicht sauber trennen können und sie keinen Einfluss auf Ansprüche und Pflege der Kakteen hat, ist in den folgenden Porträts allgemein von Stacheln, der umgangssprachlichen Bezeichnung, die Rede, auch wenn viele eigentlich Dornen tragen. Im Allgemeinen spricht man von Dornen, wenn es sich um reduzierte Blätter handelt, von Stacheln dagegen, wenn es sich um umgewandeltes Rindengewebe handelt. Faszinierend sind Kakteen und Sukkulenten gleichermaßen. Mehrere Exemplare lassen sich gut in einer Schale zu einer kleinen Sammlung auf dem hellen Fensterbrett zusammenpflanzen, denn erst in Gesellschaft kommt ihr unwiderstehlicher Charme so richtig zur Geltung. Erst recht, wenn sie quasi über Nacht noch ihre bezaubernden Blüten entfalten.

•••
Pflanzenritter von der ungewöhnlichen Gestalt, so poetisch könnte man die Sukkulenten umschreiben. Gerade ihre Wehrhaftigkeit macht sie so ungeheuer reizvoll.

•••
Der Osterkaktus ist einer der wenigen Sukkulenten, die nicht in Trockengebieten zu Hause sind. In seiner tropischen Heimat lebt er als Aufsitzerpflanze auf Bäumen.

KAKTEEN UND ANDERE SUKKULENTEN

Wüstenrose
Adenium obesum

Agave
Agave-Arten

Aloe
Aloe-Arten

HERKUNFT: Trockengebiete der Arabischen Halbinsel und in Ostafrika

▸ *bezaubernde Blüten*

Familie: Hundsgiftgewächse (*Apocynaceae*)
Blüten: rosarot mit weißlicher Mitte, trichterförmig; blüht oft zweimal, im Frühsommer und im Herbst, unter günstigen Bedingungen sogar den ganzen Sommer über
Blätter: breit eiförmig, glänzend grün, ledrig, bilden Büschel am Stielende
Wuchs: stachellos, mehrtriebig, aufrecht, mit verdicktem Stamm; meist auf Oleanderunterlage veredelt
Standort: vollsonnig, warm, im Sommer auch gut im Freien zu halten, im Winter bei etwa 15 °C
Verwendung: üppig blühende Sukkulente für Zimmer und Wintergärten
Pflegen: im Sommer kräftig gießen, aber zwischendurch die Erde abtrocknen lassen, im Winter eher trocken halten, vor allem bei kühlem Stand; im Sommer alle 3 Wochen mit Kakteendünger versorgen
Vermehren: durch Stecklinge im Frühjahr oder Aussaat
Hinweis: Führt in allen Teilen sehr giftigen Milchsaft!

HERKUNFT: Trockengebiete Amerikas, im Mittelmeerraum eingebürgert

▸ *Vorsicht vor den Blattspitzen!*

Familie: Agavengewächse (*Agavaceae*)
Blüten: blassgelbe bis hellgrüne Blüten, in Büscheln an einem langen Stängel; erst im Alter und selten in Zimmerkultur; Pflanze stirbt nach der Blüte ab
Blätter: schwertförmig bis lanzettlich, fleischig, steif, laufen in einen spitzen Stachel aus; bei *A. americana* bis 2 m lang, graugrün, von dieser Art gibt es Sorten mit hellen Rändern und Streifen; *A. filifera* (→ Abb.): schmal, etwa 25 cm lang, dunkelgrün mit weißen Fäden; *A. victoriae-reginae*: länglich dreieckig, bis 30 cm lang, dunkelgrün mit weißer Zeichnung
Wuchs: in Blattrosetten
Standort: ganzjährig vollsonnig, im Sommer an einem warmen Platz draußen, im Winter bei 10–15 °C
Verwendung: kleinere fürs Zimmer, große für Wintergarten und Kübel
Pflegen: sparsam gießen, bei kühler Überwinterung fast trocken halten; im Sommer alle 6 Wochen Kakteendünger
Vermehren: durch Kindel
Hinweis: Der Pflanzensaft kann Hautreizungen hervorrufen.

HERKUNFT: Südafrika, Madagaskar, Kapverden, Arabische Halbinsel

▸ *pflegeleichter Blattschmuck*

Familie: Aloegewächse (*Aloaceae*)
Blätter: fleischig, meist lanzettlich; *A. arborescens* leuchtend grün, schmal, stark gezähnt; *A. aristata* (→ Abb. rechts), dunkelgrün mit weißen Kanten und Zähnchen, *A. variegata* (→ Abb. links): dunkelgrün mit weißer Zeichnung, *A. vera* graugrün mit gezähnten rosa Rändern
Wuchs: meist als Blattrosetten; *A. arborescens* und *A. dichotoma* mit oben rosettenartig verzweigtem Stamm
Standort: vollsonnig, warm; über Sommer am regengeschützten Platz auch draußen; im Winter hell bei 5–10° C
Verwendung: für helle, warme Zimmer
Pflegen: braucht wenig Wasser, dabei nicht auf die Rosette gießen; keine Staunässe; im Winter fast trocken halten; im Sommer alle 4–6 Wochen schwach dosiert Kakteendünger geben
Vermehren: über Seitensprosse
Hinweis: *A. variegata* kann Hautreizungen hervorrufen; *A. arborescens* und *A. vera* zur Erstversorgung bei Brandwunden und zur Hautpflege; Pflanzen blühen erst im Alter

Bischofsmütze
Astrophytum-Arten

Elefantenfuß
Beaucarnea recurvata

Säulenkaktus
Cereus-Arten

HERKUNFT: Wüstenregionen in Mexiko und Texas

HERKUNFT: trockene Regionen in Mexiko

HERKUNFT: Trockengebiete in Südamerika

➤ *Klassiker in der Sammlung*

➤ *extravaganter Wuchs*

➤ *eindrucksvolle Gestalten*

Andere Namen: Sternkaktus
Familie: Kakteen (*Cactaceae*)
Blüten: große trichterförmige Blüten erscheinen ganzjährig im Scheitel; gelb, häufig mit oranger bis roter Mitte, Schlund meist wollig behaart
Wuchs: solitär; variabel, die Körper haben meist nur wenig Rippen; der Seeigelkaktus, *A. asterias,* ist flachkugelig, weißfleckig und unbedornt; der Bockshornkaktus, *A. capricorne*, rundlich bis kurz gestreckt und von langen, elastischen Dornen umgeben; die Bischofsmütze, *A. myriostigma* (→ Abb.), ist kugelig, unbedornt und mit Wachsflöckchen überzogen; der Sternkaktus, *A. ornatum,* wächst später säulenförmig und hat gelbe Dornen
Standort: sonnig und warm, im Winter kühl bei ca. 10 °C
Verwendung: beliebter Kaktus für das Fensterbrett und die Kakteensammlung
Pflegen: im Sommer sparsam gießen und einmal monatlich Kakteendünger geben, im Winter trocken halten
Vermehren: Aussaat bei ca. 28 °C Bodenwärme (Lichtkeimer)

Andere Namen: Flaschenbaum, Ponyschwanz
Familie: Drachenbaumgewächse (*Dracaenaceae*)
Blätter: schmal, bis etwa 1 m lang, graugrün
Wuchs: baumartig; Stamm am Fuß stark verdickt, kann im Zimmer bis 2 m hoch werden; an der Spitze entspringen bogig herabhängende, rosettenartige Blattschöpfe
Standort: sonnig und warm, im Sommer an regengeschützter Stelle auch gern im Freien; im Winter hell und kühl bei 10 °C
Verwendung: für Wohnräume und den Wintergarten
Pflegen: im Sommer leicht feucht halten, im Winter bei kühlem Stand fast trocken; verträgt auch hartes Gießwasser; im Sommer alle 4 Wochen schwach dosiert düngen
Vermehren: durch Aussaat oder Abtrennen der zuweilen erscheinenden Seitensprosse
Hinweis: neu erworbene Pflanzen erst langsam an die volle Sonne gewöhnen

Familie: Kakteen (*Cactaceae*)
Blüten: selten; meist weiße Trichterblüten im Sommer, öffnen sich nur nachts; am häufigsten blüht *C. azureus*
Wuchs: säulenförmig, tief gerippt, im Alter verzweigend; wuchsfreudig; *C. peruvianus* (Felsenkaktus, → Abb.): blaugrün mit rotbraunen Dornen; *C. azureus:* blau bereift mit braunschwarzen Dornen; *C. jamacaru:* grün mit gelblichen Dornen
Standort: sonnig, kann über Sommer auch nach draußen; im Winter hell und kühl bei etwa 10 °C
Verwendung: markante Kakteen für sonnige Plätze, setzen Blickpunkte in Kakteensammlungen
Pflegen: wenig gießen, *C. peruvianus* nur mit kalkarmem Wasser; im Winter fast trocken halten; im Sommer monatlich mit Kakteendünger versorgen
Vermehren: durch Aussaat oder durch Stecklinge
Sorten/Verwandte: Von *C. peruvianus* und *C. azureus* werden 'Monstrosus'-Formen mit unregelmäßigem, bizarrem Wuchs angeboten.

KAKTEEN UND ANDERE SUKKULENTEN

Silberkerzenkaktus
Cleistocactus-Arten

HERKUNFT: Bergregionen in Südamerika

▶ dankbare Säulenkakteen

Familie: Kakteen (*Cactaceae*)
Blüten: lange, nur wenig geöffnete, rote Blüten stehen seitlich vom Körper ab; erscheinen von Frühjahr bis Sommer, je nach Länge des Körpers; *C. baumannii* ab 50 cm, *C. jujuyensis* ab 70 cm, *C. smaragdiflorus* ab 20 cm, *C. strausii* (→ Abb.) ab 1 m Höhe
Wuchs: schlanke Säulen, die sich bei manchen Arten im ausgewachsenen Zustand an der Basis verzweigen; die zahlreichen Rippen sind meist dicht mit Stacheln besetzt, *C. strausii* ist rundum mit weißen Borsten überzogen
Standort: sonnig und warm, im Sommer regengeschützt auch draußen, im Winter kühler bei 10–12 °C
Verwendung: für das sonnige Fensterbrett oder die Kakteensammlung
Pflegen: im Sommer mit kalkarmem Wasser leicht feucht halten, auch im Winter ab und zu gießen, öfters übersprühen; die Körper dürfen nicht austrocknen; alle 3–4 Wochen mit Kakteendünger versorgen
Vermehren: Stecklinge oder Aussaat (Lichtkeimer)

Dickblatt
Crassula-Arten

HERKUNFT: Trockengebiete in Südafrika

▶ pflegeleicht und attraktiv

Familie: Dickblattgewächse (*Crassulaceae*)
Blüten: sternförmige oder röhren- bis trichterförmige Einzelblüten, stehen meist in dichten Blütenständen, je nach Art weiß, cremefarben, rosa oder rot; auch die Blütezeit variiert, entweder blühen sie im Herbst/Winter oder im Frühjahr/Sommer, manche jedoch erst ab einem gewissen Alter
Blätter: dickfleischige, meist gegenständige Blätter, die in ihrer Form, Größe und Beschaffenheit stark variieren können
Wuchs: sukkulente Stauden, Halbsträucher oder Sträucher, die je nach Art aufrecht, halbaufrecht oder auch polsterförmig bis niederliegend wachsen, zum Teil verzweigt
Standort: ganzjährig sehr hell bis sonnig, im Sommer warm, am besten an einem regengeschützten Platz im Freien, im Winter kühler bei 10–15 °C; *C. coccinea* und *C. perfoliata* var. *falcata* müssen den Winter über kühler stehen (bei 5–10 °C), sonst kommen sie nicht zur Blüte
Verwendung: dankbare, hübsche Blatt- und Blütenpflanzen für das Fensterbrett und den Wintergarten, größere auch als Kübelpflanze
Pflegen: während des Sommers sparsam gießen und alle 4 Wochen mit Kakteendünger versorgen; im Winter je nach Temperatur nur sehr wenig gießen
Vermehren: durch Kopf- oder Blattstecklinge; die Schnittflächen sollten vor dem Eintopfen erst einige Tage antrocknen
Sorten/Verwandte: *C. arborescens* wächst baumartig mit graugrünen, silbrig überhauchten, rot gesprenkelten Blättern. Beim dichtbuschigen Feuerdickblatt, *C. coccinea,* sitzen die Blätter dachziegelartig an aufrechten Trieben, an deren Ende im Frühsommer scharlachrote Blüten erscheinen. *C. muscosa* bleibt zierlicher und wird wegen ihrer dünnen, schuppig beblätterten Triebe auch „Schnürsenkel" genannt. *C. ovata* (→ Abb.), der beliebte Geldbaum, hat dicke, reich verzweigte Triebe, an denen rundliche, glänzend grüne, oft rot gerandete Blätter sitzen; die weißen Blüten erscheinen erst im Alter. *C. perfoliata* var. *falcata*, das Sicheldickblatt, wächst aufrecht mit dicken, graugrünen, gebogenen Blättern; regelmäßig erscheinen rote Blüten.

Echeverie
Echeveria-Arten und -Hybriden

HERKUNFT: Trockengebiete in Mexiko, Mittel- und Südamerika

➤ *hübsch und pflegeleicht*

Familie: Dickblattgewächse (*Crassulaceae*)
Blüten: weiß, gelb, rosa, orange, rot, auch mehrfarbig; Einzelblüten meist in überhängenden, kleinen Ähren; je nach Art und Sorte Januar bis Oktober
Blätter: dickfleischig, lineal, spatelförmig bis breit dreieckig, meist mit einem Wachsüberzug, den man nicht berühren sollte; verschiedene Grüntöne, rosa, rot, einige auch mehrfarbig; manche Formen sind dichtfilzig behaart
Wuchs: rosettig, Blüten gestielt
Standort: ganzjährig sehr hell bis sonnig; im Sommer warm, an einem regengeschützten Platz auch im Freien, im Winter kühler bei 5–10 °C
Verwendung: attraktiver Schmuck für sehr helle Plätze
Pflegen: im Sommer sparsam gießen (nicht in die Blattrosette) und monatlich Kakteendünger geben, im Winter fast trocken halten
Vermehren: durch Seitenrosetten, Blattstecklinge oder Aussaat
Sorten/Verwandte: Im Handel sind meist Sorten und Hybriden (→ Abb.).

Igelkaktus
Echinocactus grusonii

HERKUNFT: Trockengebiete in Mexiko

➤ *ein Muss für die Sammlung*

Andere Namen: Goldkugelkaktus, Schwiegermuttersessel
Familie: Kakteen (*Cactaceae*)
Blüten: seidige, gelbe Blüten, erscheinen erst bei älteren Exemplaren im Sommer
Wuchs: kugelig mit zahlreichen, dicht mit gelben Stacheln besetzten Rippen; Körper streckt sich oft im Alter etwas und wird bis 1,30 m hoch und 1 m dick
Standort: ganzjährig sonnig, im Sommer warm, an geschütztem Platz auch draußen, im Winter kühler stellen, aber nicht unter 10–12 °C, sonst entstehen unschöne Flecken
Verwendung: hübsch für große Fensterbänke, die Kakteensammlung oder das Gewächshaus
Pflegen: von Mai bis Oktober gleichmäßig leicht feucht halten und einmal monatlich Kakteendünger geben; im Winter nur selten gießen
Vermehren: durch Aussaat
Sorten/Verwandte: *E. platyacanthus* hat einen stark gerippten Körper mit auffälligen, kräftigen Stacheln, daher der Name Zahnstocherkaktus.

Blattkaktus
Epiphyllum-Hybriden

HERKUNFT: Kultivare, Ursprungsarten aus Mittel- und Südamerika

➤ *beeindruckende Blütenpracht*

Andere Namen: Phyllokaktus
Familie: Kakteen (*Cactaceae*)
Blüten: Blüten von Weiß über Gelb, Orange, Rosa, Rot bis Violett und in allen Zwischentönen, je nach Sorte bis 35 cm groß; von Frühjahr bis Sommer
Wuchs: flache, blattartig verbreiterte, fleischige, überhängende Sprosse mit tief gezähnten Rändern, an denen auch die Blüten erscheinen; die Ursprungsarten wachsen meist epiphytisch
Standort: ganzjährig hell, manche Sorten auch halbschattig; im Sommer am besten im Freien, im Winter kühler bei 10–15 °C, einige Sorten auch bei 5 °C
Verwendung: attraktiver Schmuck für Ampeln oder große, hochgestellte Schalen und Töpfe
Pflegen: im Sommer mit weichem Wasser mäßig feucht halten und alle 2 Wochen Kakteendünger geben; öfters sprühen; im Winter sehr sparsam gießen; benötigt torfhaltige Kakteenerde
Vermehren: durch Stecklinge, Schnittfläche erst abtrocknen lassen
Hinweis: Im Handel sind oft Hybriden erhältlich (→ Abb.).

KAKTEEN UND ANDERE SUKKULENTEN

Euphorbie
Euphorbia-Arten

Christusdorn
Euphorbia-Hybriden

HERKUNFT: trockene Gebiete in Afrika und Asien

▸ *pflegeleichte Sukkulenten*

Andere Namen: Wolfsmilch
Familie: Wolfsmilchgewächse (*Euphorbiaceae*)
Blüten: Was bei Euphorbien wie eine prächtige Blüte aussieht, ist botanisch gesehen der gesamte Blütenstand. Die eigentlichen Blüten sind unscheinbar, sie stehen einzeln, in Dolden oder kleinen Büscheln zusammen und sind von einer Hülle oft kräftig gefärbter Hochblätter umgeben. Die Farbpalette reicht von Weiß über Gelb, Grün, Rosa, Rot, Purpur bis zu Braun. Die Blütezeit ist fast ganzjährig, der Hauptflor liegt jedoch im Winter.
Blätter: sehr variabel
Wuchs: Die hier vorgestellten Arten sind sukkulent. Die Wuchsform variiert von kugelig bis strauchig, manche besitzen scharfe Dornen oder sind sparrig verzweigt.
Standort: ganzjährig sonnig; im Sommer warm, am besten an einer geschützten Stelle im Freien; im Winter kühler bei 10–15 °C; je wärmer die Pflanzen im Winter stehen, desto mehr Licht müssen sie erhalten.

Verwendung: attraktive, pflegeleichte Pflanzen für sonnige Zimmer oder den Wintergarten
Pflegen: im Sommer sparsam gießen, die Erde dazwischen immer gut abtrocknen lassen und alle 4 Wochen mit Kakteendünger versorgen; im Winter bei kühlem Stand nur selten wässern
Vermehren: durch Kopfstecklinge oder abgeschnittene Sprossglieder; die Schnittstellen sofort unter warmes Wasser halten, um den Milchfluss zu stoppen, und dann die Schnittstelle abtrocknen lassen; kugelige Euphorbien nur durch Aussaat
Hinweis: Der Milchsaft enthält haut- und schleimhautreizende Stoffe, deshalb beim Hantieren mit den Pflanzen immer Handschuhe tragen.
Sorten/Verwandte: Sehr beliebt sind die in ihrer Wuchsform recht unterschiedlichen Christusdorn-Formen (→ rechts), die sich durch besonders kräftig gefärbte Blütenstände und große Blätter auszeichnen. Arten wie *E. obesa*, *E. meloformis* oder *E. globosa* wachsen kugelig und erinnern sehr an Kakteen. Arten wie *E. tirucalli* (→ Abb.), *E. leuconeura*, *E. trigona*, *E. lactea* oder *E. grandicornis* wachsen in die Höhe, *E. caput-medusae*, *E. squarrosa* oder *E. esculenta* wirken recht bizarr.

HERKUNFT: trockene Gebiete auf Madagaskar

▸ *anspruchsloser Dauerblüher*

Familie: Wolfsmilchgewächse (*Euphorbiaceae*)
Blüten: kleine Blüten sitzen inmitten von Hochblättern und bilden den eigentlichen Blickfang, bei der Art sind sie rot, bei den Sorten auch weiß, gelb, oder rot gefärbt; Blütezeit im Winter, manche Sorten blühen fast ganzjährig
Blätter: sattgrün, verkehrt eiförmig und zugespitzt
Wuchs: oft immergrüner, buschiger, bis 1 m hoher Strauch mit schlanken, dornigen Sprossen
Standort: ganzjährig sonnig; im Sommer warm, an geschütztem Platz auch draußen, im Winter kühler bei 15 °C, sonst kommen viele nicht zur Blüte
Verwendung: pflegeleichter Schmuck fürs Zimmer, Sorten mit langen Trieben kann man auch in Form ziehen
Pflegen: im Sommer mäßig gießen und alle 4 Wochen Kakteendünger geben, im Winter sehr sparsam wässern, Rückschnitt nach der Blüte ist möglich
Vermehren: durch Stecklinge (Milchsaft erst austrocknen lassen)
Hinweis: Der Milchsaft ist hautreizend.

Gymnocalycium
Gymnocalycium-Arten

HERKUNFT: trockene Gebiete in Südamerika

▸ *blühfreudige Zwerge*

Familie: Kakteen (*Cactaceae*)
Blüten: bis 5 cm große Blüten, die oft schon an jungen Pflanzen erscheinen; die Arten unterscheiden sich in den Blütenfarben: *G. andreae* blüht gelb, *G. baldianum* (→ Abb.) dunkelrot, *G. denudatum* weiß, *G. gibbosum* weiß, *G. multiflorum* rosaweiß
Wuchs: flachkugelig bis kugelig mit gekerbten, höckrigen Rippen und dunklen Stacheln; der rote Erdbeerkaktus (*G. mihanovichii* var. *friedrichii*) wird immer auf eine Unterlage gepfropft, da er kein eigenes Blattgrün besitzt und allein nicht überleben kann
Standort: ganzjährig hell, aber nicht vollsonnig, im Sommer warm, regengeschützt auch im Freien, im Winter bei etwa 10 °C; den Erdbeerkaktus nicht unter 15 °C halten
Verwendung: hübsche Kakteen für die Fensterbank
Pflegen: im Sommer mäßig gießen und alle 4 Wochen mit Kakteendünger versorgen, im Winter fast trocken halten
Vermehren: durch Abtrennen der Seitensprosse

Haworthie
Haworthia-Arten

HERKUNFT: trockene Regionen in Südafrika

▸ *ungewöhnliche Schönheiten*

Andere Namen: Seestern
Familie: Aloegewächse (*Aloaceae*)
Blätter: lineal bis breit-eiförmig oder dreieckig, dickfleischig; haben häufig kleine helle Höcker oder Warzen, die Blattränder sind mit Zähnchen oder Wimpern besetzt
Wuchs: bis ca. 20 cm hohe, sukkulente Rosettenpflanzen, meist ohne oder nur mit kurzem Stamm
Standort: ganzjährig hell, aber keine pralle Mittagssonne, im Sommer warm, an einem geschützten Platz auch im Freien, im Winter kühler bei 10–15 °C, notfalls auch etwas wärmer
Verwendung: für helle Zimmer
Pflegen: im Sommer sparsam wässern, (nicht in die Blattrosette), alle 4 Wochen Kakteendünger geben, im Winter nur ab und zu leicht anfeuchten; lehmhaltige Kakteenerde verwenden
Vermehren: Seitentriebe oder Aussaat
Sorten/Verwandte: Beliebt sind *H. attenuata* (→ Abb.) und *H. fasciata* (Zebrahaworthie), bei denen die weißen Warzen auf der Blattaußenseite zu Querbändern verwachsen sind.

Flaschenpflanze
Jatropha podagrica

HERKUNFT: Trockengebiete Mittelamerikas und der Westindischen Inseln

▸ *bizarres Gewächs*

Familie: Wolfsmilchgewächse (*Euphorbiaceae*)
Blüten: kleine, korallenrote Blütchen stehen in dichten Blütenständen an langen Stängeln; Mai – Juni
Blätter: große, raue, 3- bis 5-lappige Blätter, die oberseits dunkelgrün, unterseits weißlich überzogen sind
Wuchs: verzweigte, fleischige, sommergrüne Sukkulente mit flaschenförmig verdicktem Stamm; die Äste sind mit dornigen Nebenblättern besetzt; wird etwa 60 cm hoch
Standort: ganzjährig hell bis sonnig, im Sommer warm, im Winter kühler bei 10–15 °C
Verwendung: ungewöhnliche, pflegeleichte Pflanze für helle Zimmer
Pflegen: während der Blütezeit mäßig gießen, sonst trockener halten, vor allem nach dem Blattfall im Herbst; im Sommer einmal monatlich Kakteendünger geben
Vermehren: durch Aussaat (Dunkelkeimer) bei 25 °C oder durch Stecklinge von älteren Pflanzen
Hinweis: in allen Teilen giftig

KAKTEEN UND ANDERE SUKKULENTEN

Warzenkaktus
Mammillaria-Arten

Madagaskarpalme
Pachypodium-Arten

HERKUNFT: Trockengebiete in USA, Mexiko, Mittel- und Südamerika

▸ *große Artenvielfalt*

Familie: Kakteen (*Cactaceae*)
Blüten: stehen meist kranzförmig um den kugeligen Körper. Die Farbpalette reicht von Weiß über Gelb, Orange, Rosa, Rot bis Purpur (*M. zeilmanniana* → Abb.). Es entwickeln sich beeren-artige, häufig leuchtend rote Früchte.
Wuchs: meist kleine, oft Kolonien bildende Kugelkakteen, deren Körper jedoch keine Rippen besitzen, sondern rundum mit Warzen bedeckt sind; in der Regel sind sie dicht bestachelt, teilweise auch dekorativ behaart
Standort: vollsonnig, grüne Arten, die nur wenig Stacheln besitzen, vor praller Mittagssonne schützen; im Sommer warm, regengeschützt auch im Freien, im Winter kühler bei 8–12 °C, grüne Formen um 15 °C
Verwendung: hübsch für die sonnige Fensterbank, Kakteensammlung
Pflegen: im Sommer nur sparsam mit kalkarmem Wasser gießen und alle 4 Wochen Kakteendünger geben, im Winter trocken halten
Vermehren: durch Aussaat oder Seitensprosse

HERKUNFT: trockene Regionen auf Madagaskar

▸ *Blattschopf auf stacheliger Säule*

Andere Namen: Dickfuß
Familie: Hundsgiftgewächse (*Apocynaceae*)
Blüten: Im Frühjahr erscheinen zahlreiche zarte, weiße Sternblüten in doldenartigen Blütenständen, allerdings nur an älteren und über 1 m hohen Exemplaren, die an einem optimalen Standort stehen und eine natürliche Ruhephase durchlaufen haben.
Blätter: schmal, lanzettlich, an den Spitzen abgerundet; kräftig dunkelgrün und von einer markanten, fast weißen Mittelader durchzogen; die unteren Blätter werden typischerweise nach und nach abgeworfen
Wuchs: meist säulenartig verdickter, manchmal zu skurrilen Formen angeschwollener Stamm, der rundum dicht mit langen Dornen bewehrt ist und dadurch frappierend einem zylindrischen Kaktuskörper ähnelt; an dessen Spitze entfaltet sich der Blattschopf, durch den ein palmenartiger Eindruck erweckt wird, daher der Name
Standort: sonnig bis hell und warm, am besten auf der Fensterbank über einer Heizung, auch im Winter nicht unter 18 °C halten
Verwendung: anspruchslose Grünpflanzen für warme Räume, schön vor allem als Gruppe aus mehreren Exemplaren; vor allem größere Pflanzen lassen sich wie grüne Skulpturen als besonderer Blickfang einsetzen
Pflegen: im Sommer stets reichlich gießen, aber Staunässe vermeiden, da sonst die Blätter einen schwarzen und schmierigen Belag bekommen; im Winter nur sparsam wässern (sonst Blattfall), aber nie völlig austrocknen lassen; im Frühjahr und Sommer in monatlichen Abständen Kakteendünger verabreichen; achtet man auf eine gleichmäßige Bewässerung, kann man die natürliche Ruhezeit im Sommer auch unterdrücken, die Pflanzen werfen dann ihre Blätter nicht ab
Vermehren: durch Aussaat
Hinweis: Alle Teile enthalten giftigen Milchsaft. An den Blattdornen besteht Verletzungsgefahr.
Sorten/Verwandte: Es sind zwei Arten erhältlich, die sich auf den ersten Blick sehr ähnlich sehen: *P. geyai* zeichnet sich durch schmale, silbrig überhauchte Blattschöpfe aus, *P. lamerei* (→ Abb.) trägt breitere, frisch dunkelgrüne Blätter.

Kranzkaktus
Rebutia-Arten

HERKUNFT: Gebirge in Argentinien und Bolivien

➤ *von Blüten umkränzt*

Andere Namen: Rebutie
Familie: Kakteen (*Cactaceae*)
Blüten: trichter- bis breit sternförmige Blüten in leuchtendem Rot, Orange, Gelb oder Weiß, stehen stets in einem Kranz um den Kakteenkörper
Wuchs: koloniebildend; kugelig mit spiralig angeordneten Warzen und dünnen, borstenförmigen Dornen
Standort: sonnig bis hell, aber nicht prallsonnig; ideal ist ein tagsüber warmer, nachts sehr kühler Platz; im Winter Temperaturen um 5 °C
Verwendung: Südfenster in kühlen Räumen; für Sammlungen
Pflegen: sehr sparsam gießen, alle 3–4 Wochen düngen; im Winter fast völlig trocken halten
Vermehren: durch Sprossglieder oder Aussaat (Lichtkeimer)
Sorten/Verwandte: Von diesen blühwilligen, pflegeleichten Kakteen gibt es sehr viele Arten, die oft nur unter dem Gattungsnamen *Rebutia* angeboten werden und nur vom Fachmann zu unterscheiden sind; *R. albiflora* blüht weiß, *R. krainziana* rot-gelb.

Osterkaktus
Rhipsalidopsis-Arten und -Hybriden

HERKUNFT: tropische Bergwälder in Brasilien

➤ *grazile Blüten in Hülle und Fülle*

Andere Namen: im Handel oft noch als *Hatiora* geführt
Familie: Kakteen (*Cactaceae*)
Blüten: im Frühjahr zu Ostern vielzipfelige Blüten an den Triebspitzen, je nach Art und Sorte in Rot oder Rosa
Wuchs: epiphytisch; leicht überhängende Triebe aus abgeflachten, glatten, oft rot gerändeten Gliedern
Standort: hell bis halbschattig, keine pralle Sonne; warm, im Winter kühler
Verwendung: herrlicher Blütenschmuck für warme Räume, auch für Ampeln geeignet
Pflegen: mit kalkfreiem Wasser mäßig feucht halten, alle 2–3 Wochen Kakteendünger geben; ab Februar kühl stellen, das fördert den Blütenansatz
Vermehren: durch mehrgliedrige Stecklinge
Sorten/Verwandte: *R. gaertneri* mit roten Blüten gilt als eigentlicher Osterkaktus; die Sorten von *R.* × *graeseri* (→ Abb.) unterscheiden sich nur in der Blütenfarbe. Wegen der rosaroten Blütenfarbe wird *R. rosea* auch als Rosenkaktus bezeichnet.

Binsenkaktus
Rhipsalis-Arten

HERKUNFT: tropische Wälder Südamerikas

➤ *bleistiftdünne Triebe*

Andere Namen: Korallenkaktus, Rutenkaktus
Familie: Kakteen (*Cactaceae*)
Blüten: im Winter sternförmige Blüten in Weiß oder Hellgelb, teils duftend
Wuchs: lange, sehr dünne, überhängende Glieder, die wie Binsen oder Ruten aussehen
Standort: hell, aber nicht vollsonnig, warm und luftfeucht; im Winter kühler bei 10–15 °C
Verwendung: als ausgefallene Ampelpflanze für warme Räume geeignet, schön auch auf Säulen
Pflegen: reichlich kalkfrei gießen, häufig besprühen; alle 2 Wochen schwach düngen, um Blütenansatz zu fördern; im Herbst 2 Monate trockener halten
Vermehren: durch Stecklinge bei hoher Bodenwärme oder durch Aussaat
Sorten/Verwandte: *R. baccifera* trägt hellgrüne, *R. cereuscula* dunkelgrüne und hellgrüne, *R. clavata* mittelgrüne, sich vorn verdickende, *R. paradoxa* kantige Triebe. Bei *R. pachyptera* wirken die dunkelgrünen, rötlich überlaufenen Triebe wie breite Blätter.

KAKTEEN UND ANDERE SUKKULENTEN

WEITERE KAKTEEN UND SUKKULENTEN

Name	Merkmale	Standort, Pflegehinweise
Stachelkelch *Acanthocalycium spiniflorum* 'Violaceum'	kugel- bis säulenförmiger, dicht gelb bedornter Kaktus; hellviolette Blüten	sonnig; im Winter kühl bei 5–10 °C und fast trocken halten
Acanthorhipsalis *Acanthorhipsalis monacantha*	Kaktus mit flachen, kantigen Gliedern; orangefarbene Blüten, violette Früchte	sehr hell, aber nicht vollsonnig, ganzjährig bei 18–20 °C; häufig übersprühen
Rosettendickblatt *Aeonium arboreum, A. tabuliforme*	Sukkulente mit dichten Blattrosetten; blassgelbe Blüten	sonnig; im Winter nicht unter 10 °C und fast trocken halten
Peitschenkaktus, Schlangenkaktus *Aporocactus flagelliformis*	Kaktus mit schlanken, hängenden, fein bedornten Trieben; große, rote bis violette Blüten	sehr hell, aber nicht vollsonnig, im Winter um 10 °C; mit kalkfreiem Wasser gießen
Igelsäulenkaktus *Echinocereus*	koloniebildende Kakteen, reich verzweigte Säulen oder kleine Kugelkörper; leuchtende Blüten	sehr hell, auch vollsonnig; im Winter kühl bei 5–10 °C und völlig trocken halten
Lamellenkaktus *Echinofossulocactus*	Kakteen mit kugeligen, tief gefurchten Körpern; zarte Blüten	sehr hell, aber nicht prallsonnig; im Winter kühler bei 10 °C und fast trocken halten
Seeigelkaktus, Bauernkaktus *Echinopsis*-Arten	kugelige bis säulige, gerippte Kakteen mit sehr großen, orchideenartigen Blüten, viele Farben	sehr hell, aber nicht prallsonnig; im Winter auch halbschattig, bei 5–10 °C fast trocken halten
Tigerrachen *Faucaria tigrina*	Sukkulente mit gezähnten Blättern, die einem Raubtierrachen ähneln; gelbe Blüten	sehr hell, auch vollsonnig; mäßig gießen, im Winter nicht unter 10 °C und fast trocken halten
Teufelszunge, Teufelsnadelkissen *Ferocactus*-Arten	kugelige Kakteen mit prächtigen, leuchtend gefärbten Dornen	vollsonnig; im Winter bei 10–15 °C hell und fast völlig trocken halten
Hirschzunge, Bitterbauch *Gasteria*-Arten	kleine Sukkulenten mit zungenförmigen, schön gezeichneten Blättern	sonnig bis halbschattig; im Winter auch kühler, dann fast trocken halten
Stille Schönheit *Graptopetalum bellum*	kleine Sukkulente mit regelmäßigen Blattrosetten; rosarote Blüten in Schirmen	sonnig; im Winter bei 5–10 °C, fast trocken halten
Affenpalme *Kleinia neriifolia*	graugrüne Blattschöpfe an kleinen Stämmen, gelbweiße Blütenköpfchen, Blattfall nach Blüte	sehr hell, auch vollsonnig; warm, im Winter auch kühler bei 10–15 °C; sehr sparsam gießen
Lebende Steine *Lithops*-Arten	Kleinsukkulenten, die wie Steine aussehen; herrliche Blüten	vollsonnig; im Winter bei 10–15 °C, erst wieder gießen, wenn Blättchen eingetrocknet sind
Lobivie *Lobivia*-Arten	kugelige oder zylindrische Kakteen mit sehr großen, auffallenden Blüten	sonnig und warm; nächtliche Abkühlung fördert die Blütenbildung, im Winter um 5 °C, fast trocken
Melonenkaktus *Melocactus curvispinus*	Kugelkaktus mit ballförmigem, bräunlichem Gebilde obenauf	sonnig, warm und luftfeucht; sparsam mit kalkfreiem Wasser gießen, häufig übersprühen
Buckelkaktus *Notocactus*-Arten	kugelige bis kurz säulenförmige Kakteen; gelbe Blüten	sehr hell, aber nicht prallsonnig; im Winter um 10 °C, dann völlig trocken halten
Feigenkaktus, Opuntie *Opuntia*-Arten	Kakteen mit abgeflachten, rundlichen Gliedern; große, auffallende Blüten	sonnig; im Winter um 10 °C, sparsam gießen; unscheinbare Dornen, können tief unter die Haut dringen!
Parodie *Parodia*-Arten	kugelige bis säulenförmige Kakteen mit spiraligen Rippen; dekorative Dornen; schöne Blüten	sonnig, aber nicht prallsonnig; im Winter nicht unter 10 °C, sehr sparsam gießen
Königin der Nacht, Schlangenkaktus *Selenicereus*-Arten	Kakteen mit meterlangen, rippigen, rankenden Gliedern; riesige Blüten, die sich nachts öffnen	hell, aber nicht prallsonnig, im Winter über 15 °C; mit weichem Wasser gießen, sprühen; Rankgerüst; giftig
Ordensstern, Aasblume *Stapelia*-Arten	vierkantige Stämmchen; sehr dekorative seesternartige Blüten, die unangenehm riechen	sonnig, aber nicht prallsonnig; im Winter bei 10 °C, sehr sparsam gießen

Weihnachtskaktus
Schlumbergera-Arten und -Hybriden

HERKUNFT: tropische Wälder in Brasilien

▸ elegante Blütenpracht

Andere Namen: Gliederkaktus
Familie: Kakteen (*Cactaceae*)
Blüten: Um Weihnachten (Name!) öffnen sich unzählige, orchideenähnliche Blüten, die je nach Art und Sorte verschieden gefärbt sind, von weiß über rosa, rot bis violett.
Wuchs: epiphytisch; Kakteen mit blattartigen Gliedern, die gekerbt oder gezähnt sind und keine Dornen tragen
Standort: ganzjährig hell bis halbschattig, warm, im Sommer auch im Freien; im Winter kühler bei 12–15 °C; empfindlich gegen Standortwechsel
Verwendung: für warme Räume, in der Ruhezeit für kühle Zimmer
Pflegen: ab September kühl und trocken halten, ab Dezember wärmer stellen und mäßig feucht halten, nur entkalktes Wasser verwenden, gelegentlich übersprühen
Vermehren: durch mehrgliedrige Stecklinge bei viel Bodenwärme
Sorten/Verwandte: Als Echten Weihnachtskaktus bezeichnet man *S. truncata*; die *S.*-Hybriden (→ Abb.) sind ähnlich, Blütenfarbe sortenabhängig.

Fetthenne
Sedum-Arten

Erbsen am Bande
Senecio-Arten
und -Hybriden

HERKUNFT: Trockengebiete in Mittelamerika und Japan

▶ *witzige Ampelpflanzen*

Andere Namen: Mauerpfeffer
Familie: Dickblattgewächse (*Crassulaceae*)
Blüten: weißliche bis hellrosa Sternblütchen in schirmartigen Blütenständen, die vorwiegend in den Sommermonaten auftreten
Blätter: klein und fleischig, zylindrisch bis keulig, graugrün bis rötlich, sitzen dicht an dicht an der Sprossachse
Wuchs: anfangs noch aufrechte bis kriechende, bald durch das Gewicht der Blätter überhängende Triebe
Standort: ganzjährig am besten sonnig, zumindest aber sehr hell; mäßig warm, im Winter auch durchaus kühl bei 5–10 °C; den Sommer über an einer regengeschützten Stelle auch im Freien
Verwendung: pflegeleichte Ampelpflanze für sonnige Südfenster, wirkungsvoll auf Podesten oder Säulen, fürs Kinderzimmer geeignet
Pflegen: sehr sparsam gießen, Erde immer erst wieder gut abtrocknen lassen; im Frühjahr und in den Sommermonaten alle 4 Wochen mit Kakteendünger versorgen
Vermehren: durch Trieb- oder Blattstecklinge, die man erst 1–2 Tage antrocknen lässt
Hinweis: Die Blättchen brechen bei jeder Berührung sehr leicht ab, daher sollten diese Fetthennen einen Platz erhalten, an dem sie möglichst ungestört bleiben.
Sorten/Verwandte: *S. morganianum* trägt ihren Namen Affenschwanz oder Affenschaukel wegen der dicht an dicht mit flaschenförmigen Blättchen besetzten Triebe, die wie Schwänze wirken. Die Sorte 'Baby Burrow Tail' bleibt insgesamt zierlicher und ihre Blätter brechen nicht so leicht ab; *S.* × *rubrotinctum* (Ampelfetthenne, → Abb.) wächst ähnlich, ihre Blättchen sind aber kräftig rot gefärbt. *S. pachyphyllum* heißt Schnapsnase wegen ihrer keulig verdickten Blätter, deren Spitzen leuchtend rot gefärbt sind. *S. sieboldii* mit rundlich verdickten Blättchen wird Theresienkraut genannt, aufgrund der herbstlichen Blütezeit auch Oktoberli oder Oktoberfetthenne. Sie sollte kühl überwintert werden. Von ihr gibt es auch die weißbunte Spielart *S. lineare* 'Variegatum', die mit ihren zierlichen Trieben duftig-locker wirkt. Ihre abgeflachten, zugespitzten Blätter sind hell graugrün und weiß gerändert.

HERKUNFT: trockene Regionen in Afrika, Vorderindien und Mexiko

▶ *ausgefallene Gestalten*

Andere Namen: Erbsenpflanze, Perlenschnur, Hängendes Kreuzkraut
Familie: Korbblütler (*Asteraceae*)
Blüten: bei älteren Exemplaren weiße bis rosa Korbblüten im Sommer
Blätter: rundlich verdickt, beiderseits mehr oder weniger spitz zulaufend, an den Trieben wie an einer Perlenschnur aufgereiht
Wuchs: dünne, lange, hängende, nur wenig verzweigte Triebe
Standort: sonnig bis halbschattig, im Sommer auch im Freien, im Winter am besten bei 10–12 °C
Verwendung: pflegeleichte Ampelpflanze für Zimmer und Wintergarten, schön auf Säulen
Pflegen: sparsam gießen, im Frühjahr und Sommer alle 2 Wochen mit Kakteendünger versorgen
Vermehren: durch Triebstecklinge oder einzelne Blätter
Sorten/Verwandte: Bei *S. herreianus* (→ Abb.) zeigen die kugeligen Blätter feine Linien, bei *S. rowleyanus* durchscheinende Streifen; *S. citriformis* hat hellgrüne Blätter.

PRAXIS-PLANER

Praxis-Planer

Alltägliche Pflege

GIESSEN
- Gießen Sie lieber seltener und dafür durchdringend als häufig und immer nur geringe Mengen.
- Wässern Sie sukkulente Arten wie Kakteen erst, wenn die Erde ganz abgetrocknet ist.
- Bei Pflanzen mit winterlicher Ruhephase wird ab dem Herbst das Gießen reduziert. Generell gilt: Je kühler die Pflanzen im Winter stehen, desto weniger wird gegossen.
- Nach der Winterruhe sollte man die Wassermenge langsam wieder steigern.

DÜNGEN
- Von Frühjahr bis zum Herbst wird regelmäßig gedüngt. Dabei gibt man immer nur so viel Dünger, wie die jeweilige Art braucht.
- Bei Pflanzen mit winterlicher Ruhephase sollte man ab dem Spätsommer das Düngen reduzieren und im Winter seltener bzw. gar nicht düngen.
- Ab dem Spätwinter werden die Nährstoffgaben langsam wieder gesteigert.
- Kranke Pflanzen werden nicht gedüngt.

Spezielle Pflege

UMTOPFEN
- Die meisten Pflanzen werden am besten im zeitigen Frühjahr zum Beginn der Vegetationsperiode umgetopft.
- Blühende Pflanzen topft man erst nach Abklingen der Blütezeit um.
- Frisch gekaufte Gewächse werden zur Eingewöhnung erst nach ein paar Tagen in frisches Substrat umgepflanzt.
- Wählen Sie passende Gefäße – sie dürfen nicht zu groß und nicht zu klein sein.

HYGIENE
- Überwinterte, schnittverträgliche Pflanzen im Spätwinter bei Bedarf zurückschneiden.
- Verblühtes sollte man ständig abschneiden und die Pflanzen regelmäßig ausputzen.
- Blätter alle paar Wochen mit einem feuchten Tuch abwischen oder die Pflanzen unter die Dusche stellen, um Schmutz zu entfernen.
- Behaarte Blätter nicht abbrausen, sondern mit einem weichen Pinsel abstauben.

Vermehren

AUSSAAT
- Die meisten Arten werden im zeitigen Frühjahr ausgesät, damit die Sämlinge möglichst viel Licht erhalten.
- Bei Aussaat im Herbst oder Winter benötigen die jungen Pflanzen eine zusätzliche Beleuchtung durch spezielle Lampen.
- Bei der Aussaat immer beachten, ob es sich um Licht- oder Dunkelkeimer handelt.
- Tropische Arten brauchen hohe Temperaturen.

STECKLINGE
- Frühjahr oder Frühsommer sind bei vielen Arten ideal, um sie über Kopf- und Triebstecklinge zu vermehren, wenn die Pflanzen zu dieser Zeit ohnehin gestutzt werden.
- Bei holzigen Arten schneidet man Stecklinge, solange die Triebe noch halbweich sind.
- Als Faustregel gilt: Je härter der Steckling ist, desto unempfindlicher und robuster ist er, braucht aber dafür länger zum Bewurzeln als weiche Exemplare.

Erklärung der Fachausdrücke

Bewurzelungshormon: Ein im Fachhandel erhältliches Mittel in Pulverform, als Paste oder flüssige Mischung, in das frisch geschnittene Stecklinge getaucht werden, um die Wurzelbildung zu fördern.

Blumenfenster: Eigens für Pflanzen gebautes, großes Fenster, meist in einem Erker. Man unterscheidet geschlossene Blumenfenster als nahezu in sich geschlossene Systeme mit entsprechender Beleuchtung, Belüftung, Heizung und Luftbefeuchtung und offene, die keine Rückwand besitzen.

Dunkelkeimer: Arten, deren Samen völlige Dunkelheit brauchen, sonst keimen sie nicht. Das Saatgut muss immer mit Erde bedeckt werden; vgl. → Lichtkeimer.

Epiphyten: Pflanzen, die in ihrer Heimat in Baumkronen oder Astgabeln wachsen, um so in besseren Lichtgenuss zu kommen, z. B. viele Orchideen, manche Farne und Bromelien. Die auch als Aufsitzerpflanzen bezeichneten Gewächse bilden häufig Luftwurzeln aus, mit deren Hilfe sie Wasser und Nährstoffe aus dem Niederschlag aufnehmen können.

Familie: In der botanischen Nomenklatur die Bezeichnung für eine Gruppe miteinander verwandter Pflanzen, deren botanische Namen in der Regel auf -ceae (z. B. *Bromeliaceae*) endet. Innerhalb der Pflanzenfamilie unterscheidet man als weitere Kategorien Gattungen und Arten. Im Deutschen erkennt man an dem Anhang „-gewächse", dass es sich um eine Pflanzenfamilie handelt, also etwa Ananasgewächse oder Wolfsmilchgewächse (*Euphorbiaceae*).

Flaschengarten: Große Flasche oder ähnlicher Glasbehälter, in den Pflanzen eingesetzt werden. Es bildet sich ein feuchtwarmes Klima, das für manche tropische Arten optimal ist.

gegenständig: Bezeichnung für eine Blattstellung, bei der sich zwei Blätter jeweils genau gegenüber stehen; vgl. → wechselständig.

Lichtkeimer: Pflanzen, deren Samen nur unter Lichteinwirkung keimen. Das Saatgut darf nicht oder allenfalls nur ganz leicht mit Erde überstäubt werden; vgl. → Dunkelkeimer.

Panaschierung: Andersfarbige Blattzeichnung, z. B. in Form von Streifen oder Flecken. Sie kann natürlichen Ursprungs oder gezüchtet sein. Auch manche Viren können eine Panaschierung verursachen.

Photosynthese: Biochemischer Vorgang in den Blättern, bei dem aus dem Kohlendioxid der Luft und dem Wasser aus dem Boden Zucker gebildet wird. Das Sonnenlicht dient dabei als Energielieferant. Der Zucker wird dann weiterverarbeitet zu verschiedenen Stoffen, welche die Pflanzen zum Leben und Wachsen brauchen.

Staunässe: Bezeichnung für zu viel Feuchtigkeit im Gefäß, da das Wasser nicht oder nur ungenügend ablaufen kann. Führt in der Regel zum Absterben und Faulen der Wurzeln, da kein Sauerstoff mehr vorhanden ist.

Sukkulente: Gewächse, die in ihren Blättern oder im Stamm Wasser speichern können, um lange Trockenperioden zu überstehen, z. B. Kakteen, viele Euphorbien oder Agaven.

Verholzen: Einlagerung von Lignin, einem speziellen Pflanzenstoff, in die Wände der Pflanzenzellen. Dadurch werden die zunächst weichen Triebe fest und hart.

Vitrine: Kleines Gewächshaus fürs Zimmer, häufig ähnlich wie das geschlossene → Blumenfenster mit Heizung, Luftbefeuchtung, Lüftung und Zusatzbeleuchtung ausgestattet.

wechselständig: Bezeichnung für eine Blattstellung, bei der die Blätter einzeln versetzt am Stängel angeordnet sind; vgl. → gegenständig.

Wuchshemmstoffe: Substanzen, auch als Wachstumsregulatoren bezeichnet, die den Pflanzen verabreicht werden, um einen sparrigen Wuchs zu unterdrücken und eine buschigere, kompakte Form zu erzielen. Mit der Zeit werden diese Stoffe abgebaut, und die Pflanze kehrt zu ihrem ursprünglichen Wuchsverhalten zurück.

ADRESSEN & LITERATUR

Vereine

Bonsai-Club Deutschland e.V.
Geschäftsstelle: Axel Pudach
Duisburger Straße 83 B
47166 Duisburg
www.bonsai-club-deutschland.de

Deutsche Bromelien-Gesellschaft e.V.
Geschäftsstelle: Arne Seringer
Dierdorfer Weg 28
50767 Köln
www.dbg-web.de

Deutsche Efeugesellschaft e.V.
Geschäftsstelle: Jochen Euler
Angelikastraße 10, 45130 Essen
www.efeu-ev.org

Deutsche Gesellschaft für Hydrokultur e.V.
Geschäftsstelle: Stefan Hecktor
Hunsrückstraße 1
65929 Frankfurt
www.dghk.net

Deutsche Kakteen-Gesellschaft e.V.
Geschäftsstelle
Bachstelzenweg 9
91325 Adelsdorf
www.hydrokultur-dghk.com

Deutsche Kameliengesellschaft e.V.
Arndtstraße 1a, 52064 Aachen
www. kameliengesellschaft.de

Deutsche Orchideen-Gesellschaft e.V.
Im Zinnstück 2
65527 Niedernhausen
www.orchidee.de

Vereinigung Deutscher Orchideenfreunde e.V.
Geschäftsstelle: Karin Bechstein
Bevertalstraße 12
37176 Bishausen
www.orchideen-journal.de

Spezial-Gärtnereien

Kakteen aus der Ilmesmühle
Marga Leue
Ilmesmühle
36166 Haunetal
www.ilmesmuehle.de

Kakteen- und Staudengärtnerei
Max Schleipfer
Sedlweg 71
86356 Neusäß

Kamelien-Kulturen Malte Fischer
Höden 18
21789 Wingst
www.kamelie.de

Palme Per Paket
Tobias W. Spanner
Am Schnepfenweg 57
80995 München
www.palmeperpaket.de

Ecuagenera Europe GmbH
Flößweg 11
33758 Schloss Holte-Stukenbrock
www.roellke-orchideen.de

Wössner Orchideen
Blumen Glanz
Hauptstraße 28
83246 Unterwössen
www.woessnerorchideen.de

Zubehör/Diverses

www.blumat-shop.de
(automatische Bewässerung)
www.design3000.de
www.emsa.de
www.flowerbox.de
(Wandbegrünung)
www.hydrokultur-spezialist.de
www.hydro-versand.de
www.lechuza.de
(Gefäße)
www.leni.de
(Hydrokultur-Zubehör)
www.neudorff.de
(torffreie Substrate, Dünger, Pflanzenschutz, Nützlinge)
www.olerum.de

www.palmenmann.de
www.pflanzmich.de
www.poetschke.de
(Gartenzubehör)
www.querbeet.com
(Amaryllis-Gläser u. a.)
www.stubenblumen.de
www.zimmergarten.eu
(Pflanzenlampen)

Zimmerpflanzen Online-Lexika

www.zimmerpflanzenlexikon.info
www.zimmerpflanzen-portal.de
www.pflanzenfreunde.com
www.livingathome.de

Weiterführende Literatur

Encke, Fritz: **Kalt- und Warmhauspflanzen.** Verlag Eugen Ulmer, Stuttgart

Haage, Hans-Friedrich: **Kakteen.** Verlag Eugen Ulmer, Stuttgart

Röllke, Frank: **Orchideen pflegen.** Gräfe und Unzer Verlag, München

Rücker, Karlheinz: **Pflanzen im Haus.** Verlag Eugen Ulmer, Stuttgart

Wolff, Manfred und Gruss, Olaf: **Orchideenatlas.** Verlag Eugen Ulmer, Stuttgart

Dank

Die Autorinnen bedanken sich sehr herzlich bei Herrn Joachim Mayer für die tatkräftige Unterstützung und die vielen wertvollen Tipps. Verlag und Fotografen danken der Neudorff GmbH in Emmerthal sowie der Bayerischen BlumenZentrale in Parsdorf für die freundliche Unterstützung.

Artenregister

Halbfett gesetzte Seitenzahlen verweisen auf Abbildungen.

A

Aasblume 156
Acalypha 19
- hispaniolae 68, 74
- hispida 68, **68**, 74
- -Wilkesiana-Hybriden 106, **106**
Acanthocalycium spiniflorum 156
Acanthorhipsalis 156
Acanthorhipsalis monacantha 156
Achimenes-Hybriden 68, 86
Acorus gramineus 140, **140**
Adenium obesum 148, **148**
Adiantum
- -Arten 27, 141
- raddianum **141**, 141
- tenerum 141
Aechmea fasciata 98, **98**
Aeonium
- arboreum 156
- tabuliforme 156
Aerangis
- -Arten 96
- -Hybriden 96
Aerides-Arten 96
Aeschynanthus 74
Affenpalme 156
Affenschaukel 157
Affenschwanz 157
Agave 148, **148**
Agave
- -Arten 148
- americana 148
- filifera 148, **148**
- victoriae-reginae 148
Aglaomorpha 'Snake Leaf' 144
Aglaonema
- -Arten 27, 106, **106**
- commutatum 106, **106**
- costatum 106
- crispum 106
Allamanda cathartica 74
Allamande 74
Alocasia 19, 105
- cuprea 106
- lowii 106
- sanderiana 106, **106**
Aloe 148, **148**
Aloe
- -Arten 32, **33**, 148
- arborescens 148
- aristata 148, **148**
- dichotoma 148
- variegata 148, **148**
- vera 148
Alpenveilchen 21, 29, 35, 47, 51, 76, **76**, 86
Amaryllis 81
Ampelfetthenne 157, **157**
Ampelhirse 144
Ampelopsis brevipedunculata
- var. maximowiczii 107, **107**
Ananas
- bracteatus 99

- comosus 'Variegatus' 99, **99**
Ananas 98, 99, **99**
Anigozanthos-Hybriden 68, **68**
Anthurie 11, 69
Anthurium 27, 69, **69**
- -Andraeanum-Hybriden 69, **69**
- crystallinum 107, **107**
- scandens 107
- -Scherzerianum-Hybriden 69
Aphelandra
- sinclairiana 69
- squarrosa 69, **69**
- tetragona 69
Aporocactus flagelliformis 156
Araucaria heterophylla 107, **107**, 130
Archontophoenix cunninghamiana 138
Ardisia crenata 126
Areca catechu 27, 134, **134**
Arecapalme 27, 136
Aristolochia littoralis 114
Asparagus
- -Arten 27, 108, **108**
- asparagoides 108
- densiflorus 108, **108**
- falcatus 29, 108, **108**
- plumosus 108
- setaceus 108
Aspidistra elatior 21, 25, 27, 29, 108, **108**
Asplenium
- -Arten 27, 141
- antiquum 141
- nidus 141, **141**
- scolopendrium 21, 29, 141
Assaipalme 138
Astilbe spec. 29
Astrophytum
- -Arten 149
- asterias 65, 149
- capricorne 149
- myriostigma 149, **149**
- ornatum 149
Azalee 14, 20, 29, 35, 46

B

Balsamapfel 112, **112**
Bambus 29
Bambusa-Arten 144
Bambusgras 144
Bauchblume 86
Bauernkaktus 156
Bauernorchidee 91
Baumfreund, Gefiederter 130
Beaucarnea recurvata 147, 149, **149**
Becherprimel 89
Begonia 27, 109, **109**
- -Arten 109
- -Boweri-Hybriden 109, **109**
- -Corallina-Hybriden 70
- -Elatior-Hybriden 70, **70**
- × erythrophylla 109
- heracleifolia 109
- -Hybriden 109, **109**
- listada 109

- -Lorraine-Hybriden 70
- masoniana 109
- -Mexicross-Hybriden 109
- radicans 70, 74
- Rex-Cultorum-Gruppe 109, **109**
- -Rex-Hybriden 109, **109**
- × ricinifolia 109
- scharffiana 109
- serratipetala 109
- Tuberhybrida-Gruppe 29
Begonie 53, 70, **70**
Bergpalme 19, 135, **135**
Betelnusspalme 27, 134, **134**
Billbergia nutans 23, 25, 99, **99**
Binsenkaktus 155, **155**
Birkenfeige **16**, 130
Bischofsmütze 149, **149**
Bismarckpalme 138
Bismarckia nobilis 138
Bitterbauch 156
Bitterblatt 77
Blattanthurie 107, **107**
Blattbegonie 27, **104**, 109, **109**
Blattfahne 92
Blattkaktus 151, **151**
Blattschmuckpelargonien 88
Blaues Lieschen 23, 35, 77, **77**, 86
Blauglöckchen 71
Blechnum gibbum 144
Blütenbegonien 35, 70, **70**
Bockshornkaktus 149
Bogenhanf 19, 25, 27, 29, 128, **128**
Bougainvillea 74
Bougainvillee 74
Bowiea volubilis 114
Brachychiton 110, **110**
- rupestris 110, **110**
- populneus 110
Brahea
- -Arten 29, 135
- armata 135, **135**
- edulis 135
Brassaia actinophylla 129
Brassia
- -Arten 96
- -Hybriden 96
Brassie 96
Brautmyrte 122, **122**
Brautprimel 89
Brighamia insignis 126
Bromelien 10f., 27, 39, 47, 49, 51, 66, 98ff.
Brosimum alicastrum 130
Brotnussbaum 130
Browallia speciosa 27, 71, **71**
Browallie 27, 71, **71**
Brunfelsia pauciflora var. calycina 71, **71**
Brunfelsie 71, **71**
Brutblatt 23, 84
Bryophyllum
- -Arten 84
- pinnatum 23
Bubiköpfchen 19, 25, 27, 47, 105, 130, **130**
Buchsbaum 28

Buckelkaktus 156
Buntnessel 33, 105, 131, **131**
Butia capitata 138
Burrageara 96
Buxus sempervirens 28

C

Caladium
- -Bicolor-Hybriden 105, 110, **110**
- lindenii 110
Calathea 105, 110, **110**
- crocata 71, **71**
- lancifolia 110
- makoyana 110, **110**
- ornata 110
- roseopicta 110
Calceolaria integrifolia 23, 86
Callisia 111, **111**
- -Arten 111, **111**
- elegans 111
- fragrans 111
- navicularis 111
- repens 111, **111**
Callisie 111, **111**
Cambria 96
Camellia
- -Hybriden 72
- -japonica-Sorten 20, 72
- sasanqua 72
- -Williamsii-Hybriden 72, **72**
Campanula 21, 29
- -Arten 72
- carpatica 19, 33
- fragilis 72
- isophylla 72, **72**
Capsicum annuum 27, 73, **73**
Carex
- brunnea 140, 141, **141**
- elegantissima 141
- morrowii 141
Caryota mitis 27, 135, **135**
Castanospermum australe 130
Catharanthus roseus 73, **73**
Cattleya 21, 94, **94**
Cattleya
- -Arten 21, 94
- bowringiana 94, **94**
- -Hybriden 94
Cereus
- -Arten 149
- azureus 149
- jamacaru 149
- peruvianus 149, **149**
Ceropegia linearis subsp. woodii 19, 105, 111, **111**, 116
Chamaedorea 19, 33
- elegans 135, **135**
- metallica 135
Chamaerops humilis 29, 138
Chinesenprimel 89
Chlorophytum comosum 23, 25, 27, 111, **111**
Christusdorn 12, 19, 24, 152, **152**
Chrysalidocarpus lutescens 136, **136**
Chrysantheme 29, 86
Chrysanthemum 86

161

ARTENREGISTER

- × *grandiflorum* 29
Chrysothemis
- -Arten 73
- *friedrichsthaliana* 73
- *pulchella* 73, **73**
Cissus 19, 27, 112
- -Arten 112, **112**
- *antarctica* 21, 29, 112
- *discolor* 112
- *rhombifolia* 112, **112**
- *striata* 112
Cleistocactus
- -Arten 150
- *baumannii* 150
- *jujuyensis* 150
- *smaragdiflorus* 150
- *strausii* 150, **150**
Clerodendrum thomsoniae 27, 74, **74**
Cleyera japonica 130
Clivia miniata 18, 29, 75, **75**
Clusia
- *major* 112, **112**
- *rosea* 112
Cocos nucifera 19, 136, **136**
Codiaeum variegatum 113, **113**
Coelogyne 74
- -Arten 21, 95, **95**
- *brachyptera* 95, **95**
- *cristata* 95
- *massangeana* 95
Coffea arabica 117, 126
Colchicum-Arten 86
Coleus-Blumei-Hybriden 131, **131**
Colmanara-Hybriden 96
Columnea 74
Coprosma × *kirkii* 126
Cordyline **113**, 115
- *australis* 113
- *fruticosa* 113, **113**
- *indivisa* 113
- *terminalis* 113, **113**
Corokia cotoneaster 113, **113**
Corynocarpus laevigatus 126
Crassula
- -Arten 150
- *arborescens* 150
- *coccinea* 150
- *ovata* 29, 150, **150**
- *perfoliata* var. *falcata* 150
Crocus-Arten 86
Crossandra infundibuliformis 75, **75**
Cryptanthus
- -Arten 99
- *bivittatus* 99, **99**
- *zonatus* 'Zebrinus' 99, **99**
Ctenanthe 122
- *lubbersiana* 126, 130
Cupressus macrocarpa 130
Curcuma
- *alismatifolia* 75, **75**
Cycas revoluta 20, 114, **114**
Cyclamen persicum 21, 29, 76, **76**, 86
- Cristata-Sorten 76
- Rokoko-Sorten 76
- Viktoria-Sorten 76
- Wellensiek-Sorten 76
Cymbidie 19, 95
Cymbidium-Hybriden 19, 95, **95**
Cyperus
- -Arten 19, 23, 25, 140, 142
- *albostriatus* 142
- *alternifolius* 142, **142**
- *diffusus* 142
- *gracilis* 142
- *haspan* 142
- *involucratus* 142, **142**
- *papyrus* 142, **142**

D

Dattelpalme
- Kanarische 138
- Echte 138
- Zwergdattelpalme 138, **138**
Davallia-Arten 144
Dendrobie 95, **95**
Dendrobium
- -Arten 95
- -Hybriden 95, **95**
- *nobile* 95
Dichtähre 123, **123**
Dickähre 123, **123**
Dickblatt 150, **150**
Dickfuß 154
Didymochlaena trunculata 144
Dieffenbachia
- -Arten 25, 115, **115**
- *maculata* 130
Dieffenbachie 25, 50, 115, **115**, 130
Dionaea muscipula 23, **103**
Dioscorea elephantipes 114
Dipladenie 85
Dischidia pectenoides 114
Dizygotheca 129
Doppelhüllenfarn 144
Dracaena
- -Arten 19, **19**, 24, 29, 51, 115, **115**
- *deremensis* 115, 130
- *draco* 115
- *fragrans* 115, **115**
- *hookeriana* 115
- *marginata* 115, **115**
- *reflexa* 115
- *sanderiana* 115
- *surculosa* 115
Drachenbaum 19, **19**, 24, 43, 33, **34**, 115, **115**, 130
Drahtstrauch 122
Drahtwein 122, **122**
Drehfrucht 21, 29, 93, **93**
Dreimasterblume 132, **132**
Drosera **103**
Duftpelargonien 88
Dypsis lutescens 136

E

Echeveria
- -Arten 151
- -Hybriden 151
Echeverie 33, 151, **151**
Echinocactus
- *grusonii* 151, **151**
- *platyacanthus* 151
Echinocereus-Arten 156
Echinofossulocactus 156
Echinopsis-Arten 65, 156
Edelpelargonie 19, 88, **88**
Efeu 10, 21, 24f., 29, **32**, 53, **53**, 120, **120**
Efeuaralie 20, 29, 52, 118, **118**
Efeutute 24, 25, **27**, 51, **118**, 118
- Gefleckte **129**, 129
Einblatt 24, 25, 27, 92, **92**
Eisenpflanze 108
Elefantenfuß **12**, 114, 147, 149, **149**
Elefantenohr 80, **80**
Encyclia
- -Arten 96
- -Hybriden 96
Epidendrum
- -Arten 96
- -Hybriden 96
Epiphyllum-Hybriden 151, **151**
Epipremnum 27
- *aureum* 118
- *pinnatum* 25, 118, **118**
- *pinnatum* 'Aureum' 129
Episcia 74
Erbsen am Bande **23**, 157, **157**
Erbsenpflanze **22**, 157
Erdstern 99
Eugenia
- -Arten 76, **76**
- *uniflora* 76
Euphorbia
- -Arten 152
- *caput-medusae* 152
- *esculenta* 152
- *globosa* 152
- *grandicornis* 152, **152**
- -Hybriden 152, **152**
- *lactea* 152
- *leuconeura* 152
- *meloformis* 152
- *milii* var. *milii* 19, 24, 25
- *obesa* 152
- *pulcherrima* 77, **77**, 86
- *squarrosa* 152
- *tirucalli* 152, **152**
Euphorbie **152**, 152
Eustoma grandiflorum 77, **77**, 86
Euterpe edulis 138
Exacum affine 23, 77, **77**, 86

F

Farne **33**, 39, 49, 140ff
× *Fatshedera lizei* 20, 29, 118, **118**
Fatsia japonica 20, 29, 118, **118**
Faucaria tigrina 156
Feigenbaum 16
Feigenkaktus 156
Fensterblatt **16**, 24, 105, **117**, 122, **122**, 130
Ferocactus-Arten 156
Fetthenne 157, **157**
Ficus 114, 119, **119**
Ficus
- -Arten 19, 36, 119, **119**
- *benjamina* 119, **119**, 130
- *binnendijkii* 119
- *elastica* 24, 119, **119**
- *lyrata* 105, 119
- *microcarpa* 'Ginseng' 114
- *pumila* 29, 119, **119**
- *rubiginosa* 119
Fiederaralie 29, 126, **126**
Fingeraralie 50, 129, 130
Fischschwanzpalme 27, 135, **135**
Fittonia
- *albivenis* 120, **120**
- -Arten 120, **120**
- *gigantea* 120
Fittonie 120, **120**
Flamingoblume 27, **33**, **66**, 69, **69**
Flammendes Käthchen 19, 23, 35, **79**, 84, **84**, 86
Flammenlilie 80
Flaschenbaum **11**, 110, **110**, 114, 130, 149
Flaschenpflanze 153, **153**
Fledermausblume 114
Fleißiges Lieschen 27, 29, 33, **82**, **82**
Fliegender Holländer 111
Fransenbeutel 75, **75**
Frauenhaarfarn 17, 27, 141, **141**
Frauenhaar 142
Frauenhaarwein 122
Frauenschuh 94, 97, **97**
Fuchsie 28, 29
Fuchsia-Arten 28
Futterpalme 138

G

Gardenia
- *augusta* 20, 80, **80**
- *jasminoides* 80
Gardenie 20, 46, 80, **80**
Garnelen-Begonie 74
Garnelenpflanze 84, **84**
Gasteria–Arten 156
Geigenfeige 105
Gelbwurz 75
Geldbaum 29, 150
Geleepalme 138
Geranie 88
Gerbera 23, 86
Gerbera-Hybriden 23, 86
Gespensterpflanze 114
Geweihfarn 143, **143**
Glanzkölbchen 66, 69, **69**
Glockenblume 21, **22**, 29, 72, **72**
Glockenenzian 77, **77**, 86
Glocken-Kalanchoe **20**, 84
Gloriosa superba 74, 80, **80**
Gloxinie 35, 86, 92, **92**
Glücksbaum 110
Glücksfeder 133, **133**
Glückskastanie 114, **117**, 130
Glücksklee 35
Goldähre 123
Goldfischpflanze 74
Goldfruchtpalme 136, **136**

Goldkugelkaktus 151
Goldtüpfelfarn 144
Graptopetalum bellum 156
Gräser 140ff
Graskalmus 140, **140**
Graslilie 111
Grevillea robusta 20, 130
Grüner Heinrich 23, 111
Grünlilie 23, 24, 25, 27, 52, 111, **111**
Guadeloupepalme 135
Gummibaum 24, **32**, 33, 53
Guzmania-Hybriden 100, **100**
Guzmanie 100, **100**
Gymnocalycium
- -Arten 153
- *andreae* 153
- *baldianum* 153, **153**
- *denudatum* 153
- *gibbosum* 153
- *mihanovichii* var. *friedrichii* 153
- *multiflorum* 153
Gynura
- -Arten 120, **120**
- *aurantiaca* 'Purple Passion' 120, **120**
- *procumbens* 120
- *scandens* 120
Gynure 120, **120**

H

Haemanthus albiflos 80, **80**
Hanfpalme 138
Hängepelargonien 88
Harfenstrauch 25, 125, **125**
Hasenfußfarn 144
Hasenpfotenfarn 144
Hatiora 155
Hawaiipalme 126
Haworthia
- -Arten 153
- *attenuata* 153, **153**
- *fasciata* 153
Haworthie 153, **153**
Hedera
- -Arten 21, 25, 29, 120, **120**
- *helix* 10, 120, **120**
Helmkraut 91, **91**
Hemionitis arifolia 144
Henne mit Küken 23, 132, **132**
Herbstzeitlose 86
Herrscherpalme 138
Herzblatt 114
Herzfarn 144
Hesperidenpalme 29, 135, **135**
- Blaue 135
Heterocentron 'Cascade' 74
Hibiscus rosa-sinensis 81, **81**
Hibiskus 81, **81**
Higo-Kamelien 72
Hippeastrum-Hybriden 81, **81**, 86
Hirschzunge 156
Hirschzungenfarn 10, 21, 29, 141
Hohlnarbe 21, 74, 95, **95**
Hornklee 74
Hortensie 20, 29, 82, **82**
Howea

- -Arten 136
- *-belmoreana* 136
- *-forsteriana* 136, **136**
Howeapalme 136, **136**
Howeia 136
Hoya
- *bella* 82, **82**
- *carnosa* 74, 82
- *kerrii* 82, 114
Huckepackpflanze 23
Hüllenklaue 23, 121, **121**
Hyacinthus orientalis 86
Hyazinthe 86
Hydrangea-Hybriden 20, 29, 82, **82**
Hyophorbe verschaffeltii 138
Hypocyrta glabra 21, 86
Hypoestes phyllostachya 23, 121, **121**

I

Igelkaktus 151, **151**
Igelsäulenkaktus 156
Ilexfarn 144
Impatiens-Hybriden 27, 82, **82**
- -Neuguinea-Hybriden 82
- -Walleriana-Hybriden 29, 82
Inkakrone 71
Isolepis cernua 142, **142**
Ixora
- -Arten 83
- *coccinea* 83, **83**
- -Hybriden 83
Ixore 83, **83**

J

Jacaranda 121, **121**
Jacaranda mimosifolia 121, **121**
Jasmin 20, 74, 83
- Chilenischer 19, 74, 85, **85**
Japanrose 77
Jasminum 20, 74, 83, **83**
- *mesnyi* 83
- *officinale* 83, **83**
- *polyanthum* 83, **83**
- *sambac* 83
Jatropha podagrica 153, **153**
Juncus effuses 'Spiralis' 114, 144
Jungfernrebe 107
Justicia 84, **84**
- *brandegeana* 84, **84**
- *carnea* 84
- *rizzinii* 84

K

Kaffeestrauch **117**, 126
Kakteen 8, 11, 23, 32, 36, 38, **39**, 146ff.
Kaladie 110, **110**
Kalanchoe 20, 52, 84, **84**
- *blossfeldiana* 19, 23, 79, 84, **84**, 86
- *daigremontiana* 84
- *manginii* 84
- *pinnata* 84
- *porphyrocalyx* 84
- *tomentosa* 84, 114
- *tubiflora* 84
Kamelie 20, 72, **72**

Kammmaranthe 130
Kängurublume 11, 68, **68**
Kängurupfötchen 68
Kannenpflanze **103**
Kanonierblume 27, 124, **124**
Kapwein 127, **127**
Karakabaum 126
Kardinalshut 84
Kaskadenblume 74
Kastanie, Australische 130
Kastanienwein 19, 29, 131, **131**
Kathedralenpflanze 110
Katzenohr 84, 114
Katzenschwanz 19, 50, 68, **68**, 74
Kentiapalme 136, **136**
Keulenlilie 113, **113**, 115
Kindchen im Schoß 23, 132
Kirschmyrte 76, **76**
Kissenprimel 35, 89
Kleinia neriifolia 156
Kletter-Ficus 29, 33
Kletterlilie 80
Kletterphilodendron 25
Klimme 19, 27, 29, 112, **112**
- Gestreifte 112
Klivie 18, 21, 29, 75
Knollenbegonie 29
Knopffarn **12**, 143, **143**
Kohlpalme 138
Kokospälmchen 27, 137, **137**
Kokospalme 19, 136, **136**
- Romanzoffsche 138
Kolbenfaden 24, 27, 106, **107**
Kolumnee 74
Königin der Nacht 156
Königswein 112
Koprosma 126
Korallenbeere 87, **87**
Korallenkaktus 155
Korallenmoos 87
Korallenstrauch 21, 92, **92**
Korbmarante 13, 33, 71, **71**, 110, **110**
Kranzkaktus 155, **155**
Kranzschlinge 74, 93, **93**
Krebsblume 113
Kreuzkraut, Hängendes 157
Krokus 86
Kronenlilie 80
Kroton 113
Krugfarn 144
Kugelkaktus 24
Kupferblatt 106
Kurkuma 75
Kussmäulchen 21, 29, 74, 86, **86**
Kussröschen **78**, 90

L

Laelia
- -Arten 96
- -Hybriden 96
Laelie 96
× *Laeliocattleya* 94
Lamellenkaktus 156
Lanzenrosette 98, **98**
Latania
- *loddigesii* 137

- *lontaroides* 137, **137**
- *verschaffeltii* 137
Latanie 137, **137**
Lavendel 27
Lebende Steine 147, 156
Leea 126
Leea rubra 126
Leptospermum scoparium 85, **85**
Leuchterblume 19, 105, 111, **111**, 116
Liebe in Unschuld 74
Lithops-Arten 156
Livistona
- -Arten 137
- *australis* 137
- *chinensis* 137, **137**
- *rotundifolia* 137
Livistonie 137, **137**
Lobivia-Arten 156
Lobivie 156
Losbaum 27, 74, **74**
Lotus 74
Ludisia 96
Ludisia discolor **96**
Luftwurzelorchidee 96
Lycaste 96
Lycaste skinneri **96**
Lytocaryum weddelianum 27, 137, **137**

M

Madagaskar-Immergrün 73, **73**
Madagaskarpalme 19, 154, **154**
Malaienblume 27, 79, 94, 97, **97**
Mammillaria-Arten 154, **154**
Mandevilla
- -Hybriden 74
- *laxa* 19, 85, **85**
Manilapalme 138
Mantelfarn 144
Manuka 85
Maracuja 87
Maranta leuconeura 27, 121, **121**
Marante 27, 121, **121**
Masdevallia
- -Arten 96
- -Hybriden 96
Masdevallie 96
Mauerpfeffer 157
Mazaripalme 138
Medinilla magnifica 85, **85**
Medinille 85, **85**
Melocactus curvispinus 156
Melonenkaktus 156
Metzgerpalme 108
Microcoelum weddelianum 137
Microlepia speluncae 144
Mikania scandens 126
Mikanie 126
Miltonia-Hybriden 21, 96, **96**
Miltonie 96, **96**
Miltoniopsis 96
Mimosa pudica 114
Mimose 114
Miniaturalpenveilchen 76
Mini-Kalanchoe **79**, 84

163

ARTENREGISTER

Monstera deliciosa 24, 105, **117**, 122, **122**, 130
Moosfarn 145, **145**
Mottenkönig 125
Muehlenbeckia **116**
- *axillaris* 122
- *complexa* 122, **122**
Mühlenbeckie **116**, 122, **122**
Myrciaria 76
Myrtus communis 122, **122**

N

Nachtfalterorchidee 97
Nannorrhops ritchiana **138**
Narcissus-Arten 86
Narzisse 35, 86
Nematanthus gregarius 21, 29, 74, 86, **86**
Neoregelia-Arten 100, **100**
Nepenthes **103**
Nephrolepis
- *cordifolia* 143
- *exaltata* 143, **143**
Nertera granadensis 21, 87, **87**
Nesselschön 106
Nestananas 100, **100**
Nestfarn 27, **32**, 141, **141**
Nestrosette 100, **100**
Nidularium
- -Arten 100, **100**
- *fulgens* 100
- *innocentii* var. *lineatum* 100
Notocactus-Arten 156

O

Odontoglossum 96
Odontoglossum
- -Arten 96
- -Hybriden 96
Oktoberfetthenne 157
Oncidie 97, **97**
Oncidium
- -Arten 97
- *bicallosum* 97
- *carthagenense* 97
- -Hybriden 97, **97**
- *ornithorynchum* 97
Ophiopogon jaburan 126
Oplismenus hirtellus 'Variegatus' 144
Opuntia-Arten 156
Opuntie 156
Orchideen 11, 21, **22**, 31, 36, 38, **38**, 47, 49, 51, **66**, **67**, 94
Ordensstern 156
Osterkaktus 86, **147**, 155, **155**
Oxalis deppei 86

P

Pachira aquatica 114, **117**, 130
Pachypodium
- -Arten 154
- *geyai* 154
- *lamerei* 19, 154, **154**
Pachystachys
- *coccinea* 123
- *lutea* 123, **123**

Palmen **34**, 50, 134ff.
Palmettopalme, Gewöhnliche 139
Palmfarn 20, 114, **114**
Palmlilie 29, 133, **133**
Pandanus veitchii 130
Pantoffelblume 23, 86
Paphiopedilum
- -Arten 97
- -Hybriden 97, **97**
Papyrus, Echter 142, **142**
Paradiesnessel 106, **106**
Parodia-Arten 156
Parodie 156
Passiflora
- *caerulea* 74, 87, **87**
- *edulis* 87
Passionsblume 74, 87, **87**
Pavonia multiflora 87, **87**
Pavonie 87, **87**
Peitschenkaktus 156
Pelargonie 64, 88, **88**
- Englische 88, **88**
Pelargonium
- -Grandiflorum-Gruppe 19, 88, **88**
- -Hybriden 88, **88**
- -Peltatum-Gruppe 88
- -Zonale-Gruppe 88
Pellaea
- -Arten 143
- *atropurpurea* 143
- *rotundifolia* 143, **143**
- *viridis* 143
Pellefarn 143, **143**
Pellionia pulchra 126
Pentas 88, **88**
Pentas lanceolata 88, **88**
Peperomia
- -Arten **105**, 123, **123**
- *argyreia* 123
- *caperata* 123, **123**
- *clusiifolia* 123
- *fraseri* 123
- *glabella* 123
- *griseoargentea* 123
- *metallica* 123
- *obtusifolia* 123
- *rotundifolia* 123, **123**
- *scandens* 123
Peperomie 123, **123**
Perlenschnur 157
Petticoatpalme 139
Pfauenpflanze 110
Pfeffer 125, **125**
Pfeilblatt 11, 19, 105, 106, **106**
Pfeilwurz, Bunte 121
Phalaenopsis-Hybriden 27, 74, 79, 97, **97**
Philodendron 25, 51, 124, **124**
Philodendron
- -Arten 124, **124**
- *andreanum* 124
- *angustisectum* 124, 130
- *bipinnatifidum* 124
- *domesticum* 124
- *elegans* 124
- *erubescens* 124

- *ilsemannii* 124
- *martianum* 124, **124**
- *melanochrysum* 124
- *rugosum* 124
- *pedatum* 124
- *scandens* 25, 124, **124**
- *selloum* 124
Phlebodium aureum 144
Phoenix
- -Arten 138
- *canariensis* 138
- *dactylifera* 138
- *roebelenii* 138, **138**
Phragmipedium
- -Arten 96
- -Hybriden 96
Phyllitis scolopendrium 10, 141
Phyllokaktus 151
Pilea
- -Arten 27, 124
- *cardierei* 124, **124**
- *involucrata* 124
- *microphylla* 124
- *peperomioides* 114
Pinselblume 80
Pinselkirsche 76
Piper
- -Arten 125
- *crocatum* 125
- *ornatum* 125, **125**
Pisonie 125, **125**
Pisonia umbellifera 'Variegata' 125, **125**
Pitanga 76
Platycerium bifurcatum 143, **143**
Plectranthus
- -Arten 125
- *coleoides* 'Marginatus' 125
- *forsteri* 'Marginatus' 125, **125**
- *fruticosus* 25, 125
- *oertendahlii* 125
Pogonatherum paniceum 25, 144, **144**
Poinsettie 77
Polyscias
- -Arten 126
- *balfouriana* 126
- *filicifolia* 126, **126**
- *fruticosa* 126
- *guilfoylei* 126
- *scutellaria* 126
Polystichum
- *auriculatum* 145
- *falcatum* 144
- *tsus-simense* 145, **145**
Ponyschwanz 149
Prachtlilie 80
Priesterpalme 139
Primel 21, 29, 86, 89, **89**
Primula
- *acaulis* 89, **89**
- -Arten 29, 86, 89
- × *kewensis* 89
- -Elatior-Hybriden 89, **89**
- *malacoides* 89
- *obconica* 89
- *praenitens* 89

- *vulgaris* 89, **89**
Pseuderanthemum 127, **127**
Pseuderanthemum atropurpureum 127, **127**
Pteris
- -Arten 27, 145
- *argyraea* 145
- *cretica* 145, **145**
- *ensiformis* 145
- *quadriaurita* 'Argyrea' siehe P. *argyraea*
- *tremula* 145
Punktblume 23
Purpurtute 126

R

Radermachera sinica 127, **127**
Ravenea rivularis 138
Rebutia
- -Arten 155, **155**
- *albiflora* 155
- *krainziana* 155
Rebutie 155
Regenbogenpellionie 126
Rhapis
- -Arten 29, 139
- *excelsa* 139, **139**
- *humilis* 139
Rhipsalidopsis 86
- -Arten 155
- -Hybriden 155
- *gaertneri* 155
- × *graeseri* 155, **155**
- *rosea* 155
Rhipsalis
- -Arten 155, **155**
- *baccifera* 155
- *cereuscula* 155
- *clavata* 155
- *pachyptera* 155
- *paradoxa* 155
Rhododendron 20, 29, 90, **90**
Rhododendron
- -Hybriden 20, 29, 90, **90**
- × *obtusum* 90
- -Simsii-Hybriden 90
Rhoeo spathacea 132
Rhoicissus capensis 127, **127**
Rippenfarn 144
Ritterstern 81, **81**, 86
Rosa chinensis 'Minima' 90, **90**
Rose **78**, 90, **90**
Rosenapfel 76
Roseneibisch 81
Rosenwein 111
Rosettendickblatt **21**, 156
Ruhmeskrone 74, 80, **80**
Rutenkaktus 155
Rutenpalme 139

S

Sabal-Arten 29, 139
- *minor* 139, **139**
- *palmetto* 139
Sabalpalme 29, 139
Safranwurz 75, **75**

Saguaro 156
Saintpaulia-Ionantha-Hybriden 23, 27, 91, **91**
Samtpflanze 120
Sanchezia parvibracteata 128, **128**
Sanchezie 128, **128**
Sansevieria 53
- *cylindrica* 114
- *trifasciata* 25, 27, 29, 128, **128**
Sarracenia **103**
Sauerklee 86
Säulenkaktus 149, **149**
Saumfarn 27, 145, **145**
Saxifraga stolonifera 128, **128**
Scadoxus multiflorus 80
Schamblume 74
Schattenröhre 74
Schefflera
- -Arten 29, 129, **129**
- *actinophylla* 129, 130
- *arboricola* 129, **129**
- *elegantissima* 129
- *veitchii* 129
Schefflera 129, **129**
Scheinrebe 107, **107**
Schicksalspflanze 74
Schiefblatt 70, 109
Schiefteller 68, **68**, 86
Schiffchentradescantie 111
Schildblume 108
Schildfarn 145, **145**
Schildkrötenpflanze 114
Schizanthus-Wisetonensis-Hybriden 91, **91**
Schlangenbart 126
Schlangenhautfarn 144
Schlangenkaktus 156
Schlauchpflanze **103**
Schleifenblume 69, **69**
Schlumbergera 86
- -Arten 156
- -Hybriden 23, 156, **156**
- *truncata* 156
Schmetterlingsblume 91
Schnapsnase 157
Schraubenbaum 130
Schuppenfarn, Kleiner 144
Schusterpalme 21, 25, 27, 29, 52, 108, **108**
Schwertfarn 143, **143**
Schwertlilie, Australische 68
Schwiegermuttersessel 151
Scindapsus
- *aureus* 129
- *pictus* 129, **129**
Scirpus cernuus 142, **142**
Scutellaria costaricana 91, **91**
Sedum
- -Arten 157
- *lineare* 'Variegatum' 157
- *morganianum* 157
- × *rubrotinctum* 157, **157**
- *pachyphyllum* 157
- *sieboldii* 157
Seeigelkaktus 65, 149, 156

Seestern 153
Segge 140, 141, **141**
- Japanische 141
Selaginella
- *apoda* 145
- -Arten 145
- *kraussiana* 145, **145**
- *martensii* 145
Selenicereus-Arten 156
Senecio
- -Arten 157
- *citriformis* 157
- *herreianus* 157, **157**
- *rowleyanus* 157
Sicheldickblatt 150
Sichelfarn 144
Silbereiche 20, 130
Silberkerzenkaktus 150, **150**
Sinningia 86
- -Hybriden 92, **92**
Sinnpflanze, Schamhafte 114
Solanum pseudocapsicum 92, **92**
Soleirolia soleirolii 19, 25, 27, 105, 130, **130**
Solenostemon scutellarioides 105, 131, **131**
Sommerveilchen 77
Sonnenglocke 73, **73**
Sonnentau **103**
Sophronitis 96
Sophronitis
- -Arten 96
- -Hybriden 96
Spaltblume 91, **91**
Spanischer Pfeffer 73
Sparrmannia africana 20, 29, 131, **131**
Spathiphyllum
- -Arten 25, 92
- -Hybriden 27, 92, **92**
- *wallisii* 92
Sperrstrauch 130
Spinnenlilie 80
Spiralbinse 114, 144
Spitzblume 126
Stachelkelch 156
Stachelspelze 144
Stapelia-Arten 156
Steckenpalme 29, 139, **139**
Steinbrech, Hängender 52, 128, **128**
Stephanotis floribunda 74, 93, **93**
Stern-Glockenblume 72, **72**
Sternkaktus 149
Stille Schönheit 156
Strahlenaralie 29
Streifenfarn 141, **141**
Streptocarpus
- -Arten 21, 29, 93, **93**
- -Hybriden 93, **93**
- -*saxorum* 93
Strobilanthes dyerianus 126
Südseemyrte 11, 33, 85, **85**
Sumachwein 127
Surinamkirsche 76
Syagrus romanzoffiana 138
Syngonium podophyllum 126

Tacca integrifolia 114
Tapirblume 75
Tetrastigma voinierianum 19, 29, 131, **131**
Teufels Nadelkissen 156
Teufelsblüte 114
Teufelszunge 156
Theresienkraut 157
Tigerbegonien 109
Tigerrachen 156
Tillandsia 51
- *argentea* 101
- -Arten 51, 101, **101**
- *cyanea* 101, **101**
- *funckiana* 101
- *lindenii* 101
- *usneoides* 101
Tillandsie 47, 101, **101**
Tolmiea menziesii 23, 132, **132**
Tonkingwein 131
Topfastilbe 29
Trachycarpus fortunei 138
Tradescantia
- -Arten 132
- *albiflora* 132
- *blossfeldiana* 132
- *cerinthoides* 132
- *fluminensis* 'Tricolor' 132, **132**
- *pallida* 'Purple Heart' 132
- *spathacea* 132
- *zebrina* 132
Triplochlamys multiflora 87
Tropenwurz 106
Tulip of Thailand 75
Tulpe 86
Tulpenrose 77

Ufopflanze 114
Urnenpflanze 114
Usambaraveilchen 23, 27, 33, **35**, 51, 91, **91**

Vanda 96
Vanda
- -Arten 96
- -Hybriden 96
Vanilla planifolia **96**
Vanille, Echte 96
Veilchen, Indisches 77
Veitchia merrillii 138
Venusfliegenfalle 23, **103**
Venushaar 140
Venusschuh 97
Versteckblüte 99, **99**, **103**
Vogelfangbaum 125
Vriesea
- -Hybriden 27
- *splendens* 101, **101**
× *Vuylstekeara* Cambria 96

Wachsblume 74, 82, **82**
Wachsrohr 128
Warzenkaktus 154, **154**

Washingtonia
- -Arten 139
- *filifera* 139, **139**
- *robusta* 139
Washingtonie 139, **139**
Waterfall-Orchideen 74
Waxflower 33
Weihnachtskaktus 10, 23, 86, 156, **156**
Weihnachtsstern 35, 66, 77, **77**, **86**
Weißstammpalme 138
Wein, Russischer 21, 112
Wolfsmilch 147, 152, **152**
Wunderstrauch 113, **113**
Wüstenrose 148, **148**

Yucca
- -Arten 29, 51, 133
- *aloifolia* 133, **133**
- *elephantipes* 133, **133**
- *gloriosa* 133

Zahnstocherkaktus 151
Zamioculcas zamiifolia 133, **133**
Zantedeschia
- *aethiopica* 93, **93**
- *elliottiana* 93
- *rehmannii* 93
Zapfenblume 126
Zebrahaworthie 153
Zebrina pendula 132
Zickzackstrauch 113, **113**
Zierpfeffer 27, 73, **73**
Zierspargel 27, 29, 108, **108**
Zimmeraralie 20, 29, 118, **118**
Zimmer-Azalee 90
Zimmerbambus 24, 25, 144, **144**
Zimmeresche 127, **127**
Zimmerhafer 23, 25, 99, **99**
Zimmerhopfen 84, **84**
Zimmerkalla 93, **93**
Zimmerlinde 20, 29, 33, 131, **131**
Zimmerrebe 112
Zimmertanne **12**, 107, **107**, 130
Zimmerwein 107, 112
Zimmerzypresse 130
Zitrusgewächse 13
Zitwerwurzel 75
Zonalpelargonien 88
Zulukartoffel 114
Zwergalpenveilchen 76
Zwergpalme 29, 138
Zwerg-Palmettopalme 139
Zwergpfeffer **105**, 123, **123**
Zwergzypergras 142
Zygopetalum 96
Zygopetalum crinitum 96
Zylinder-Bogenhanf 114
Zypergras 19, **22**, 23, 24, **25**, 52, 140, 142, **142**

GIFTIGE ZIMMERPFLANZEN

Name	giftige Teile	siehe Seite	Name	giftige Teile	siehe Seite
Katzenschwanz, Paradiesnessel *Acalypha*-Arten und -Hybr.	Alle Teile	68, 106	Ruhmeskrone *Gloriosa superba*	Alle Teile, besonders die Knollen	80
Graskalmus *Acorus gramineus*	Alle Teile (Milchsaft)	140	Guzmanie *Guzmania*-Hybriden	Alle Teile	100
Wüstenrose *Adenium obesum*	Wurzelstock	148	Gynure *Gynura*-Arten	Alle Teile	120
Lanzenrosette *Aechmea fasciata*	Alle Teile (Milchsaft)	98	Efeu *Hedera*-Arten	Früchte	120
Agave *Agave*-Arten	Alle Teile	148	Fleißiges Lieschen *Impatiens*-Hybriden	Alle Teile	82
Kolbenfaden *Aglaonema*-Arten	Alle Teile, hautreizend	106	Flaschenpflanze *Jatropha podagrica*	Alle Teile	153
Allamande *Allamanda cathartica*	Alle Teile	74	Chilenischer Jasmin *Mandevilla laxa*	Alle Teile	85
Pfeilblatt *Alocasia*-Arten	Alle Teile	106	Fensterblatt *Monstera deliciosa*	Alle Teile, besonders die Wurzeln	122
Aloe *Aloe variegata*	Alle Teile	148	Korallenbeere *Nertera granadensis*	Früchte	87
Scheinrebe *Ampelopsis brevipedunculata*	Alle Teile	107	Glücksklee *Oxalis deppei*	Alle Teile außer der rübenförmigen Wurzel	86
Flamingoblume, Blattanthurie *Anthurium*-Arten und -Hybr.	Alle Teile	69, 107	Madagaskarpalme *Pachypodium*-Arten	Alle Teile (Milchsaft)	154
Betelnusspalme *Areca catechu*	Früchte	134	Frauenschuh *Paphiopedilum*-Arten und -Hybr.	Alle Teile, besonders Blätter und Stängel	97
Zierspargel *Asparagus*-Arten	Früchte	108	Passionsblume *Passiflora caerulea*	Alle Teile, außer den Früchten	87
Blüten- und Blattbegonien *Begonia*-Arten und -Hybr.	Alle Teile	70, 109	Philodendron *Philodendron*-Arten	Blätter	124
Zulukartoffel *Bowiea volubilis*	Alle Teile, besonders Zwiebeln	114	Becherprimel *Primula obconica*	Alle Teile, außer priminfreie Zuchtsorten	89
Browallie *Browallia speciosa*	Alle Teile	71	Rhododendron, Azalee *Rhododendron*-Hybriden	Alle Teile, besonders die Blätter	90
Brunfelsia *Brunfelsia pauciflora*	Alle Teile, besonders die Wurzeln	71	Bogenhanf *Sansevieria trifasciata*	Alle Teile	128
Kaladie *Caladium-Bicolor*-Hybriden	Alle Teile	110	Schefflera *Schefflera*-Arten	Alle Teile	129
Zierpfeffer *Capsicum annuum*	Blätter und Stängel	73	Spaltblume *Schizanthus* × *wisetonensis*	Alle Teile	91
Madagaskar-Immergrün *Catharanthus roseus*	Alle Teile, besonders die Wurzeln	73	Gefleckte Efeutute *Scindapsus pictus*	Alle Teile	129
Grünlilie *Chlorophytum comosum*	Samen	111	Korallenstrauch *Solanum pseudocapsicum*	Alle Teile	92
Klivie *Clivia miniata*	Alle Teile	75	Buntnessel *Solenostemon scutellarioides*	Alle Teile	131
Wunderstrauch *Codiaeum variegatum*	Alle Teile	113	Zimmerlinde *Sparrmannia africana*	Blätter	131
Kaffeestrauch *Coffea arabica*	Samen	126	Einblatt *Spathiphyllum*-Hybriden	Alle Teile	92
Palmfarn *Cycas revoluta*	Alle Teile	114	Drehfrucht *Streptocarpus*-Hybriden	Alle Teile (Milchsaft)	93
Alpenveilchen *Cyclamen persicum*	Alle Teile, besonders die Knollen	76	Purpurtute *Syngonium podophyllum*	Alle Teile	126
Dieffenbachie *Dieffenbachia*-Arten und -Hybr.	Alle Teile	115	Tillandsie *Tillandsia*-Arten	Alle Teile	101
Wolfsmilchgewächse *Euphorbia*-Arten	Alle Teile (Milchsaft)	76, 152	Vriesee *Vriesea*-Arten und -Hybr.	Alle Teile	101
Zimmeraralie *Fatsia japonica*	Alle Teile	118	Zimmerkalla *Zantedeschia aethiopica*	Alle Teile	93
Gardenie *Gardenia augusta*	Früchte	80	Zwiebelblumen diverse Arten und Sorten	Alle Teile, besonders die Zwiebeln	76, 81, 86, 109, 114

GARTENLUST PUR.

ISBN 978-3-8338-5068-4

ISBN 978-3-8338-7354-6

ISBN 978-3-8338-5069-1

ISBN 978-3-8338-7549-6

ISBN 978-3-8338-3936-8

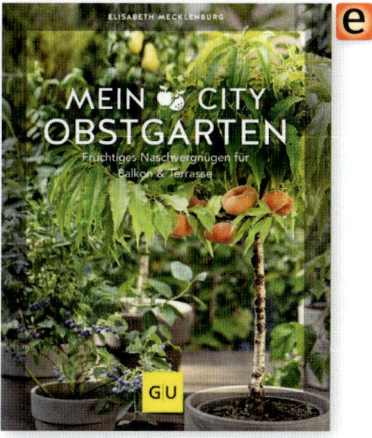
ISBN 978-3-8338-7708-7

e Auch als eBook erhältlich.

Mehr von GU auf **gu.de** | **gu.verlag** | **gu.verlag**

IMPRESSUM

Bildnachweis
Cover: Jochen Arndt
Alle Fotos im **Pflegeteil** von Jahreiß/Wunderlich mit Ausnahme von: Angermayer/Pfletschinger: 58 o. re.; Baumjohann: 56 o. re., 56 u. mi., 57 o. li., 57 u. mi., 57 u. re., 58 o. li., 60 u. mi.; Blumenbüro Holland: 17; design3000.de: 26; EMSA: 37, U4 mi.; Floradania: 22; Florapress: 14, 25, 33, 35; Flora Press/Helga Noack: 44; Flora Press/Mint Images: 27; Flora Press/Visions: 15, 20, U4 li.; Hempfling/Eder: 23; Henseler: 56 o. li., 56 o. mi., 57 o. mi., 57 u. li., 59 o. re., 60 u. li., 61 o. li., 61 u. mi.; Köhler: 39; Krieg: 34; Kuttig: 56 u. re., 57 o. re., 59 o. mi., 59 u. re., 60 o. li., 60 o. mi., 60 u. re., 61 o. mi., 61 o. re., 61 u. li., 61 u. re.; LECHUZA: 28; living4media/Jalag/Olaf Szczepaniak: 9; pflanzenfreude.de: 2, 4, 18, U4 re.; Pforr: 56 u. li., 58 u., 59 o. li., 59 o. li., 59 u. li., 59 u. mi., 60 o. re.; PicturePress/Flora/Szczepaniak: 21; PicturePress/LAH/Schiereck: 24, 29; PicturePress/SW: 36; Plantu/design-3000/Boskke: 26; Pott: 11; Reinhard: 10, 58 o. mi.; Sachse: 38; Sauer: 30, 31; Strauß: 8, 16; Wohnidee: 19.

Alle Fotos im **Porträtteil** von Hempfling/Eder mit Ausnahme von: Becherer: 153 li.; Blumenbüro Holland: 103 mi. o., 103 re.o.; Floradania: 68 li., 76 li., 77 mi., 78 li., 79 re., 121 mi., 128 re., 133 mi.; Florapress: 66, 82 re., 84 li., 84 re., 86, 116 li., 121 li., 134 li., 136 re., 139 li., 140 li., 141 re., 158, 160, 162, 166, 168; Flora Press/Ute Köhler: 153 re.; Flora Press/Visions: 77 re., 79 re., 117 re., 120 re.; GAP Photos/Juliette Wade: 65; GBA/Nichols: 145 li.; Hauser: 95 li.; Herwig: 112 re.; Köhler: 94 li., 104, 146; L&M/Kuhl: 102; Mauritius images/botanicon: 125 re; pflanzenfreude.de: 78 re. o., 79 o., 123 re.; PicturePress/Flora/Szczepaniak: 116 re., 147; PicturePress/LAH/Schiereck: 117 re.; Reinhard: 70 re. u., 85 mi., 87 mi., 99 li., 99 mi., 103 mi. o., 103 re. u., 135 li., 151 re., 155 li.; Riedmüller: 137 li., 139 mi.; Sachse: 94 re., 95 mi., 95 re., 96, 97 mi. 97 li.; Sauer: 159, 163, 165; Seidl: 125 mi.; 127 re.; Space/USDA Forest Service: 131 re.; Strauß: 62, 67, 68 mi., 70 o., 70 li.u., 71 mi., 71 re., 72 li., 73, 74, 75, 76 re., 77 li., 78 re., 80 mi., 80 re., 81 li., 81 re., 82 li., 82 mi., 85 li., 85 re., 87 re., 88 li., 89, 90 li., 91 mi., 91 re., 92 li., 92 re., 93 mi., 97 mi., 98 re., 100 re., 103 li., 105, 106 li., 107 li., 107 mi., 110 li., 110 mi., 111 li., 111 mi., 112 li., 115 li., 117 u., 118 re., 120 li., 122 mi., 123 li., 125 li., 125 re., 127 li., 129 li., 131, 132 li., 133 mi., 134 re., 135 mi., 135 re., 137 li., 140 re., 141 li., 142 re., 143 li., 143 mi.,144, 145 re., 149 li., 150 li., 150 re., 151 mi., 153 mi.; VAB Aenne Burda/Uzwei: 9; Visions: 69 re., 71 li., 88 re., 99 re., 100 mi., 120 mi., 129 re., 136 mi.; 143 re., 148 li., 152 li., 155 re., 156.

Fotografen
Manfred Jahreiß arbeitet in Hohenberg als freier Fotograf. Eva Wunderlich leitet sein Studio in München. Annette Hempfling ist als Stillife-Fotografin in München tätig und hat mit Michael Eder einen Großteil der Pflanzenporträts geschaffen.

Besondere Hinweise
▶ Einige der hier beschriebenen Pflanzen sind giftig oder hautreizend (→ Tabelle S. 166). Sie dürfen nicht verzehrt werden.
▶ Bewahren Sie Dünge- und Pflanzenschutzmittel für Kinder und Haustiere unerreichbar auf.
▶ Wenn Sie sich bei der Arbeit verletzen, sollten Sie umgehend einen Arzt aufsuchen. Eventuell ist eine Impfung gegen Tetanus erforderlich.

Impressum
© 2016 GRÄFE UND UNZER GMBH, München

Überarbeitete und aktualisierte Neuausgabe von *Zimmerpflanzen*, GRÄFE UND UNZER VERLAG GmbH, 2004, ISBN 978-3-7742-6392-5

Alle Rechte vorbehalten. Nachdruck, auch auszugsweise, sowie Verbreitung nur mit schriftlicher Genehmigung des Verlages. Die automatisierte Analyse des Werkes, um daraus Informationen insbesondere über Muster, Trends und Korrelationen gemäß § 44b UrhG („Text und Data Mining") zu gewinnen, ist untersagt.

Projektleitung: Angelika Holdau, Cornelia Nunn
Lektorat: Christina Freiberg, Frauke Bahle
Bildredaktion: Renate Wiener, Angelika Holdau, Judith Starck, Petra Ender (Cover)
Umschlaggestaltung und Layout: independent Medien-Design, Horst Moser, München
Produktion: Susanne Mühldorfer, Mendy Jost
Satz: Cordula Schaaf
Reproduktion: Longo AG, Bozen
Druck: Firmengruppe APPL, aprinta druck, Wemding
Bindung: Conzella, Pfarrkirchen

ISBN 978-3-8338-5393-7
8. Auflage 2024
Printed in Germany

Umwelthinweis
Dieses Buch ist auf PEFC-zertifiziertem Papier aus nachhaltiger Waldwirtschaft gedruckt.

Autorinnen
Dipl.-Biol. Karin Greiner ist seit vielen Jahren Autorin von Fachbüchern zu den Themen Natur, Pflanzen und Kräuter, leitet Lehrgänge zum Kräuterpädagogen und NaturCoach und gibt als Pflanzenexpertin beim Bayerischen Rundfunk (Bayern 1) regelmäßig Tipps zum Gärtnern.

Dr. rer. nat. Angelika Weber ist Autorin von Garten- und Pflanzenratgebern und arbeitet seit einigen Jahren in Indien, vorwiegend im Bereich Ayurveda sowie in der Gartentherapie für Behinderte.

LIEBE LESERINNEN UND LESER,
wir wollen Ihnen mit diesem Buch Informationen und Anregungen geben, um Ihnen das Leben zu erleichtern oder Sie zu inspirieren, Neues auszuprobieren. Wir achten bei der Erstellung unserer Bücher auf Aktualität und stellen höchste Ansprüche an Inhalt und Gestaltung. Alle Anleitungen und Rezepte werden von unseren Autoren, jeweils Experten auf ihren Gebieten, gewissenhaft erstellt und von unseren Redakteur*innen mit größter Sorgfalt ausgewählt und geprüft.
  Haben wir Ihre Erwartungen erfüllt? Sind Sie mit diesem Buch und seinen Inhalten zufrieden? Wir freuen uns auf Ihre Rückmeldung. Und wir freuen uns, wenn Sie diesen Titel weiterempfehlen, in Ihrem Freundeskreis oder bei Ihrem Online-Kauf.
  Sollten wir Ihre Erwartungen so gar nicht erfüllt haben, tauschen wir Ihnen Ihr Buch jederzeit gegen ein gleichwertiges zum gleichen oder ähnlichen Thema um.

KONTAKT ZUM LESERSERVICE
GRÄFE UND UNZER VERLAG
Grillparzerstraße 12
81675 München
www.gu.de